Michael Bradford – **Spirituelles Handauflegen**

Michael Bradford

Spirituelles Handauflegen

Leitfaden zur Entwicklung
und Anwendung spiritueller Heilkraft

ENNSTHALER VERLAG, A-4402 STEYR

Erklärung

Der Autor kennt und anerkennt Wert und Nutzen des traditionellen Arztberufes.
Die Vorstellungen, Vorschläge und Heiltechniken in diesem Buch
sind nicht als Ersatz für eine angemessene medizinische Behandlung gedacht.
Jede Anwendung dieser Vorstellungen, Vorschläge und Techniken
erfolgt nach Ermessen und auf Verantwortung des Lesers.

2. Auflage 2003

ISBN 3 85068 498 9

Titel der englischen Originalausgabe:
"Hands-On Spiritual Healing"
First published by Findhorn Press, Scotland
Copyright © Michael Bradford 1993
übersetzt aus dem Englischen von Dr. J. Thommes-Spitzer, Österreich
Umschlaggestaltung: Gertrud Kirschenhofer, Wien

Inhaltsverzeichnis

Abbildungen

Widmung

Dieses Buch ist Euch gewidmet, meinen Brüdern und Schwestern, die Ihr mehr über das Heilen erfahren wollt und die Ihr Euch um euren eigenen Heilprozeß bemüht.

Ich danke Gott, dem Heiligen Geist, meinen spirituellen Führern und Lehrern, den heilenden Engeln und all meinen irdischen Freunden, welche an mich glaubten, mich ermutigten, mich unterstützten und mich in meinem eigenen Heilungsprozeß herausforderten.

Indem jeder von uns beschlossen hat, sich zu verändern und zu heilen, weiß ich im Grunde meines Herzens, daß wir automatisch Wellen von heilender Energie hervorrufen werden – wie ein Stein, der Wellen bildet, wenn er in einen stillen Teich geworfen wird. Diese heilenden Wellen strahlen durch uns selbst, durch unsere Familie, unsere Gemeinschaft, unseren Planeten und durch unser Universum.

Dank

Als die Idee zu diesem Buch 1991 in Portland, Oregon, USA geboren wurde, verfügte ich weder über die finanziellen Mittel noch über die Maschinenschreibkenntnisse, um das Projekt anzugehen. Einem Aufruf um Unterstützung Folge leistend, meldeten sich eine Reihe von Leuten und boten liebevoll ihre Hilfe an. Mary Kohnke stellte einen Computer zur Verfügung, Jennifer Spinner bot Maschinenschreiben und Bruce Spinner Softwareberatung an. In diesem Geist eines gemeinsamen Schaffens wurde das Buch begonnen.

In der mittleren Phase half mir die Männerheilgruppe, die sich jede Woche bei mir traf, in der Formulierung meiner Vorstellungen. Mein besonderer Dank gilt Dick Mort, Ken Berry, Dr. Bob Doughton, Todd Pennington und Jay Schroder. Zusätzlich opferte Jay der Bearbeitung des Manuskriptes unzählige Stunden. Ohne seine Ermutigung wäre dieses Buch vielleicht nie vollendet worden. Helen Wolfe war bei Maschinenschreiben und Bearbeitung behilflich.

Die Endphase stellte eine fast ebensolche Herausforderung dar wie der Beginn. In diesem Abschnitt steuerte Rosalie Deer Heart, meine Lebensgefährtin, unzählige Stunden zur Bearbeitung des endgültigen Entwurfes bei. Ihre Liebe, ihre Unterstützung und ihr Rat waren für die Vollendung unerläßlich. Mrs Anna Greaves, eine intuitive Künstlerin aus Scunthorpe, England, entwarf die Einbanddarstellung dieses Buches, und brachte mich dazu, den Abschnitt über Planetares Heilen anzufügen. Adrian King, ein Grafikstudent am North Lindsay College, schuf die Zeichnungen. Linda und Ken Forster halfen beim Tippen des endgültigen Entwurfes. Weiters gilt meine tief empfundene Dankbarkeit Edith und Hal Thomas, Duncan und Robin Bowen und Boyd Holloway, für ihre unerschütterliche Liebe, für die Unterstützung und Ermutigung sowohl meiner Heilarbeit als auch des Buches. Ich danke ebenfalls Sandra Kramer für die behutsame Redaktion und Findhorn Press für die Herausgabe meines ersten Buches.

Viele andere Menschen trugen zur Schaffung dieses Buches bei. Ich bitte um Entschuldigung dafür, daß nicht ausreichend Platz zur Verfügung steht, um Ihnen allen zu danken. Ich bin Ihnen für Ihre Anregungen zutiefst dankbar.

Vorwort

Wer jemals in Kontakt mit Michael Bradford kam, weiß, daß Michael spirituelle Energie mit der Schärfe eines Laserstrahls kanalisiert. Diese Energie quillt aus jeder einzelnen Seite dieses Buches, um uns alle über spirituelles Heilen durch Handauflegen zu erleuchten.

Als praktischer Arzt arbeite ich jeden Tag mit Menschen, die Schmerzen empfinden – Schmerzen physischer, geistiger, emotionaler und spiritueller Natur. Meine eigene Beschäftigung mit Hypnosetherapie lehrte mich viel über die Verbindung von Körper und Verstand. Michael jedoch zeigt, daß wir unvollkommen sind ohne den Geist. Sein Buch läßt alle drei eins werden durch einfache Techniken, die leicht zu lernen und aufzunehmen sind. Ich empfehle es jedem, der Menschen betreut, und insbesondere meinen medizinischen Kollegen, deren Sichtweisen ständiger Erweiterung unterworfen sind.

Dr. med. Lewis Walker
Praktischer Arzt
Buckie, Schottland

Einführung

Michael Bradford gehört zu jenen besonderen Menschen, die man sofort erkennt, wenn man sie trifft. Das rührt nicht daher, daß man ihn bereits früher getroffen oder sein Bild gesehen hätte, und kommt auch nicht von irgend etwas im normalen Erfahrungsbereich. Ein Chiropraktikant faßte es kürzlich für mich zusammen. Er traf Michael zum ersten Mal bei der Teilnahme an einer großen Versammlung zu einer uramerikanischen Zeremonie. Als Michael die Friedenspfeife darbrachte, um den Großen Geist zu ehren, beobachtete der junge Mann, der ihm gegenüber im heiligen Feuerkreis saß, wie Michael sich vor seinen Augen verwandelte. Er erschien plötzlich im Gewand der amerikanischen Ureinwohner. Der übrige Teil des Teilnehmerkreises verschwand aus dem Brennpunkt seiner Vision, und für einige Augenblicke wurden er und Michael wunderbarerweise durch das Loch im Rauch getragen. In dieser anderen Welt erkannte er Michael vollständig, und er wußte, daß viel gemeinsame Arbeit auf sie beide wartete.

Das unmittelbare Wissen, das vor allem durch einen spontan veränderten Bewußtseinszustand erreicht wird, stellt einen Hauptpunkt dar in der Arbeit und der Lehrtätigkeit von Michael und ist ein wesentliches Merkmal des Erkennens, das viele unter uns ihm gegenüber beobachten. Michael hat sein Leben dazu bestimmt, anderen als Wegführer zu dienen. Indem er den Geist durch sich hindurch fließen läßt, hilft er uns, offen zu werden für unsere geistige Natur und für die höhere geistige Führung, die uns allen zuteil werden kann.

Im November 1991 untersuchte ich Michaels Augen im Rahmen einer medizinischen Routineuntersuchung. Als ich seine Pupillen erweiterte und das Augeninnere betrachtete, entdeckte ich eine Läsion in der peripheren

Netzhaut seines linken Auges, bei der es sich anscheinend um einen aktiven Entzündungsherd und um einen Austritt von toxischen Flüssigkeiten in das darüberliegende Gewebe handelte. Dieses Gewebe, der Glaskörper, erschien ziemlich verschwommen, mit kleinen schwimmenden Einlagerungen und langen Fäden einer Substanz.

Als ich Michael das Aussehen dieses Bereiches beschrieb, fragte er, ob wir die Untersuchung unterbrechen und das Gebiet mit Energie bearbeiten könnten. Zuerst fragten wir nach dem Ursprung dieser Läsion. Die Antwort, die sich für Michael ergab, besagte, daß er im Alter von 3 Jahren eine Menge Schädlingsbekämpfungsmittel verschluckt hatte, worauf man ihm den Magen auspumpte.

Michael fragte mich dann, ob ich etwas dagegen hätte, mich an einem Heilprozeß für diese Verletzung zu beteiligen. Natürlich wollte ich ihm gerne helfen. Unter Michaels Anleitung stellten wir uns den Bereich vor und reinigten ihn energetisch – ein Vorgehen, welches Michael in diesem Buch beschreibt. Es dauerte ungefähr 30 Sekunden. Anschließen sah ich mir das Auge noch einmal mit dem Ophtalmoskop an. Zu meinen Erstaunen und zu meiner Befriedigung erschien der Glaskörper über der Läsion nunmehr ganz klar, während die Verletzung selbst inaktiv schien. Die Energie, die ich bei dem Anblick spürte, war sehr friedvoll, im Gegensatz zu der brodelnden, aktiven Empfindung eine Minute vorher.

Die Auswirkungen solcher Potentiale auf die Selbstheilung sind so offensichtlich wie tiefgründig. In der Tat habe ich noch nie eine solch dramatische Änderung in so kurzer Zeit in der sichtbaren Gesundheit eines lebendigen Gewebes gesehen. Wenn wir lernen, diese Fähigkeiten für uns selbst zu bündeln, so stellen Sie sich vor, was wir gemeinsam schaffen können – sowohl hinsichtlich der körperlichen Gesundheit und Fähigkeiten als auch in bezug auf Weisheit und tiefe geistige Verbindung zu den Mitmenschen.

Michael hat in den Jahren des Erforschens viel gelernt. In seiner typischen Art, die Begeisterung und den Eifer für dieses Werk zu teilen, hat er dieses Handbuch zusammengestellt, um uns zu helfen, uns selbst und die

Menschen um uns herum zu heilen. Gemeinsam heilen wir den ganzen Planeten, zusammen eine Seele. Diese Heilung betrifft nicht nur die körperlichen Erscheinungen der Krankheit, sondern die Verschiebung einer Kernschicht in uns selbst. Sie kann sich zeigen in einer neuen Fülle von Energie und Lebenskraft, in einer beispielhaften Änderung in den Familien- und Arbeitsverhältnissen, oder einfach in einem inneren Lächeln, das tief aus unserem Inneren kommt. Nehmen Sie teil an der Erforschung eines voll gelebten Lebens. Wagen Sie, der Mensch zu sein, der Sie in Wahrheit sind, denn dadurch ehren Sie den Großen Geist, der in uns allen ist.

Glen Swartwout

Anmerkungen des Autors

Energie ist weder positiv noch negativ, weder gut noch böse. Energie ist Energie. Wir etikettieren die Dinge, um sie identifizieren und besprechen zu können. Aus praktischen Gründen habe ich mir erlaubt, die Energie in den Erörterungen über Gesundheit in diesem Buch als „positiv" oder „negativ" zu benennen. Ich wählte diese Bezeichnungen ausschließlich zu Zwecken der Vereinfachung.

Wenn ich von positiver Energie spreche, meine ich die heilende Energie. Diese Energie ist rein, besitzt eine hohe Schwingung und kommt unmittelbar von Gott. Die Farbe diese Energie kann weiß, golden, violett, rosa, blau oder smaragdgrün sein.

Wenn ich den Begriff negative Energie verwende, beziehe ich mich auf die gefangene, blockierte und unharmonische Energie. Diese Energie ist meistens verunreinigt, mit niederer Schwingung, und verbunden mit emotionalen Traumata, mit Krankheit, Unwohlsein oder Verletzungen. Die Farbe diese Energie kann braun, schwarz, rot, orangerot oder grün, manchmal auch trüb, sein.

Die Abbildungen in diesem Buch verwenden entweder geschlossene oder unterbrochene Pfeile, um Bewegungen zu bezeichnen. Die geschlossenen Linien bedeuten die physische Bewegung des Körpers, während die gebrochenen Pfeile verwendet werden, um die Bewegung der Energie anzuzeigen. Bitte bedenken Sie, daß diese Abbildungen nur als Anleitungshilfen dienen. Beziehen Sie sich zur Klärung stets auf die Textbeschreibung. Viele der beschriebenen Techniken beinhalten die Vorstellung von Energie und Farben. Wenn einige Menschen in der Lage sein werden, die Beschreibungen klar zu visualisieren, so wird es anderen vielleicht nicht gelingen. Wenn Sie es nicht schaffen, lassen Sie einfach eine Ihnen angenehme Art der Energieempfindung zu. Schreiten Sie voran, im Vertrauen, daß der Heilungsprozeß stattgefunden hat, unabhängig davon, was Sie sehen oder fühlen.

Alle in diesem Buch beschriebenen Techniken werden bei vollständiger Bekleidung durchgeführt. Wenn jemand zusätzlich zur normalen Kleidung einen Mantel, eine Jacke oder einen schweren Pullover trägt, bitte ich darum, ob man diese äußere Schicht abnehmen kann. Beachten Sie, daß sich Energie leicht durch Kleider hindurchbewegen kann.

Bei der Heilung weiß man nie genau, was ein anderer Mensch wirklich braucht oder welche Lehren man erfahren kann. Wir Heiler können nur, so gut wir es vermögen, die Liebe, die Hilfe und die heilende Energie zur Verfügung stellen, um jemand anderen in dessen Heilungsprozeß zu unterstützen. Von dem Punkt an obliegt es dem Menschen, der Heilung erfahren soll, sich ihr zu öffnen und die Verantwortung für den eigenen Heilungsprozeß zu übernehmen.

Bitte bedenken Sie: Heilung bedeutet nicht immer, daß ein Mensch geheilt ist. Es bedeutet jedoch, daß dieser Mensch sich verändert hat.

Einleitung

Dieses Buch ist meiner brennenden Leidenschaft entsprungen, den Heilungsprozeß zu entmystifizieren. Im Grunde meines Herzens weiß ich, daß wir alle die Fähigkeit haben, ein Transportmittel für heilende Energie zu sein und daß wir innerhalb kurzer Zeit lernen können, uns und anderen zu helfen. Im Laufe meiner Reisen durch viele Länder entdeckte ich mit Erstaunen, wie viele Menschen natürliche Heiltalente besitzen, ohne sich ihrer Begabung bewußt zu sein. In fast allen diesen Fällen waren die Betroffenen durch eine nur minimale Anleitung in der Lage zu lernen, ihre Fähigkeiten auf eine aktive, bewußte Art zu benutzen.

1993 verbrachte ich fünf Wochen auf Bali, in Indonesien, wo ich Heilarbeit mit Menschen durchführte, die über wenig oder gar keine Englischkenntnisse verfügten; ich selbst spreche nur wenige Worte Indonesisch. Außerdem befolgt Bali die hinduistische Religion, von der ich so gut wie nichts verstehe. Doch selbst diese Tatsachen konnten nicht von den Heilungen ablenken.

Ausgehend von den hier beschriebenen Techniken war ich in der Lage, mit sehr unterschiedlichen Menschen, vom Reisanbauer bis zum Heiler, mit ausgezeichneten Resultaten zu arbeiten. Als ich jemanden im Spital besuchte, den ich kannte und mit dem ich arbeitete, baten mich die Angehörigen von fünf anderen Patienten, die ich nicht kannte und von denen keiner Englisch sprach, mit ihren geliebten Angehörigen zu arbeiten. Bevor ich das Spital verließ, hatten sich deutliche Änderungen bei jedem der Patienten, denen ich zur Seite gestanden war, ergeben.

Diese Ergebnisse bestätigten, daß die Techniken sehr gut unabhängig von kulturellen, religiösen oder sprachlichen Unterschieden wirken. Der physische Körper und die irdischen Traumata sind in allen Kulturen gleich;

einzig die Art, wie die Menschen nach außen damit umgehen, unterscheiden sich.

Seit 1984 reise ich durch Nordamerika und bringe den Menschen bei, wie sie Heilenergie anwenden können. Alle in diesem Buch beschriebenen Techniken sind das direkte Ergebnis der eigenen persönlichen Erfahrung, die ich machte, während ich den Menschen zeigte, wie sie mit heilender Energie umgehen können und während ich Tausende von privaten Heilsitzungen leitete.

Die Heilarbeit, die ich nunmehr praktiziere, ist eine gegenseitige Ergänzung von östlichen und westlichen Heilansätzen und von meinen eigenen Techniken. Diese „Kernenergiereinigung" wirkt auf der geistigen, körperlichen, emotionalen und spirituellen Ebene eines Menschen.

Dieses Buch verfolgt den Zweck, einfache Techniken zu vermitteln, durch welche die Menschen beginnen, innerhalb von Minuten heilende Energie zu fühlen und mit ihr zu arbeiten. Die eingesetzten Methoden und die Beispiele wurden so gewählt, daß jeder, unabhängig vom Bildungs- oder Religionshintergrund oder von jeglicher Vorbildung bezüglich Energie, seine eigenen natürlichen Heilfähigkeiten wecken und innerhalb kurzer Zeit das Arbeiten mit heilender Energie beherrschen kann. Tatsächlich sind die Techniken so einfach, daß sogar Kinder gelernt haben, sie anzuwenden.

Das jüngste Kind, das von mir die Heilarbeit lernte, war Kevin, ein Junge von 2 1/2 Jahren, der beobachtete, wie ich mit seiner Mutter Jennifer arbeitete. Fast unmittelbar darauf streckte Kevin seine Hände nach Menschen aus und ahmte die Bewegungen nach, die er bei meiner Arbeit mit seiner Mutter gesehen hatte. Sogar ich war erstaunt, wie stark die heilende Energie durch seine Hände kam. Die Menschen, die er berührte, spürten die Wärme und die Energie, die von ihnen ausging.

Oft sind die Menschen so erfüllt von ihren eigenen vorgefaßten Ideen, ihren Zweifeln und Ängsten, daß sie es versäumen, auf neue Ansätze zu achten. Sie neigen dazu, alle neuen Informationen durch ihre frühere Programmierung zu filtern, und nur solchen Informationen Wert beizumessen, welche übereinstimmen mit vorhergehenden Erfahrungen, mit ihrem religiösen und kulturellen Hintergrund, mit Werten der Familie.

Die folgende Parabel half mir, meinen Verstand und mein Herz zu öffnen, und ermutigte mich, mir vorerst fremde Vorstellungen anzunehmen.

Der Universitätsprofessor

Ein Universitätsprofessor unternahm einst eine Reise hoch in die Berge von Japan, um einen bestimmten Zen-Mönch zu sprechen. Als er diesen gefunden hatte, stellte er sich vor, zählte seine Titel auf und bat darum, im Zen unterrichtet zu werden.

„Möchten Sie gerne Tee?" fragte der Mönch.

„Ja, gerne," antwortete der Professor.

Der alte Mönch begann, Tee einzuschenken, bis an den Rand der Tasse, dann schenkte er weiter ein, bis der Tee auf den Tisch überfloß und zu Boden tropfte.

„Halt, halt!", rief der Professor. „Sehen Sie nicht, daß die Tasse bereits voll ist? Mehr kann sie nicht aufnehmen!"

Der Mönch antwortete: „Wie diese Tasse, so sind auch Sie bereits voll von Ihrem eigenen Wissen und Ihren vorgefaßten Meinungen. Um zu lernen, müssen Sie erst Ihre Tasse leeren."

Bitte öffnen Sie Herz und Geist und schieben Sie alle vorgefaßten Ideen beiseite. Lesen Sie dieses Buch von einer Stellung des Vetrauens und Zulassens aus. Gewaltige Nutzen und dramatische Ergebnisse können sich durch die Anwendung der hier beschriebenen einfachen Techniken ergeben. Bitte schreiben Sie mir (c/o Findhorn Press, The Park, Findhorn, Forres IV36 0TZ, Schottland) und erzählen Sie mir von Ihren Erfahrungen. Danke.

Michael Bradford

I

Vom Unternehmensleiter zum Heiler

Mexiko – Die Erfahrung, die mein Leben änderte

Im Frühsommer 1983 fragten mich zwei Freunde, Peter und Michael, ob ich mit Ihnen auf eine viermonatige Campingtour in das Landesinnere von Mexiko kommen wolle. Meine Freunde sind Heiler und boten sich an, mir den Umgang mit heilender Energie beizubringen. Ich stürzte mich auf diese Gelegenheit, mehr über das Heilen zu erfahren und zu lernen, ohne zu ahnen, wie sehr diese Reise mein Leben verändern sollte!

Obwohl ich bereits einige Heilsitzungen hinter mir und einige Stunden Grundunterricht in Heiltechniken erhalten hatte, arbeitete ich selten an anderen. Ich hatte so gut wie kein Selbstvertrauen und war überzeugt, wenig oder überhaupt keine Heilfähigkeiten zu besitzen. Normalerweise bin ich nicht schüchtern, doch wenn es um Heilen ging, fühlte ich mich wie ein unsicheres, furchtsames Kind, voller Angst, etwas Falsches zu tun und jemanden zu verletzen.

Als wir ungefähr vier Wochen unterwegs waren, stellten wir einen Führer ein und mieteten einige Pferde, um das Hinterland entlang der Kontinentenscheide zu erforschen. Die Gegend war unfaßbar schön, und von Zeit zu Zeit banden wir die Pferde an und erforschten verschiedene Pfade, die von der Hauptstraße abbogen.

Unser Führer, Josè Vazquez (Spitzname Tito), war einer der spirituellsten Menschen, denen ich je begegnet bin. Was immer er tat, machte er mit nie gesehener Freude und Leichtigkeit. Ich liebte es, ihn zu beobachten. Wenn die Pferde gefüttert werden mußten, fütterte er sie sofort; gab es andere Dinge zu erledigen, tat er dies mit einer Begeisterung und einer Ungezwungenheit, die mich beeindruckten.

Da wir zu viert waren und nur drei Pferde hatten mieten können, wollten wir uns beim Reiten mit Tito abwechseln. Er lehnte ab und sagte, daß er lieber zu Fuß ginge. Tito besaß stilles Selbstvertrauen und Stolz, ohne die geringste Spur von Arroganz.

An einem Nachmittag banden wir die Pferde an, und Tito führte uns einen schmalen Fußpfad entlang. An manchen Stellen war der Pfad überwachsen mit Pflanzen, die Tito rasch mit seinem Buschmesser aus dem Weg räumte. Als wir auf eine besonders dicht bewachsene Stelle trafen, räumte Tito diese so weit aus, daß meine Freunde vorbeigehen konnten, dann fuhr er fort, einen Ast zu stutzen, der über den Pfad hing.

Zu diesem Zeitpunkt waren alle außer mir an Tito vorbei und den Weg weiter gegangen. Ich war müde und war im Schatten geblieben, um mich auszuruhen. Zufällig beobachtete ich Tito, der den Ast bearbeitete. Tito bemerkte nicht, daß ich zurück geblieben war und ihm zusah.

Ich beobachtete, wie er seine Machete schwang und den Ast traf. Dann sah ich, wie das Messer vom Baum absprang und Titos linken Handrücken traf. Ich konnte kein Blut sehen, doch ich erkannte an der Art, wie er seine linke Hand hielt und sich auf einen großen Stein niederließ, daß er verletzt war.

Ich verharrte einige Sekunden und sah ihn bewegungslos an. Während ich so saß, erfühlte ich ein Wissen aus meinem tiefsten Inneren. Ein überwältigendes Gefühl der unbedingten Liebe und des Mitgefühls hob mich und trug mich von der Stelle. Ohne Zweifel oder Zögern ging ich hinüber zu ihm, kniete vor ihm nieder, zeigte auf seine verletzte Hand und sagte: „Diga me (gib sie mir)!". Ich sprach nicht genug Spanisch, um zu erklären, was ich vorhatte. Um die Wahrheit zu sagen, ich wußte es selbst nicht.

Als er mir seine verletzte Hand hinhielt, konnte ich sehen, daß das Buschmesser die Haut nicht durchschnitten hatte. Ich hielt meine Hand mit der Fläche nach unten, einige Zentimeter über seiner verletzten Hand (siehe Abb. 1). Dann richtete ich meine rechte Hand mit der Fläche nach unten

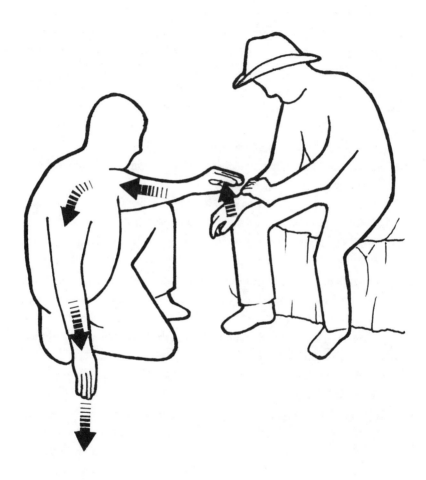

Abb. 1 – TITO – Erste Heilung in Mexiko

zum Boden. Ich schloß die Augen und betete, „Gott, bitte hilf mir, bitte hilf mir, diesem Mann zu helfen. Dieser Mann ist wunderbar. Er ist so sanftmütig. Bitte hilf ihm." Fast unmittelbar darauf spürte ich, wie die negative Energie, sein Schmerz, aus seiner Hand heraus und in meine linke Hand gezogen wurde. Sie strömte meinen linken Arm hinauf, meinen rechten Arm hinunter und aus meiner rechten Hand in die Erde.

Nach ein paar Augenblicken rieb er zaghaft seine Hand, als ob er den Schmerz suchte. Dann sah er mich mit weit geöffneten, erstaunten Augen an. Ich wußte intuitiv, daß die Heilung passiert war. Ich nickte ihm zu und ging den Pfad hinunter, um mich meinen Freunden anzuschließen. Später an diesem Nachmittag erreichten wir sein Heim, ein einfaches Haus aus ungebrannten Lehmziegeln in einem kleinen Bergdorf. Bei Einbruch der Dunkelheit sah ich, wie Tito ein Handtuch nahm und die Straße hinabging. Ich fragte meine Freunde, wohin er ginge. Sie übersetzten und sagten mir, daß seine Beine krampften und daß er hinab zum Bach ginge, um sie zu waschen. Die Nachtluft war kalt und ich wußte, daß das Wasser des Baches noch kälter sein würde. Aus meiner Erfahrung weiß ich, daß man verkrampfte Muskeln am besten behandelt, indem man Wärme anlegt, nicht Kälte. Da wir kein heißes Wasser zur Verfügung hatten, fragte ich mich, ob die Heilenergie ihm helfen würde. Ich dachte: „Wenn es einmal funktioniert hat, wird es vielleicht noch einmal klappen."

Ich rief hinter ihm her. Tito kam zurück und stand vor mir. Ich zeigte auf seine Beine und sagte: „Diga me." Dann hielt ich meine Hände in einem Abstand von ungefähr fünf bis fünfzehn Zentimeter von seinem Körper, die Handflächen dem Körper zugewandt. Ich begann, zuerst an einem Bein zu arbeiten, indem ich meine Hände von seinen Hüften nach unten bis zu seinen Füßen bewegte (Siehe Abb. 2). Während ich arbeitete, stellte ich mir vor, wie meine Hände das Energiefeld um jedes Bein glätteten, so wie man ein Pferd striegelt. Tito sah mich an, und wieder weiteten sich seine Augen. Nachdem ich etwa drei Minuten an seinen Bei-

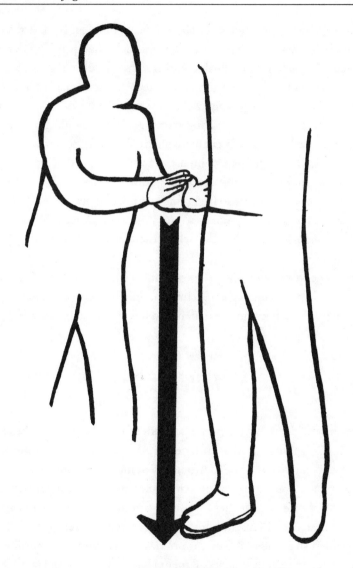

Abb. 2 – TITO – BEINKRÄMPFE

nen gearbeitet hatte, bückte er sich, um sie anzufühlen. Nach der Art, wie er die Beine rieb, wußte ich, daß sie nicht mehr krampften. Er bestätigte meinen Freunden wörtlich den Erfolg, und sie übersetzten für mich. In jener Nacht blieben wir in Titos Haus. Als wir am nächsten Morgen aufwachten, waren wir überrascht, fast zwei Dutzend Menschen aus dem Dorf in einer Reihe am Zaun stehen zu sehen, geduldig wartend und auf Heilung hoffend. Anscheinend hatte die Nachricht von der Heiltätigkeit sich rasch in dem kleinen Dorf verbreitet.

Ich blicke immer noch mit Erstaunen auf jenen Tag, meinen ersten Tag als Heiler, zurück; es war so leicht und natürlich gewesen. Die Folgen dieser ersten Heilerfahrung waren so tief und so dramatisch für uns beide. Ich bin unablässig dankbar, daß ich an dieser wunderbaren Fähigkeit teilhaben darf.

Mein begeisterter Wunsch und meine Pflicht sind es, die Heilfähigkeit und die einfachen, wirkungsvollen Techniken, die ich gelernt habe, mit all jenen zu teilen, die willig sind, zu lernen und das Wohl zu erfahren.

Der Weg zum Heiler

Der entscheidende Wendepunkt, an dem mir der Weg zur der Erfahrung in Mexiko geöffnet wurde, erfolgte am Abend des 13. Septembers 1979, am Vorabend meines 35. Geburtstages. Seit meiner Kindheit hatte es mich immer nach Israel gezogen. Als ich an diesem Abend vor der Klagemauer stand, hörte ich verlegen, wie eine Stimme in meinem Kopf sagte: „Warum sterben Menschen für diesen Haufen Steine?" Innerhalb von Sekunden spürte ich, daß es mir um das Herz herum sehr warm wurde. Viele Jahre später erfuhr ich, daß mein Herzzentrum, mein Herz-Chakra, sich geöffnet hatte.

Bald nach dieser Erfahrung beschloß ich, die hoch strukturierte Geschäftswelt zu verlassen. Ich hatte keine Vorstellung davon, was ich machen oder wohin ich gehen würde. Ich wußte nur, daß es Zeit für mich war, zu gehen. Nichts in meiner konservativen Erziehung oder in meinem technischen Background hatten mich darauf vorbereitet, ein Heiler zu sein. Geboren am 14. September 1944 in Newark, New Jersey, in den USA, bin ich das ältere von zwei Kindern einer sehr konservativen jüdischen Familie; meine Schwester Arlene ist sieben Jahre jünger. Mein Vater war Lastkraftwagenfahrer, meine Mutter war zu Hause und kümmerte sich um die Familie. Die Großeltern beiderseits waren aus dem Grenzgebiet von Rußland, Polen und der Tschechoslowakei um 1916 ausgewandert, bevor meine Eltern geboren wurden. Meine Familie war zwar nicht religiös, doch zweifelsohne abergläubisch.

Ich erinnere mich daß ich irgendwann, als ich zwischen 7 und 9 Jahren alt war, mit meinen Spielsoldaten spielte und plötzlich eine Stimme hörte, die sagte: „Du mußt nach Israel gehen. Es wird dort Kriege geben und Du sollst ein General sein." Diese Stimme erschreckte mich, weil ich dachte, alle Kriege seien vorbei! Bedeutete das Ende des Zweiten Weltkrieges nicht das Ende aller Kriege? Außerdem konnte ich nicht verstehen, wie ein Kind seine Eltern verlassen und in einem Land leben konnte, dessen Sprache es nicht einmal beherrschte! Ich brauchte fast 27 Jahre, bis ich mich diesem Ruf stellte und nach Israel ging.

Ich ging nach dem Abschluß der High School von zu Hause weg und arbeitete mich durch das College. Dort studierte ich Technische Chemie als Einführungskurs zum Medizinstudium und wechselte dann nach meinem zweiten Jahr zum Hauptfach Wirtschaft. 1968 machte ich meinen Abschluß in Betriebswirtschaft mit Nebenfach Mathematik. 1977 drückte ich wieder die Schulbank, um in Abendkursen einen Abschluß in Internationalem Management zu machen, mit dem Hauptfach Japanische Studien.

Zwischen 1968 und 1980 arbeitete ich für eine Reihe von großen Firmen und kletterte unaufhaltsam die Erfolgsleiter hinauf. Ich begann als Handelsvertreter für eine Druckerei und bereiste die elf westlichen Staaten. Dann war ich Produktmanager für eine Firma für Computerbedarf und schließlich Präsident eines $ 2 Millionen Fertigungsunternehmens, das 100 Leute beschäftigte.

Nach meinem Erlebnis vor der Klagemauer begann ich, mich von der Unternehmerwelt zu lösen. Mit Ende 1980 war dieser Prozeß abgeschlossen und ich betete zu Gott: „Gott, ich unterwerfe mich. Wohin ich auch gehen, was ich auch nach Deinem Willen machen soll, ich bin bereit."

Drei Monate später traf ich andere auf dem spirituellen Pfad, darunter Menschen mit übernatürlichen Kräften und Heiler. Im Laufe der folgenden sechs Jahre, während denen ich durch Nordamerika reiste, von Mexiko bis nach Alaska, hatte ich das Glück und die Gelegenheit, Hunderte von Heilern zu treffen und mit ihnen zu arbeiten. Unter ihnen waren indianische Medizinleute und veschiedene übersinnliche Chirurgen, welche auf den Philippinen gelernt hatten. Zu Beginn war ich ein Lernender. Innerhalb einiger Jahre war ich in der Lage, am Wissen teilzuhaben und nach kurzer Zeit begann ich, an der Seite dieser Heiler zu arbeiten. In dem Maße, in dem ich Erfahrungen sammelte und in dem meine eigene Heilung voranschritt, konnte ich anderen Heilern in deren Heilprozeß behilflich sein, indem ich sie bei der Erkennung und Reinigung ihrer Energieblockaden unterstützte.

Mein Trachten nach Heilung begann 1977, als ich eine Therapie begann, um meinen emotionalen Schmerz zu lösen. Ich war frustriert und empfand einen hohen Angstpegel. Ich blieb drei Jahre in traditioneller Therapie. 1980 begann ich auszubrechen und an anderen Quellen Heilung zu suchen. Mein eigener Heilungsweg brachte mich dazu, alternative Heiltechniken zu suchen.

27

Als mein Heilungsprozeß fortschritt, entdeckte ich erstaunt, daß ich als Kind Opfer von emotionalem und sexuellem Inzest gewesen war. Meine große Angst und meine große Frustration ergaben nun einen Sinn. Es war meine Suche nach Heilung, die mich ursprünglich bewog, zuerst Hilfe für mich selbst zu finden und dann anderen zu helfen.

Ich tat mein Bestes, um zu beobachten, um Fragen zu stellen und auf der Ebene der Energie und der Erfahrung zu verstehen, was andere Heiler taten, wie und weshalb ihre Techniken wirkten und um auszumachen, welche die wirkungsvollsten Methoden waren. Das sind die Techniken, die ich nun mit Ihnen teile.

Es folgen zusätzliche Beispiele für die Arten von Heilungen, die erreicht werden können.

Charlies Fahrradunfall

Im Sommer 1985 raste Charlie, der 15-jährige Sohn eines Freundes, mit seinem Fahrrad einen steilen Hügel hinab, als er bemerkte, daß das Auto vor ihm rechts blinkte. Charlie nahm an, daß der Fahrer bis zu der Ampel am Ende des Hügels fahren und dann abbiegen wollte. Das Auto bog jedoch abrupt, direkt vor Charlie, in eine Straße ein, und schnitt ihm den Weg ab. Es geschah so schnell, daß Charlie mit solcher Wucht auf den Wagen aufschlug, daß er die Heckscheibe des Wagens zerschlug und das Glas über den Rücksitz flog. Charlies linke Schulter erlitt eine schwere Prellung, so daß der Fahrer ihn zum Röntgen ins Spital brachte.

Bald danach wurde Charlie aus dem Spital entlassen. Ich fragte ihn, ob ich eine Energiebehandlung an ihm durchführen solle. Charlie besaß keinerlei Erfahrung mit Heil- oder Energievorgängen und war skeptisch. Er hatte jedoch solche Schmerzen, daß er mich mit ihm arbeiten ließ. Ich erklärte ihm, daß wir uns zuerst bemühen würden, den Schmerz und die negative Energie zu entfernen. Wenn diese freigesetzt wären, würden wir den Bereich mit positiver Heilenergie auffüllen.

Ich rieb meine Hände gegeneinander, um die heilende Energie zu aktivieren und sprach ein Gebet. Dann hielt ich meine Hand mit der Fläche nach unten ungefähr 5 Zentimeter über seine geprellte Schulter. Mit der rechten Hand zeigte ich zur Erde (siehe Abb.3). Dann bat ich ihn, sich

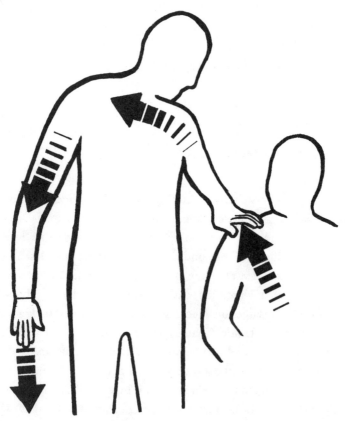

Abb. 3 – Charlie – Entfernen von Schulterschmerzen

ein buntes und bewegtes Bild der negativen Energie vorzustellen, die aus seiner Schulter käme und in meinen linken Arm gezogen würde. Während ich mit Charlie arbeitete, stellte ich mir vor, wie die negative Energie aus seiner verletzten Schulter und in meine linke Hand gesaugt wurde. Dann stellten wir uns vor, wie sie durch ein Isolierrohr durch meinen Körper und über meine rechte Hand in den Boden strömte. Währendem fragte ich ihn, ob er spüren könne, wie sich die Energie bewegte. Er konnte es spüren. Ich arbeitete während ungefähr drei Minuten. Wir konnten beide spüren, wie die negative Energie allmählich abnahm und herausgezogen wurde, bis wenig oder gar keine Schmerzempfindung übrigblieb.

Dann nahm ich meine Hand von seiner Schulter, rieb meine Hände aneinander, um mehr Energie zu aktivieren und hielt sie wieder so wie vorher. Wir wiederholten dies drei- oder viermal, bis wir beide spüren konnten, wie der Schmerz aus der Schulter gezogen und abgestreift wurde und schließlich aufhörte. An diesem Punkt fühlte es sich an, als wäre die gesamte negative Energie aus seiner Schulter entfernt. Charlie empfand Befreiung vom Schmerz, während die Energie abfloß. Doch ich wußte, daß wir erst die halbe Heilung vollzogen hatten.

Ich rieb wieder die Hände aneinander und sagte: „Okay, Charlie, wir haben die negative Energie entfernt. Nun werden wir den Vorgang umdrehen und gute Energie, heilende Energie hineinbringen." Ich hob meine linke Handfläche vor mir hoch, um positive Heilenergie aus dem Universum zu erhalten. Dann hielt ich meine rechte Hand gerade über seine Schulter, um diese positive Energie in den Bereich zu schicken, der verwundet worden war (Abb. 4). Ich bat Charlie, sich die heilende Energie vorzustellen und zu fühlen, wie sie seine Schulter erfüllte, sättigte und heilte. Ich bat ihn, die Farbe der heilenden Energie zu sehen und zu fühlen: smaragdgrün, rosa, oder diejenige Farbe des Regenbogens, welche nach seiner Empfindung die kraftvollste Heilenergie besaß. Wo wir vorher spürten, wie die negative Energie entwich, fühlten wir nun die heilende Energie in den verletzten Bereich hineinströmen und ihn vollkommen ausfüllen. Wir sättigten den verletzten Teil drei- oder viermal, bis Charlie keine hineinfließende Energie mehr spüren konnte. An diesem Punkt war die Heilung fast abgeschlossen.

Die meisten Menschen sind sich nicht bewußt, daß die Aura – das Energiefeld um den Körper – Schnittwunden, Prellungen, Brüche, Löcher, Tränen, Schocks und Traumata erleben kann, genauso, wie diese Dinge dem physischen Körper widerfahren. Damit eine Heilung vollständig ist, muß auch dieses Feld bearbeitet werden.

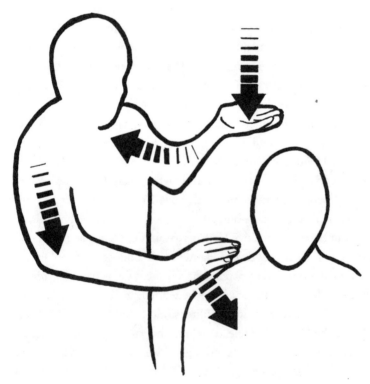

Abb. 4 – Charlie – Heilenergie in die Schulter leiten

Um den Schaden, den Charlies Aura durch die Wucht des Unfalles erlitten hatte, wieder gut zu machen, stellte ich mir einen beruhigenden, heilenden Balsam in der Fläche meiner rechten Hand vor und begann ungefähr 15 Zentimeter von seinem Körper entfernt zu arbeiten. Ich stellte mir dabei vor, daß ich sein Energiefeld glättete, als ob ich Glasur über einer Torte verteilte. Zuletzt mußte die Energie von der verletzten Schulter entlang seines Armes und bis über die Finger geglättet werden. (siehe Abb.5) Während des gesamten Vorganges fragte ich Charlie immer wieder, was er fühlte und wies ihn an, sich jeden Schritt mit mir bildlich vorzustellen. In dem Energiefeld direkt über der Verletzung konnten Charlie und ich eine Verdichtung von grober, dicker Energie fühlen. Indem wir sein Energiefeld glätteten, schmolz dieser Widerstand dahin und hinterließ den Bereich viel reiner.

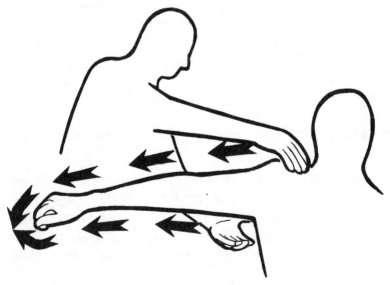

Abb. 5 – Charlie – Das Energiefeld glätten

Als Charlie sich niederlegte, um zu schlafen, sprach ich zu ihm mit einer sehr sanften Stimme: „Charlie, dein Körper heilt. Er weiß, wie er heilen kann und ist gerade jetzt dabei, zu heilen. Er heilt vollkommen." Ich versicherte ihm, daß sein Körper wüßte, was er zu tun hätte, um schnell und vollständig zu heilen. Ich fuhr fort, mit ihm zu sprechen; ich beruhigte ihn und brachte ihn dazu, sich noch mehr zu entspannen, während er in den Schlaf hinüberglitt.

Am nächsten Morgen ging Charlie zur Arbeit, seinen Arm in der Schlinge, die ihm das Spital besorgt hatte. Am Vormittag war er in der Lage, die Schlinge wegzugeben, und ohne Scherzen weiterzuarbeiten. Soviel ich weiß, entwickelten sich bei Charlie keine blauen Flecken.

Solche Ergebnisse sind möglich, wenn sich Vertrauen und eine Beziehung zwischen dem Heiler und demjenigen, welcher die Heilung erfährt, bilden oder bereits bestehen. Vertrauen und eine Beziehung können normalerweise innerhalb von Minuten geschaffen werden, wenn der Heiler aufmerksam zuhört und nicht urteilt. Eine sichere, vertrauensvolle Beziehung zwischen dem Heiler und dem Empfänger setzt die Angst, die Spannung und den Widerstand herab, die einer Heilung im Wege stehen können.

Heilhilfegruppe – Aurareinigungen

Zwischen 1989 und 1992 war ich an der Betreuung einer wöchentlichen Heilhilfegruppe in Portland, Oregon, beteiligt. Am Ende jeder Sitzung nahmen wir eine sanfte Ausbalancierung der Energie und eine Aurareinigung an jedem, der dies wünschte, vor. Jede Aurareinigung dauerte höchstens zehn Minuten. Zwei Begebenheiten blieben mir besonders im Gedächtnis haften.

Der erste Vorfall geschah mit einer Frau, der ich nie zuvor begegnet war, und die Ende sechzig Anfang siebzig zu sein schien. Bevor ich begann, mit ihr zu arbeiten, fragte ich sie, wie ich ihr helfen könnte. Sie sagte mir, sie würde an das andere Ende des Landes reisen, um an der Ostküste wegen Krebs behandelt zu werden, und bat mich, etwas Energiearbeit an ihr vorzunehmen. Nach der Reinigung der Aura blickte sie mir tief in die Augen und versicherte mir, daß sie zum ersten Mal in ihrem ganzen Leben Frieden gefühlt und kennengelernt hätte. Sie war so dankbar. Ich habe sie nie mehr gesehen oder von ihr gehört.

Eine andere Frau Ende zwanzig saß in dem Kreis um den Bereich, in dem wir Aurareinigungen durchführten. Sie war ungefähr drei Meter von mir entfernt und blickte in das Zentrum des Kreises, in dem vier oder fünf von uns Aurareinigungen vornahmen. Am Ende der Heilsitzung teilte sie uns mit, daß sie vor einiger Zeit einen Autounfall gehabt und dabei eine Halsverletzung erlitten hatte, die nicht richtig geheilt war und ihr immer noch Probleme bereitete. Sie sagte mir, sie habe gespürt, wie ein Energieblitz durch ihren Kopf und in ihren Nacken schoß, während ich mit jemand anderem arbeitete. Dann fühlte sie, wie ihr Hals aufging und begriff, daß er vollständig geheilt worden war.

Kinder mit Fieber

Während des Sommers 1986 in Kanada und dann im Winter 1991 in Palm Springs, Kalifornien, hatte ich die Gelegenheit, mit Kindern zu arbeiten, die jünger als ein Jahr waren und über 40° C Fieber hatten.

Das erste Kind in Jasper, Britisch Kolumbien, war ungefähr sechs Monate alt. Das Fieber war plötzlich aufgetreten und bereitete der Mutter große Sorgen. Das Kind, mit dem ich in Palm Springs, Kalifornien, arbeitete, war zehn Monate und hatte seit mehr als zwölf Stunden über 40° C Fieber. Da dieses Fieber während der Weihnachtsfeiertage auftrat, war der Arzt des Kindes nicht erreichbar.

In beiden Fällen verfuhr ich nach genau dem gleichen Ansatz. Bei der Arbeit mit beiden Kindern verfolgte ich zuerst das Ziel, die überschüssige Energie, die Hitze um den Körper zu entfernen und das Fieber zu senken. Dazu nahm ich eine schnelle Reinigung der Aura vor, ähnlich wie ich dies bei Charlie getan hatte.

Mein Vorhaben war, die überschüssige Hitze so schnell wie möglich zu entfernen. Indem ich mir meine Hände wie riesige Bürsten vorstellte, bürstete ich zügig das Energiefeld der Kinder vom Kopf bis zu den Zehen, mindestens ein halbes Dutzend Mal, bis ich fühlte, wie ihre Temperatur sank.

Nachdem ich die überschüssige Hitze entfernt hatte, erkundete ich ihren Körper, um den heißesten Bereich zu finden. Da ein Baby so klein ist, ist es nicht so wichtig, den genauen Bereich festzulegen, wie dies bei der Arbeit mit einem Erwachsenen erforderlich ist. In beiden Fällen richtete ich mich auf die Brust- und Magengegend aus. Hier benutzte ich wie bei Charlie meine linke Hand, um die negative Energie, die das Fieber hervorrief, herauszuziehen und sie durch ein Isolierrohr hinüber zu meiner rechten Hand laufen zu lassen, von wo sie direkt in den Boden geleitet wurde. Ich wiederholte dies drei- oder viermal, bis die negative Energie ausströmte und aufhörte.

Als nächstes rieb ich meine Hände aneinander und hielt meine linke Hand hoch, um heilende Energie zu erhalten, und hielt meine rechte Hand gerade über den Brustbereich. Wieder schickte ich drei- oder viermal positive Heilenergie hinein, bis die Babys vollkommen erfüllt schienen. Um die Heilung abzuschließen nahm ich eine sanfte Aurareinigung vor, um ihre Energiefelder zu glätten.

Durch diesen Ansatz konnte ich die negative Energie herausziehen, das Energiefeld um das Baby glätten und helfen, das Fieber zu brechen. In beiden Fällen fiel das Fieber innerhalb von 15 Minuten, nachdem ich mit der Behandlung begonnen hatte. Diese Methode hat sich bei vielen anderen Krankheiten und Verletzungen als wirkungsvoll erwiesen.

Krebstumore

Als ich 1986 einen Freund und dessen Frau besuchte, erzählten sie mir, daß der Tierarzt bei ihrer Katze einen krebsartigen Tumor festgestellt hatte. Der Tumor befand sich an der Seite der Katze und fühlte sich an wie ein kleiner Klumpen von etwa einem Zentimeter. Ich fragte, ob ich an der Katze arbeiten könne, und sie waren einverstanden. Nachdem ich meine Hände durch Aneinanderreiben aktiviert hatte, legte ich die Katze auf meinen Schoß. Ich legte meine Handflächen sanft auf das Tier und bildete

Abb. 6 – Katze – Ein Dreieck bilden

mit meinen Händen ein Dreieck über dem Bereich des Tumors. Dann stellte ich bildlich vor, wie die heilende Energie durch meine Handflächen in die Katze strömte und wie die negative Energie, der Tumor, die Katze durch die Mitte des Dreieckes verließ (siehe Abb. 6).

Ich ließ auch die Farben Rosa und Smaragdgrün, die für mich heilende Farben sind, vor meinen Augen entstehen und tief in diesen Bereich eindringen. Gleichzeitig stellte ich mir vor, wie der Tumor dahinschmolz. Wie dies typisch ist für die Arbeit mit Tieren oder Kindern, konnte ich es nur während ungefähr fünf Minuten tun, bevor die Katze von meinem Schoß sprang. Obwohl ich während der Arbeit keine Veränderung im Tumor bemerken konnte, erreichte mich einige Wochen später ein Anruf von meinen Freunden, die mir mitteilten, daß der Tumor verschwunden sei. Der Tierarzt war sehr überrascht.

Bonnie – Fernheilung

Bonnie ist eine gute Freundin, die an einigen meiner Seminare teilgenommen hatte. Sie und ihr Freund befinden sich auf dem spirituellen Pfad und versuchen stets ihr Möglichstes, um jenen zu helfen, mit denen sie in Kontakt kommen.

Da Bonnie als Barkeeperin und als Kellnerin arbeitete, war sie in der Lage, viele Hilfebedürftige zu erreichen und zu beraten. Eines Abends rief Bonnie von ihrer Arbeit aus an. Sie erzählte, sie sei frustriert und deprimiert und habe Mühe, zu funktionieren. Sie sagte, sie könne nicht lange am Telefon sprechen und bat mich um Hilfe, indem ich ihr Energiefeld reinigen sollte. Ich war einverstanden, und sagte ihr, daß wir mit der Arbeit beginnen würden, sobald wir das Telefonat beendet hätten.

Später an diesem Abend rief sie an, um sich zu bedanken, und erzählte mir, sie habe die Energieverschiebung gefühlt, nachdem wir aufgelegt hatten. Bis heute habe ich ihr nicht gestanden, daß ich kurz nach dem besagtem Telefonat gestört wurde und daß ich nie „bewußt" mit ihr arbeitete. Anscheinend ermöglichte mein Einverständnis es meinem Unter- und Überbewußtsein, die Heilung vorzunehmen. Bonnies Bitte und ihre Empfänglichkeit für die heilende Energie hatten zusammen mit ihrem Vertrauen und ihrer Erwartung die Heilung möglich gemacht.

R. T. – Fernheilung

R. T., ein konservativer Geschäftspartner, rief mich über Fernleitung von seinem Arbeitsplatz an. Im Laufe des Gesprächs erwähnte er, daß er sich am Wochenende bei der Gartenarbeit den Rücken verletzt hatte, und daß er wünschte, ich würde in der Nähe leben, um ein wenig Heilarbeit an ihm vorzunehmen.

Ich sagte ihm, ich könne sofort an ihm arbeiten, wenn er Zeit hätte. Er fragte, ob eine Heilung auf diese Art möglich wäre, und ich bejahte dies. Zuerst war er erstaunt und bat mich dann zu warten, bis er seine Bürotür geschlossen hatte. Als er zurückkam, bat ich ihn, sich in seinem Stuhl zurückzusetzen, die Augen zu schließen, zu entspannen und sich bildlich vorzustellen, wie die negative Energie, der Schmerz, schmolz und aus seinem Körper hinunter in den Boden floß. Während wir sprachen, ließen wir beide den Vorgang vor unseren Augen erstehen. Er erzählte mir, daß er tatsächlich spüren konnte, wie der Schmerz ihn verließ. Dann bat ich ihn, positive Heilenergie zu fühlen und zu sehen, wie die Farben Smaragdgrün, Gold, Rosa und / oder Violett den wunden Bereich erfüllten und sättigten. Schließlich stellten wir uns vor, wie sein Energiefeld von Kopf bis Fuß geglättet wurde. Nach weniger als fünf Minuten dieser Verbildlichungen erfolgte die Heilung. R. T. berichtete von einer wesentlichen Schmerzlinderung und von weit größerer Beweglichkeit. Der Schmerz kehrte nicht zurück.

Dramatische Heilungen

Bei zwei Gelegenheiten war ich in Heilungen einbezogen, die unter die Kategorie vollständige oder Wunderheilungen fallen. Jedesmal war die erreichte Heilung derart dramatisch, daß sowohl der Empfänger als auch ich erstaunt waren. Im ersten Fall hatte ich keine bewußte Absicht, zu heilen, und ich bemerkte auch nicht, daß eine Heilung erfolgt war.

1987, während der Zeit des Harmonischen Zusammenfließens, leitete Adlerfeder, eine Medizinfrau in Sedona, Arizona, eine Reihe von ur-amerikanischen Zeremonien. Adlerfeder hatte so schlimme Probleme mit ihren Beinen, daß sie zeitweise nicht ohne Hilfe gehen konnte und Krücken benutzen oder getragen werden mußte. Seit ich sie das erste Mal getroffen hatte, achtete ich sie wegen ihrer Arbeit. Ich konnte jedoch nicht verstehen, wie eine Person, die so vielen anderen Menschen half und mit der Medizin der amerikanischen Ureinwohner arbeitete, selbst so krank und verkrüppelt sein konnte. In meinem Kopf und in meinem Herzen begann ich, sie „Tanzende Beine" zu nennen und hielt an ihrer Vorstellung in einem Zustand vollkommener Gesundheit fest. Immer wenn ich sie sah, wiederholte ich den Namen Tanzende Beine in meinem Kopf und lächelte in meinem Inneren.

Ungefähr drei Wochen, nachdem ich sie kennengelernt hatte, nahm ich an einer Sonnenaufgangszeremonie teil, die Adlerfeder leitete. Als die Zeremonie nach etwa drei Stunden vorbei war, tauschten die Teilnehmer Umarmungen aus. Während Adlerfeder und ich uns umarmten, legte ich instinktiv meine rechte Hand an die Wurzel ihres Rückgrates und meine linke Hand oben am Rückgrat direkt unter ihren Hals. Wir umarmten uns nur einen Augenblick lang, und während wir uns umarmten, erschlaffte sie in meinen Armen. Obwohl ich das Erschlaffen bemerkte, war ich mir nicht bewußt, daß eine Heilung erfolgt war. Ich dachte an nichts dergleichen; ich stellte nur fest, daß sie sich in meinen Armen entspannt hatte. Einen Augenblick später beendeten wir unsere Umarmung und gingen getrennter Wege. Später an diesem Tag kamen eine Reihe von Leuten zu mir, um mir für die Heilung, die ich an Adlerfeder bewirkt hatte, zu danken. Auf der Bewußtseinsebene war mir überhaupt nicht klar, was passiert war und ich konnte nicht verstehen, weswegen die Menschen mir dankten. Ich wußte nur, daß ich sehr viel ehrliche Liebe, Verehrung und Mitgefühl für diese Frau empfand. Indem ich die Liebe und die Achtung für sie in meinem Herzen bewahrte und sie als „Tanzende Beine" verbildlichte, begann ich heilende Energie zu bilden und ihr zu senden. Die Umarmung und der Zusammenbruch in meinen Armen war die Vollendung der Heilung.

Zwei Wochen später gingen Adlerfeder und ich zum Tanzen in die Disco. Wie sie mir mitteilte, sagte ihr Arzt, daß ihr Nervensystem und ihre Muskeln sich selbst heilten. Die Vision von Adlerfeder als „Tanzende Beine" wurde Wirklichkeit.

Die Heilung, die an Adlerfeder erfolgte, half mir, die „Kraft der Umarmung" in einer anderen Weise zu sehen. Ich begreife nun, daß immer, wenn ich jemanden umarme oder mit jemanden in Kontakt komme, meine Energie diese Menschen vielleicht in ihrer Heilung unterstützt. Die Menschen einfach nur an der Liebe teilnehmen lassen, kann einen wesentlichen Einfluß auf deren Veränderung haben. Später erfuhr ich, daß Adlerfeder bereits seit einiger Zeit für diese Heilung gebetet und sich vorbereitet und den Großen Geist gebeten hatte, durch die geeignete Person zu wirken und ihr seine Hilfe zukommen zu lassen. Ich glaube, daß ihr

Bitten und ihre Bereitschaft, zu empfangen, zusammen mit ihrer Vorbereitung zum Ausmaß der Heilung beigetragen hatten.

Ein anderer Faktor, der bei dieser Heilung eine große Rolle spielte, war, daß wir beide, Adlerfeder und ich, das „kreative Wollen" hatten, daß sie geheilt würde. Sie hatte aktiv für ihre Heilung gebetet und ich hatte aktiv die Vorstellung von ihr als „Tanzende Beine", als bereits gesund und geheilt, in mir bewahrt. Unser gemeinsamer Wunsch und unsere gemeinsame Konzentrierung waren die Schlüsselfaktoren beim Ausmaß der erfolgten Heilung.

Die zweite dramatische Heilung geschah im Frühling 1991, während wir am Ende der Heilhilfe-Gruppenversammlung, die ich mit anderen führte, Aurareinigungen vornahmen. Wir boten Aurareinigungen an als ein Weg, um negative Energie zu entfernen und das Energiefeld um den Körper auszubalancieren. Eine Frau, die ich nie vorher gesehen hatte, bat um eine Aurareinigung. Als ich fragte, wie ich ihr helfen könne, erzählte sie, daß sie an chronischer Müdigkeit leide und daß ihre Leber kaum arbeite. Während der Heilsitzung wurden sie und ich uns der Intensität der Heilenergie bewußt. Ich erinnere mich, daß ich benommen wurde und in Schweiß ausbrach, als die Energie meinen Körper durchströmte.

Nach der Versammlung erzählte sie mir, daß sie seit einiger Zeit in Behandlung sei. Zusätzlich zur Arbeit mit den traditionellen medizinischen Methoden meditierte sie aktiv, nahm besondere chinesische Kräuter, las Selbsthilfebücher und tat alles, was in ihrer Macht stand, um selbst auf sich zu achten.

Sie war seit so langer Zeit nicht mehr in der Lage gewesen, zu arbeiten, daß ihre Langzeit-Arbeitsunfähigkeitsversicherung im Ablaufen begriffen war. Und schlimmer noch, sie war in Gefahr, von ihrem Arbeitgeber gefeuert zu werden. Nach der Heilsitzung vollzog sie eine dramatische Heilung und sie konnte innerhalb weniger Monate wieder ganztags arbeiten und ihre Pflichten gut erledigen.

41

Ich möchte diese Erfahrungen mit Ihnen teilen, weil ich in meinem Herzen weiß, daß jeder Mensch ein Heiler ist. Wenn Sie Heilenergie durch sich durchströmen lassen, können Sie viel zur Unterstützung des Heilprozesses in anderen Menschen leisten. Bedenken Sie, einst war auch ich ängstlich und voller Zweifel. Durch die Bereitschaft, zu vertrauen, zu lernen und zu erfahren, vertraue ich nun meiner Fähigkeit, heilende Energie zu nutzen, um anderen und mir selbst zu helfen. Sie brauchen nur den Wunsch und den Willen, dieses Buch zu lesen und beginnen Sie, es umzusetzen! Durch die Übung werden Ihre Fähigkeiten schnell wachsen.

II

Energie Verstehen

Was ist heilende Energie

Wir kennen alle verschiedene Formen der Energie, wie Magnetismus, Elektrizität und Licht und Wärme der Sonne. Eine andere bekannte Form ist die elektromagnetische Energie, die erzeugt wird, wenn Elektrizität durch eine Drahtspule geschickt wird, solcherart ein Magnetfeld schaffend. Heilenergie kann als bio-elektromagnetische Energie bezeichnet werden, da sie anscheinend eine elektrische Ladung trägt, Magnetismus besitzt und auf natürliche Weise vom menschlichen Körper erzeugt wird. Manche Menschen können diese Energie wirklich als Farben sehen, andere können sie als Töne hören, und fast jeder kann sie fühlen.

Für die meisten Menschen sind die verschiedenen Anwendungen der Elektrizität, des Magnetismus und des Lichtes im Alltag ganz selbstverständlich. Dennoch werden diese Formen der Energie nicht einmal von den Wissenschaftlern zur Gänze verstanden. Sie haben die Partikeltheorie und die Wellentheorie formuliert, welche beide beschreiben, wie das Licht unter verschiedenen Gegebenheiten funktioniert. Sie können jedoch noch immer nicht erklären, weshalb das Licht eben so unter diesen verschiedenen Bedingungen reagiert. Das gleiche gilt für Elektrizität und Magnetismus. Wir wissen, wie diese unter bestimmten Voraussetzungen reagieren und wir haben gelernt, sie zu messen und zu nutzen, doch wir können noch immer das „Warum?" dieser Energieformen nicht erklären. Ebenso wird Heilenergie in fast allen Kulturen und Ländern seit Anbeginn der Zeit angewandt, dennoch wird sie nicht vollständig verstanden. Sowohl die Geschichte der Vergangenheit als auch die gegenwärtigen Erfolge untermauern die Existenz einer solchen Energie und die vielen Nutzen ihrer Anwendung. Normalerweise sind diese Vorteile von vielen im

Bereich der traditionellen Medizin herabgespielt, unberücksichtigt, unterdrückt und ignoriert worden. Leider hat uns die Welt der Wissenschaft zu einem mehr von der linken Hirnhälfte geprägten, einem traditionelleren, wissenschaftlicheren und eher medizinischen Ansatz zur Erforschung dieser Heilenergie gebracht, anstatt daß sie sich selbst durch diese Energie herausfordern und zur Erforschung hätte ermutigen lassen und ihre Nutzen dokumentiert hätte. Heilende Energie wird bei vielen Heilmethoden angewandt, die von den Traditionalisten als „alternativ" bezeichnet werden. Energie ist stets gegenwärtig, ganz gleich wo wir uns befinden. Je sensibler wir gegenüber der Energie sind, desto leichter fühlen wir sie. Jemand, der auf Energie anspricht, kann beim Betreten eines Raumes sagen, ob dessen Energie positiv oder negativ, glücklich oder traurig ist. Entweder wir fühlen uns wohl und entspannt mit der Energie um uns, oder wir tun es nicht.

Die Heilenergie gleicht dem Fließen des Wassers. Wenn der Energieempfänger offen und aufnahmebereit ist, wird die Energie leicht zu ihm hin strömen. Wenn die Menschen Widerstand bieten oder ängstlich sind, wird die Energie behindert und tröpfelt nur.

Quellen heilender Energie

Es gibt drei unterschiedliche Kategorien heilender Energie. Eine ist die persönliche Energie – die vom Körper erzeugte Energie. Die Chinesen nennen sie Chi und die Japaner nennen sie Ki. Die zweite Art ist die übersinnliche Energie. Dies ist die Fähigkeit, die Kraft des Verstandes zu kanalisieren und die Energie durch die Gedanken zu leiten und zu konzentrieren. Die dritte ist die spirituelle oder mystische Energie. Durch die spirituelle Energie arbeiten wir mit Gott, mit dem Geist und der Kraft des

Gebetes. Hier gehen wir über unsere eigene persönliche Kraft hinaus und erschließen die Kraft des Universums.

Für Menschen, die eine starke persönliche Energie besitzen und gute übersinnliche Fähigkeiten entwickelt haben, stellt es manchmal eine Herausforderung dar, über das eigene Ich hinauszuwachsen und Gottes Hilfe zu erflehen und anzunehmen.

Der alleinige Einsatz der persönlichen Energie begrenzt den Bereich und die Menge der für die Heilung verfügbaren Energie. Es gibt auch Rückschläge im Nutzen der übersinnlichen Energie. Wenn man die persönlichen oder übersinnlichen Heilkräfte ohne die Nutzen spiritueller Unterstützung anwendet, kann man sich möglicherweise müde oder ausgelaugt fühlen, wenn man viel Energiearbeit macht. Man kann auch unruhig werden oder Kopfschmerzen entwickeln. Dies gilt vor allem, wenn man sich intensiv konzentriert und den Verstand auf etwas ausrichtet.

Aber in der Arbeit mit der mystischen Energie ist die zur Verfügung stehende Energie grenzenlos. Wenn man um universelle Energie bittet und sie nutzt, kann man persönlich einen viel höheren Schwingungspegel erreichen und ein viel stärkeres Energiefeld schaffen, das bei der Heilung eingesetzt werden kann. Meine ganze Heiltätigkeit geschieht unter der Führung von Gott und mit seiner Hilfe – das bedeutet, in Zusammenarbeit mit der positiven Kraft der universellen Energie. Wenn Sie selbst – Ihr eigenes Ich – beiseite treten und die universelle Energie durch sich hindurchströmen lassen, werden die Heilungen, die erfolgen können, weit über dem liegen, was Sie für möglich hielten.

Als Hilfe bei der Vorbereitung zur Heiltätigkeit sollte man die folgenden Ideen beachten. Halten Sie sich frei von Erwartungen und Wünschen, bleiben Sie offen, um die universelle Energie aufzunehmen, und lieben, achten und respektieren Sie den Menschen, der um Heilung bittet. Je besser Sie dies tun können, um so größer ist die Chance, daß Heilungen erfolgen werden.

Wie wird heilende Energie übertragen?

Heilende Energie kann auf verschiedenen Wegen übertragen werden, und einer davon sind Ihre Hände. Die Hände sind ein ausgezeichnetes Mittel, weil man sie sehen und die Energie leicht fühlen kann, und weil diese Methode von den meisten Menschen angenommen wird.

Im Laufe der Jahre, während ich weiter mit heilender Energie arbeitete, begann ich zu erfahren, wie die Energie auf verschiedenen überraschenden, noch nie erfahrenen und unerwarteten Wegen übertragen wurde. Die dramatischste Erfahrung machte ich, als ich erlebte, wie die heilende Energie aus meinen Augen kam. Dies geschah zum ersten Mal 1986 während eines von mir abgehaltenen Workshops. Es gab andere Menschen im Raum, welche die Energie spüren und fühlen konnten. Für mich fühlte es sich an, als ob Wellen von Energie aus meinen Augen strömten. Die Vorstellung, jemandem im Gespräch in die Augen zu sehen, bekam eine vollkommen neue Bedeutung. Mir wurde klar, daß ich Menschen in ihrer Heilung helfen und sie dazu ermutigen konnte, stärker konzentriert zu bleiben und ihre Aufmerksamkeit in der Gegenwart zu belassen, indem ich ihnen einfach gerade in die Augen schaute.

In dem Ausmaß, in dem ich mich selbst annahm und liebte, entdeckte ich, daß ich in der Lage war, den anderen tiefer in die Augen zu sehen und sie darin unterstützen konnte, sich selbst zu lieben und zu akzeptieren. Davon ausgehend entwickelte ich ein besseres Verständnis des Mitgefühls. Heilung erfolgt auf vielen Ebenen und auf vielen Wegen. Eine zweite unerwartete Art, Energie zu übertragen, erfuhr ich, als ich erlebte, wie heilende Energie durch meine Stimme kam. Immer wenn ich mit leiser, sanfter Stimme spreche, verändert sich die Energie, sowohl im Raum als auch in der Person oder in der Gruppe, zu denen ich spreche. Wenn dies passiert, verstärkt sich die Energie und die Möglichkeit einer Heilung wird größer. Indem mir diese Veränderungen klar wurden, erschienen mir lautes Beten und Singen in einem anderen Licht. Sogar das Sprechen in der Öffentlichkeit hat einen neuen Sinn erhalten. Durch die Schwingungen, die man mit seiner Stimme schafft, kann man die Energie in einem Raum oder in einem Gebäude verändern und man kann sich und andere beruhigen und heilen. Wenn man seine Stimme bewußt moduliert, kann man ermutigen, unterstützen und Liebe geben. Das Schlaflied der Mutter behält man ein Leben lang in der Erinnerung!

Wegen meines technischen Backgrounds waren die Übertragungsmethoden von Energie, die am schwierigsten für mich zu akzeptieren war, die Verbildlichung oder Vorstellung, die Heilung durch Gedankenübertragung und die Fernheilung. Ich konnte mühelos die Vorstellung von heilender Energie annehmen, wenn ich sie tatsächlich fühlte und unmittelbare Ergebnisse sehen konnte. Doch zu glauben, daß eine Heilung erfolgen konnte, indem ich nur einfach die Augen schloß, betete und die Veränderungen an dem betreffenden Menschen sah, bedeutete eine wirkliche Anstrengung für mich. Mit der Zeit lernte ich, daß wenn immer der Heiler oder der Empfänger der Heilung fähig ist, die Veränderung zu verbildlichen, diese Veränderung viel mehr Aussicht auf Verwirklichung hat. Wenn beide gemeinsam arbeiten und verbildlichen, wird das Potential für positive Ergebnisse in hohem Maße vervielfacht. Erst nach wiederholten Erfolgen begann ich zu akzeptieren, daß ich meine Gesundheit und mein Leben verändern konnte, indem ich meine Gedanken und Vorstellungen änderte.

Beispiel von im Körper eingeschlossener Energie

Energie kann auf viele Arten im Körper gefangen sein. Sie kann auf der mentalen, der physischen, der emotionalen oder auf der spirituellen Ebene, oder auf einer Verbindung von diesen Ebenen, eingeschlossen sein. Die in diesem Buch beschriebenen Techniken können Ihnen helfen, diese Energien zu erreichen und zu lösen.

Auf der physischen Ebene nimmt der Körper Chemikalien und ungelöste Emotionen auf und hält sie in den Zellen, Muskeln, Knochen und Organen zurück. Auf der mentalen und emotionalen Ebene gibt es Zeiten, in denen vergessene oder unterdrückte Erinnerungen und Emotionen wieder-erlebt werden, wenn eine Person eine Heilung erfährt. Wenn Sie akzeptieren, daß Körper, Verstand und Geist eines Menschen stets zu einer Rückkehr nach Einheit streben, kann man leichter verstehen, wie die heilende Energie einer Person helfen kann, die Blockaden anzusteuern und zu lösen. Die zusätzliche Energie, die bei einer Heilsitzung geliefert wird, kann Traumata lösen, die durch Unfälle, Mißbrauch, Angst oder durch den Verlust eines Familienangehörigen oder auch eines Haustieres, im Körper eingeschlossen waren. Die folgenden Situationsbeispiele illustrieren einige meiner Erfahrungen mit blockierter Energie.

1982-83 erhielt ich einige sehr tiefe Massagebehandlungen, während derer eine Reihe von erstaunlichen Dingen passierten. Als der Masseur meine Beine bearbeitete, begannen wir beide, einen eigenartigen Geruch wahrzunehmen, den keiner von uns identifizieren konnte. Der Geruch kam uns unbestimmt bekannt vor, doch ich kam nicht darauf, was es sein könne. Tage später wurde mir klar, daß es der Geruch des Einreibemittels war, das ich beim Querfeldeinlaufen in der High School benutzte, um Beinkrämpfe zu mildern. Nachdem sie 21 Jahre lang in meinem Körper gefangen gewesen waren, wurden diese Chemikalien nun freigesetzt. Ihr unverwechselbarer Geruch war klar zu identifizieren. Eine ähnliche Situation ergab sich, als der Masseur die Innenseite meines Mundes um das Zahnfleisch und die Zähne herum massierte; ich konnte Novocain riechen und schmecken. Dies geschah lange, nachdem ich das letzte Mal beim Zahnarzt gewesen war.

Chemikalien, Drogen, Alkohol und Nahrungsverunreinigungen bleiben viel länger im Körper, als den meisten von uns bewußt ist. Menschen mit einer starken physischen Konstitution können mit einer größeren Verschmutzung in ihrem Körper fertig werden, bevor ihre Gesundheit negativ beeinflußt wird. Menschen mit einer sehr sensiblen und schwachen Konstitution können die Wirkung dieser Giftstoffe sofort spüren. Oft sind wir uns jedoch der Menge an Chemikalien, die in unseren Körper aufgenommen und eingelagert werden, oder deren möglicher Wirkung nicht bewußt. Je sauberer die Luft, die wir atmen, je reiner das Wasser, das wir trinken und je besser die Nahrung, die wir essen, um so leichter ist es für unseren Körper, tagein tagaus gesund zu bleiben. Ein gesunder Körper kann schneller heilen, mehr Belastungen aushalten und mit einem größeren emotionalen und mentalen Druck umgehen. Außerdem ist eine körperlich gesunde Person wahrscheinlich mental, emotional und spirituell gesünder als jemand, der körperlich krank ist.

Anmerkung: 12-Stufen-Programm

Für jene, die in einem 12-Stufen-Programm für Süchte eingeschrieben sind und sich in einem Genesungsprozeß befinden, können die in diesem Buch beschriebenen Techniken wirkungsvoll helfen, die alten Muster aufzubrechen. Zusätzlich kann die Arbeit mit heilender Energie die Lösung von

Chemikalien sowie der damit verbundenen Schmerzen und Leiden unterstützen.

Blockierte Energie kann auftreten in Form von Trauma, Angst, Zorn, Verletzung, Trauer, Scham, Schuld, Schmerz, Schock oder Ärger. Traumata aus der Kindheit, Ereignisse, die vorgefallen oder Worte, die vor langer Zeit gesprochen wurden, können verletzen und bis in unser Erwachsenenalter hineinreichen und uns unserer Lebendigkeit und Spontaneität berauben. Kinder, die in einem Umfeld aufwuchsen, in dem Alkoholismus, Drogenmißbrauch, sexueller oder irgendeine andere Form von Mißbrauch passierten, entwickeln Methoden, um damit umzugehen und zu überleben. Während diese Methoden einem Menschen helfen, die Kindheit zu überleben, führen sie oft oder entwickeln sich zu Problemen, wenn diese Kinder erwachsen werden. Es ist nicht ungewöhnlich, daß Leute, die in einer Umgebung emotionellen Mißbrauchs aufwuchsen, sich emotionell verschließen oder selbst zu Mißbrauch neigen, oder beides.

Wenn emotionaler Schmerz so groß wird, daß Menschen nicht mehr damit umgehen können, neigen sie dazu, sich zu verschließen und so zu tun, als ob der Schmerz nicht vorhanden sei. Sie können auch auf andere losgehen, manchmal ohne zu wissen warum. Es besteht die Neigung, die Energie eines ungelösten Traumas zu speichern, indem man sie im Körper verschließt. Auch wenn eine bestimmte Situation sich nur einmal ergeben hat, kann ein unbefreites und ungelöstes Trauma im Körper und seinem Energiefeld gefangen bleiben und Spannung, Streß und möglicherweise Krankheit bewirken.

Wenn Menschen in Berührung kommen mit einem vergangenen Trauma, können sie weinen oder sogar hysterisch werden, wenn die Energie befreit wird. Es wird eine emotionale Befreiung zu erwarten sein. Wenn Sie mit Leuten arbeiten, die loslassen, bleiben Sie einfach bei ihnen, und machen Sie ihnen Mut, den Schmerz oder das Trauma zu fühlen und aus-

zudrücken. Die Freigabe dieser gespeicherten, unterdrückten oder blockierten Energie ist ein gesunder, natürlicher Vorgang, der es den Menschen
ermöglicht, Probleme zu lösen und lebendiger zu werden. Die in diesem
Buch beschriebenen, energiereinigenden Techniken werden helfen, die
Gefühle zu heilen und sie können eine tiefgreifende Änderung bewirken
in der Fähigkeit eines Menschen, zu funktionieren.

Negative mentale Energie – negative Gedankenmuster – können beschrieben werden als einschränkende Gedanken, Verhaltens- und Glaubens-
muster, die jemand in ihren Kopf gepflanzt hat oder die innerhalb der
Familie oder einer Kultur über Generationen überliefert wurden. Vorur-
teile und Bigotterie fallen unter diese Kategorie. Fehden haben die Menschen in Ketten gehalten in Europa, dem Mittleren Osten und in vielen
anderen Teilen der Welt. Alle Menschen wurden beeinflußt von Autoritätsfiguren, Religion, Politik, von gesellschaftlichen Bräuchen, von
Marketing und Werbekampagnen und von ihren Eltern. Es finden sich oft
negative Gedankenmuster bei Menschen, die an einem schwachen Selbstbild und niedriger Selbstachtung leiden. Bejahende Aussagen, die später
besprochen werden, sind eine gute Methode, um negative Gedankenmuster in positive zu verwandeln. Indem wir positiver in unserem Denken werden, gesunden wir, und wir machen Platz in unserem Leben für
mehr Liebe, Frieden und Freude und für mehr Hinnahme.

Chakren

Chakra ist ein indisches Wort und bedeutet „Rad". Die alten indischen Mysti-
ker sahen die Chakra-Zentren das Körpers als radähnliche Energiewirbel.
Es gibt sieben Haupt-Chakren oder Energiezentren und viele Neben- oder
kleinere Chakren. Letzere umfassen die Handflächen und die Fußsohlen.

Die sieben Haupt-Chakren befinden sich innerhalb des physischen Körpers, genau vor dem Rückgrat; sie sind senkrecht entlang des Rückgrates gereiht. Jedes Chakra klingt zu einem bestimmten Musikton und steht in Verbindung zu einer Farbe und zu einem Organ oder einer Drüse.

Wenn diese Energiezentren klar sind und eine Linie bilden, strömt die Energie frei das Rückgrat auf und ab und durch das Nervensystem, was ein friedvolles Gefühl des Wohlseins bewirkt. Wir geben uns durch diese Energiezentren Ausdruck. Die Chakren können ebenso wie die physischen und emotionalen Körper gefangene Energie enthalten. Werden erst einmal Spannungen, Traumata, Ängste und Bangigkeit aus dem Chakra-System herausgelöst, heilen auch der mentale, physische, emotionale und spirituelle Körper. Wenn der eine heilt, gesundet der andere automatisch. Entscheidend ist nicht, wo der Heilungsprozeß beginnt oder womit zuerst gearbeitet wird, sondern das Engagement und das Beginnen.

Das **Wurzel-Chakra** befindet sich an der Basis des Rückgrates. Es ist der Erde am nächsten und steht in Verbindung zum Grundwissen und zum Überleben. Wenn es blockiert ist, enthält dieses Chakra Angst und den „Kampf-oder-Flucht"-Mechanismus. Die Heilung dieses Chakras löst die Angst, läßt uns sicherer fühlen und hilft uns, auf unsere Mitte bezogen und erdverbunden zu bleiben. Dieses Chakra hängt zusammen mit der Blase, den Geschlechtsorganen, der Fortpflanzung, der Sexualität, dem Überleben, der Sicherheit, der Stärke und des Verwurzeltseins. Es klingt zur Note „C" und wird als Farbe Rot angesehen.

Das **Milz-Chakra**, das zweite Chakra, befindet sich in der Nähe der Milz. Dieses Chakra steht in Zusammenhang mit Macht und Willen. Die Heilung des zweiten Chakras setzt Gefühle der Ohnmacht frei und das Gefühl, außer Kontrolle zu geraten ebenso, wie das Bedürfnis andere zu dominieren und zu überwachen. Wenn das zweite Chakra ausbalanciert ist, haben wir das Gefühl, unser Leben unter Kontrolle zu haben und wir setzen unsere Macht sanft und in angemessener Weise zu unser aller Wohl ein. Dieses Chakra hängt zusammen mit dem unteren Darmbereich, den Nebennieren, den Nieren, mit der Intimität, den Gefühlen, dem Energiepegel, dem Appetit und der Immunität. Es klingt zur Note „D" und wird wahrgenommen als Farbe Orange.

Das dritte Chakra, das **Sonnengeflecht-Chakra**, befindet sich an der Wurzel des Brustbeines und enthält unsere emotionale Sensibilität und Angelegenheiten der persönlichen Kraft. Um es mit anderen Worten zu beschreiben, ist es das Chakra des Selbstbildes und der Selbstachtung. Alle pesönlichen Gefühle befinden sich in diesem Chakra-Zentrum. Wenn es ausbalanciert ist, verfügen wir über ein klares Denken, über Selbstvertrauen, persönliche Kraft und wir lernen leicht. Gerät es aus dem Gleichgewicht, kann dieses Chakra Ärger, Feindseligkeit und sogar Zorn enthalten. Es schafft mehr Probleme als alle anderen Chakren, weil es unser Gefühls-Ich widerspiegelt. Es steht in Zusammnenhang mit der Leber, der Milz, dem Magen, der Gallenblase und der Bauchspeicheldrüse. Es klingt zur Note „E" und wird wahrgenommen als Farbe Gelb.

Das **Herz-Chakra**, das vierte Chakra, befindet sich beim Herzen und hängt zusammen mit dem Einfühlungsvermögen, dem Mitgefühl, der Liebe und der Harmonie. Je klarer und offener dieses Chakra ist, umso größer ist die Fähigkeit, unbedingte Liebe zu geben und zu empfangen. Dieses Chakra steht in Zusammenhang mit dem Herzen, den Lungen, dem Brustbereich, dem Thymus, dem Blut und dem Kreislauf, und betrifft das Immun- und das endokrine System. Es klingt mit der Note „F" und wird wahrgenommen als Farbe Smaragdgrün.

Das **Hals-Chakra**, das fünfte Chakra, befindet sich am Hals und steht in Beziehung zum Ausdruck durch Kommunikation. Angst, Bangigkeit oder Traumata können dieses Chakra einengen oder verschließen. Wenn dies geschieht, sind wir unfähig, uns klar auszudrücken und wir können in schweren Situationen sogar sprachlos werden. Indem wir das Verurteilen, das Kritisieren und die Angst vor der Kommunikation heilen, wird unsere Stimme voller, klarer und tiefer. Dieses Chakra steht in Zusammenhang mit dem Mund, dem Hals, der Schilddrüse, den Bronchien, den Ohren und der Nase. Es klingt mit der Note „G" und wird wahrgenommen als Farbe Blau.

Das sechste Chakra, das **Brauen- oder Dritte-Auge-Chakra**, befindet sich in der Mitte der Stirn knapp über den Augenbrauen. Dieses Chakra ist verbunden mit dem Idealismus und der Vorstellungskraft. Wenn wir es erträumen oder sehen, können wir es erschaffen. Manche Formen der übersinnlichen Heilung erfolgen dadurch, daß Energiestrahlen von diesem Zentrum ausgesandt werden. Wenn das Dritte Auge ausgebildet ist, verleiht es uns die Fähigkeit, über den physischen Bereich hinaus in andere Dimensionen zu blicken. Dieses Chakra hilft uns, tief in unser Inneres zu sehen und zu beurteilen, wie weit wir auf dem Pfad der Heilung und des spirituellen Wachsens vorangeschritten sind. Es steht in Zusammenhang mit dem Thalamus und der Hypophyse, mit den Ohren, der Nase, den Augen und dem unteren Teil des Gehirnes. Es klingt zur Note „A" und wird wahrgenommen als Farbe Indigo.

Das **Kronen-Chakra**, das siebte Chakra, befindet sich auf dem Kopf und steht in Verbindung zu Gott, zum höchsten Selbst und zum Geist. Wenn dieses Chakra klar ist, befinden wir uns in Harmonie mit uns selbst, mit dem Geist und mit den anderen Menschen. Liebe, innerer Frieden und die Verbindung zum Geist sind die positiven Qualitäten dieses Chakras. Es verbindet das Menschliche mit dem Göttlichen und hängt zusammen mit der göttlichen Vorsehung und dem Schicksal eines Menschen. Es führt über Sprache, Zeit und Raum hinaus. Das Kronen-Chakra steht in Zusammenhang mit dem oberen Teil des Kopfes, der Hypophyse, der Zirbeldrüse und dem oberen Gehirn. Es klingt mit der Note „B" und wird wahrgenommen als Farbe Violett.

Da alle Chakren, ebenso wie der mentale, physische und emotionale Körper miteinander verbunden sind, ist das gesamte System betroffen, wenn

Chakra	Lage	Drüse	Farbe	Note
7 Krone	auf dem Kopf	Hypo- & Epiphyse	violett	B
6 Brow/Auge	Stirn zwischen den Augenbrauen	Hyphophyse	indigo	A
5 Hals	Hals	Schilddrüse	blau	G
4 Herz	Herz	Thymus	grün	F
3 Sonnengeflecht	Wurzel des Brustbeins	Bauchspeicheldrüse	gelb	E
2 Milz	Milz/Nabel	Nebenniere	orange	D
1 Wurzel/Basis	Basis des Rückgrates	Keimdrüsen	rot	C

in einem bestimmten Feld gearbeitet wird. Zusätzlich können die Chakren Farben anderer Chakren enthalten, da die Probleme, die gerade behandelt werden, mehr als einen Bereich betreffen. Ein Beispiel hierfür wäre ein Mensch, der in seiner Kindheit sexuell mißbraucht wurde. Hier sind alle Chakren betroffen.

Wurzel-Chakra   Sexualität, Überleben, Sicherheit
Zweites Chakra   Fragen der Macht oder Kraft
Drittes Chakra   Fragen des Selbstbildes, der Selbstachtung
Herz-Chakra   Fragen des Vertrauens und der Liebe
Hals-Chakra   Fragen der Sicherheit und des Ausdruckes
Brauen oder
Drittes-Auge-Chakra   Fragen, die davon handeln, zu sehen und zuzugeben, was passiert oder passiert ist
Kronen-Chakra   Fragen des Wertes und des Gottvertrauens

Die Aura

Im Universum besteht allas aus Energie und alles trägt ein Energiefeld um sich. Pflanzen, Tiere, Bäume und Menschen haben Energiefelder um sich. Dieses Energiefeld, das dem nackten, ungeübten Auge unsichtbar bleibt, dehnt sich vom Gegenstand nach außen und wird als Aura oder Aurafeld bezeichnet. Die Aura ähnelt in vielen Aspekten der Erdatmosphäre: am dichtesten nahe der Oberfläche, weniger dicht mit zunehmender Ausdehnung nach außen. Alle Energiefelder haben viele verschiedene Schichten, genauso wie die Erde viele atmosphärische Schichten aufweist.

Bei Menschen kann man dieses Energiefeld im Abstand von bis zu einem Meter und mehr vom physischen Körper spüren. Abhängig von der Ebene der Energie und der spirituellen Entwicklung eines Menschen kann die Aura sich bis zu 15 Meter vom Körper ausdehnen. Die Energie eines großen Meisters oder Lehrers kann sogar über große Entfernungen wahrgenommen werden. Die meisten Bilder von Heiligen und spirituellen Führern zeigen ein breites Leuchten um deren Körper, besonders um den Kopf. Dieses Leuchten beschreibt sehr genau ein gut entwickeltes Energiefeld oder Aura.

Die Aura kann mit Hilfe vieler Methoden erfaßt werden, darunter die Thermographie, Auralesungen, die Kirlian-Fotografie und Wünschelruten. Jede dieser Ermittlungsmethoden bestätigen die Existenz einer Aura um den Körper. Die Thermographie ist eine traditionelle medizinische Vorgangsweise, die ein verstärktes Farbbild durch Messen der feinen Wärmemuster um den Körper schafft. Ein gesunder Körper strahlt ein spezifisches Farbmuster aus. Wenn ein Mensch krank ist oder sich unwohl fühlt, kann man Verkrümmungen und Verfärbungen in dem Farbmuster ausnehmen. Diese Farbunterschiede liefern Anhaltspunkte zum Ausmaß und zur Lage einer Krankheit, wie etwa Krebs, lange bevor sie im physischen Körper durch andere Diagnosemethoden entdeckt werden kann.

Die Kirlian-Fotografie schafft einen spezifischen Bildtypus, der in einem elektrischen Feld aufgenommen wurde und hilft, unterschiedliche Energiefelder auf dem Film einzufangen. Dieser Vorgang ist so empfindlich, daß er sogar die „Erinnerung" oder das Energie-phantombild eines vor kurzem amputierten Gliedes oder das Bild der fehlenden Hälfte eines Blattes, das vor kurzer Zeit in zwei Hälften geteilt worden war, aufnehmen kann. Auch Wünschelruten oder andere Wünschelvorrichtungen können eingesetzt werden, um das Aurafeld um den Körper wahrzunehmen. In den Händen eines erfahrenen Wünschelrutengängers sind diese Vorrichtungen außerordentlich genau. Ich habe erlebt, wie sie auf das Energiefeld um einen Menschen in einer Entfernung von mehr als sieben Metern angesprochen haben. Wünschelruten können auch feine Verschiebungen im Energiefeld eines Menschen erfassen, wenn dessen Denken sich ändert. Wenn jemand frohe Gedanken hat, dehnt sich die Aura aus. Ist jemand von negativen Gedanken erfüllt oder krank, traurig, wütend oder niedergeschlagen, zieht sich das Energiefeld zusammen.

Auralesungen können auch von Menschen vorgenommen werden, die über ein übersinnliches oder intuitives Sehen verfügen. Indem sie Brüche, Verkrümmungen oder Verfärbungen im Energiefeld erfassen, können manche übersinnlich begabte Menschen mit großer Genauigkeit wahrnehmen, welche Art von Krankheit sich entwickeln und wann sie auftreten wird, und sogar deren Schweregrad voraussagen.

Die Aura kann Löcher entwickeln, Brüche, Risse und Felder mit dunkler, gestauter Energie, ähnlich dem Smog, der Verschmutzung und den Löchern in der Ozonschicht der Erdatmosphäre aufweisen.

Am besten sollte das Aurafeld regelmäßig gereinigt und repariert werden, besonders wenn jemand ein Trauma wie zum Beispiel eine Operation oder einen Unfall erlitten hat. Dies wird die Brüche und Risse heilen, welche

Unterbrechungen, Unausgeglichenheiten und Austreten von Energie bewirken können.

Wir können unseren Körper und unser Energiefeld durch Meditation und Gebet, durch Bejahungen, eine gute Diät und durch Übungen stärken. Das Energiefeld kann durch eine Aurareinigung oder durch Heilarbeit gereinigt werden. Sie können Ihr eigenes Energiefeld auch reinigen, indem Sie ein heißes Bad mit Zusatz von einer Tasse Apfelessig oder einer Tasse Bittersalz nehmen. Diese Zusätze helfen, negative Energie zu neutralisieren und das Energiefeld ins Gleichgewicht zu bringen.

III

Energie fühlen

Die Kraft des Gebetes

Das Gebet, das Herbeirufen von Gott, des Heiligen Geist, von Jesus, der Muttergottes, des Großen Geistes oder der Universellen Energie kann dazu beitragen, Ihre Energien direkt auf die Quelle auszurichten und damit das Ego und Ihre eigene Persönlichkeit zu umgehen. Dies trägt Sie auch über Ihre persönlichen Energien und übersinnlichen Fähigkeiten hinaus.
Die folgende Übung stellt ein Experiment dar mit der Kraft des Gebetes.

Übung – Setzen Sie sich ruhig hin, allein oder mit einer Gruppe von Freunden. Entspannen Sie sich und beruhigen Sie Ihre Gedanken. Vergewissern Sie sich, daß Ihre Beine nicht gekreuzt sind und daß Ihre Füße flach auf dem Boden stehen (es ist sehr behilflich, die Schuhe auszuziehen). So kann die Energie sanft fließen. Nehmen Sie sich einige Minuten Zeit, um zu entspannen und die Energie um Sie herum zu spüren. Nutzen Sie all Ihre Sinne, um zu fühlen, zu hören und um den Energiepegel im Raum bewußt aufzunehmen.
Nun sprechen Sie dreimal laut das Gebet des Herrn

Vater Unser, der Du bist im Himmel,
Geheiligt werde Dein Name,
Dein Reich komme,
Dein Wille geschehe,
Wie im Himmel, so auch auf Erden.
Unser tägliches Brot gib uns heute,
Und vergib uns unsere Schuld,
Wie auch wir vergeben unseren Schuldigern.

Und führe uns nicht in Versuchung,
Sondern erlöse uns von dem Bösen.
Denn Dein ist das Reich,
und die Kraft, und die Herrlichkeit,in Ewigkeit, Amen.

Bleiben Sie ruhig sitzen und fühlen Sie die Energie um sich herum. Können Sie einen Unterschied in der Energie des Raumes, in der Luft um Sie und in Ihnen selbst sehen, wahrnehmen, fühlen? Wenn Sie in einer Gruppe sind, lassen Sie jede Person ihre Erfahrungen mitteilen und besprechen sie dann in der Gruppe.

Nach der Teilnahme an dieser Übung beschreiben die meisten Menschen das Gefühl eines größeren Friedens und ein allgemeines Wohlbefinden. Außerdem nehmen sie auch Veränderungen in der Energie des Raumes wahr: die Energie wird harmonischer und eine höhere Schwingung ist feststellbar. Die Energie wurde auch als leichter und glücklicher beschrieben. Eine zusätzliche Übung besteht in einer Wiederholung der oben beschriebenen, doch indem Sie anstelle des Vater Unsers laut „Om" sagen.

Aktivierung der Hände

In der Mitte jeder Handfläche befindet sich ein Energie-Zentrum, ein kleineres Chakra, welches, wenn es offen ist, Energie in die Fläche hinein oder aus ihr heraus strömen läßt (siehe Abb.7)

Diese Zentren können benutzt werden, um Energie zu empfangen oder auszusenden. Die linke Hand dient dazu, entweder positive Energie aus dem Universum zu empfangen oder negative Energie aus einem Menschen herauszuziehen. Der Einsatz der linken Hand kann im Laufe einer Heilsitzung wechseln. Die rechte Hand dient dem Aussenden und Leiten von

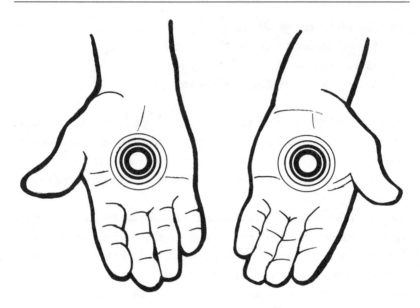

Abb. 7 – Hände – Energie-Zentren

Energie (siehe Abb. 3 & 4). Um es mit dem Begriff der Polarität auszudrücken, besitzt die linke Hand eine negative elektrische Ladung und die rechte Hand eine positive elektrische Ladung.

Da man die heilende Energie nur dann aussenden möchte, wenn sie gebraucht wird, habe ich eine meines Erachtens schnelle und wirkungsvolle Methode entwickelt, um die Heilenergie in meinem Körper zu aktivieren: ich klatsche einige Male in die Hände und reibe dann kräftig die Handflächen aneinander. Eines oder beides wird Wirkung zeigen. Während ich dies tue, bitte ich, daß universelle Heilenergie durch mich strömen möge. In meinem Kopf konzentriere ich mich darauf, die Energie zu aktivieren und mir bildlich vorzustellen, wie sie durch meinen Körper fließt. Innerhalb von Sekunden kann ich fühlen, wie meine Hände warm werden und anfangen zu kribbeln, wenn die Energie beginnt sich zu bewegen.

Es gibt Zeiten, in denen ich fühlen kann, wie sich meine Hände selbst aktivieren, wenn jemand um Hilfe bittet oder mir von jemandem erzählt, der in Not ist. Dann sprechen meine Hände fast unmitelbar an, indem sie ohne bewußte Anstrengung oder Tätigkeit meinerseits aktiviert werden. Ich kann buchstäblich fühlen, wie mein ganzer Körper in einen Heilmodus wechselt. Während meine Hände aktiviert werden, erwärmen sich die Handflächen und die Energie beginnt zu strömen. Ich kann auch spüren, wie die heilende Energie beginnt, von meinem Körper auszustrahlen. Wenn man sich der Heilung der Menschen widmet, wird man zu einem Transportmittel für heilende Energie.

Es ist nicht wirklich notwendig, in die Hände zu klatschen oder die Hände aneinanderzureiben, um die Energie zu aktivieren. Diese Methode kann sich jedoch als hilfreich erweisen, bis Sie Ihren eigenen Ansatz gefunden haben, um den Energiestrom zu aktivieren.

Ein Energiefeld schaffen – Eine Übung

Die Schaffung eines Energiefeldes stellt eine gute Methode dar, um Energie zu fühlen. Klatschen Sie einige Male in die Hände und reiben Sie sie dann gegeneinander, um sie zu aktivieren und die Energie zu bewegen. Halten Sie die Hände in Brusthöhe auseinander in einer Entfernung von ungefähr 50 cm. Beginnen Sie mit geschlossenen Fingern und den Handflächen einander zugewendet, die Hände auseinander und wieder zusammen zu bewegen (Abb.8).

Lassen Sie Ihre Hände bis zu 50 cm auseinander- und bis zu 2,5 cm zueinanderkommen. Wiederholen Sie dies rasch etwa zwanzigmal. Spüren Sie einen Unterschied in der Energie, die sich zwischen Ihren Händen aufgebaut hat? Nun bewegen Sie Ihre Hände sehr langsam hin und zurück.

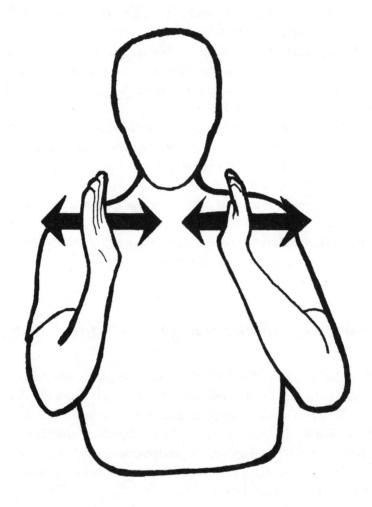

Abb. 8 – Ein Energiefeld schaffen

Fühlen Sie das Energiefeld, das sich zwischen Ihren Händen bildet. Experimentieren Sie, indem Sie Ihre Hände abwechselnd schnell und langsam bewegen. Können Sie fühlen, wie Ihre Hände und das Energiefeld kribbeln, pulsieren oder schwingen? Spüren Sie Hitze, die von dem Energiefeld zwischen Ihren Händen ausstrahlt? Besitzt die Energie eine besondere Beschaffenheit? Wenn Sie Ihre Hände zusammenbringen, können Sie dann einen Widerstand spüren, als ob Sie etwas zusammenpressten? Indem Sie Ihre Hände weiter auseinanderbringen, können Sie eine Abnahme in der Dichtheit des Energiefeldes fühlen? Spüren Sie andere Veränderungen in dem Energiefeld? Enthält es Bewegung? Können Sie Farben ausnehmen? Nehmen Sie andere Informationen wahr?

Einen Energieball schaffen – Eine Übung

Aktivieren Sie die Heilenergie durch Klatschen und Aneinanderreiben der Hände. Halten Sie Ihre Hände in Brusthöhe, die Handfächen einander zugewandt. Krümmen Sie Ihre Hände leicht, als ob Sie einen Ball hielten. Nun bewegen Sie Ihre Hände, bis sie ungefähr 25 cm voneinander entfernt sind, und dann weiter, bis sie etwa 50 cm auseinander liegen. Bewegen Sie die Hände langsam vor und zurück und fühlen Sie, wie die Energie an Intensität zunimmt. Erschaffen Sie das Bild eine Balles von goldener Energie oder von einem starken weißen Licht, der sich zwischen Ihren Händen formt. Empfinden Sie und spüren Sie, wie die Energie sich aufbaut. Bewegen Sie Ihre Hände weiter vor und zurück, abwechselnd langsam, schnell, dann wieder langsam. Nehmen Sie die Ausdehnung des Energieballes wahr und fühlen Sie die Qualitäten der Energie, so gut Sie es können. Wie groß ist der Ball? Wie dicht ist er? Welche anderen Qualitäten nehmen Sie wahr? Diese Übung wird Ihnen helfen, Ihr Gespür für Energie zu schärfen.

Diese Technik gibt Ihnen die Möglichkeit, Selbstvertrauen aufzubauen und kann auch als Heilmethode genutzt werden, indem man diesen Energieball in den Körper eines Menschen, der um Heilung bittet, hineinversetzt. Hat er sich erst einmal in Ihren Händen geformt, kann dieser Ball konzentrierter Energie physisch in den Körper eines Menschen versetzt oder über weite Entfernungen hinweg durch den Vorgang der Verbildlichung zu jemandem gesendet werden. Heilkraft durch Verbildlichung aussenden ist ein Schlüsselelement der Heilung durch Gedankenübertragung und der Fernheilung, von denen noch später die Rede sein wird.

Einen Energiekreis/ring schaffen – Eine Übung

Ein Energiekreis oder ein Energiering kann gebildet werden, um einen Energiestrom zu schaffen. Dies kann von zwei Menschen vorgenommen werden, auch wenn keiner der beiden über frühere Erfahrungen mit Energiearbeit verfügt. Auch eine große Anzahl von Menschen können einen Energiekreis oder -ring schaffen.

Für diese Übung empfehle ich, daß die Teilnehmer bequem am Boden oder auf Stühlen sitzen. Es ist auch möglich, dabei zu stehen, doch der Vorgang kann lange andauern und vielleicht ermüdend sein.

Jeder Teilnehmer beginnt damit, seine eigene Energie zu aktivieren. Dann wird die linke Hand mit der Fläche nach oben gehalten, um Energie zu empfangen, und die rechte Hand mit der Fläche nach unten, um

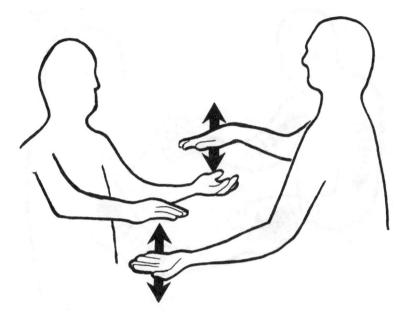

Abb. 9 – Energie mit einem Partner spüren

Energie auszusenden. Wenn zwei Personen diese Übung durchführen, sitzen sie sich gegenüber, so daß jede rechte Hand sich direkt über der linken Hand des Partners befindet, jedoch ohne diese zu berühren.

Wählen Sie eine Person aus, um die Übung zu beginnen. Während der zweite Teilnehmer die Hände unbewegt hält, hebt und senkt der erste die Hände bis zu einem Abstand von 2,5 bis 30 cm zwischen den Händepaaren (siehe Abb. 9).

Spüren Sie, wie sich die Energie zwischen Ihren Händen und denen des Partners aufbaut. Wie fühlt sich die Energie an? Bewegen Sie jede Hand für sich allein, zuerst die rechte, dann die linke Hand. Empfindet jede Hand die Energie unterschiedlich? Lassen Sie jedem Teilnehmer viel Zeit, um die Energie zu erfühlen. Dann vertauschen Sie die Rollen und lassen Sie Ihren

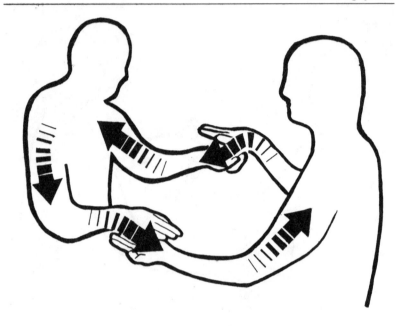

Abb. 10 – Eine durchgehende Energieschleife schaffen – zwei Personen

Partner die Hände auf- und abbewegen, während Ihre Hände ruhig bleiben. Besprechen Sie nach der Wahrnehmung der Energie so genau wie möglich, was jeder gefühlt hat. Dann beginnen Sie noch einmal von vorne und führen Sie das Experiment ein zweites und drittes Mal durch. Haben sich Ihr Gefühl und Ihr Bewußtsein für die Energie vergrößert? Besprechen Sie wieder mit Ihrem Partern, was Sie empfunden haben. Diese Diskussion mit Ihrem Partner ist außerordentlich wichtig, weil sie neue Wahrnehmungen eröffnen, Ihre Gefühle bestätigen und Empfindungen, die Sie vielleicht nicht erkannten, auf eine bewußte Ebene bringen wird.

Schaffen Sie dann einen durchgehenden Energiekreis, indem Sie beide Partner von der rechten Hand Energie aussenden und mit der linken Hand Energie empfangen lassen (siehe Abb 10).

Diese Energieschleife kann verstärkt werden, indem man die **Energie** bildlich bewegt. Fühlen Sie diese Energie, und bemerken Sie, welch ein starkes Energiefeld Sie schaffen können. Besprechen Sie dies genau untereinander.

Diese Übung kann mit Gruppen jeder Größe durchgeführt werden. Je größer der Kreis, desto größer das Potential des Enegiefeldes, und desto intensiver kann der Energiestrom sein. Bilden Sie einen Kreis und sitzen Sie mit nach beiden Seiten ausgestreckten Händen, die linke Handfläche nach oben, die rechte nach unten. Halten Sie die Hände wie in der Partner-Übung: Ihre rechte Hand über der linken Hand des Partners. Senden Sie Energie zu Ihrem rechten Nachbar, und empfangen Sie Energie von dem Teilnehmer zu Ihrer Linken (siehe Abb 11).

Auf diese Art strömt die Energie entgegen dem Uhrzeigersinn durch den Kreis. Visuelle Vorstellung erhöht den Energiefluß und erleichtert ihre Bewegung. Wenn Sie Energie aussenden und sich vorstellen, wie der Ener-

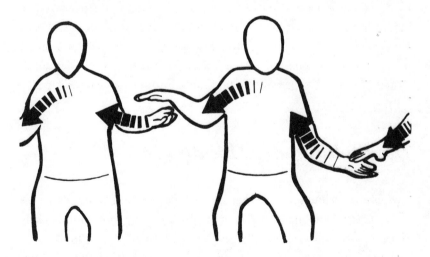

Abb. 11 – Eine durchgehende Energieschleife schaffen – Gruppe

giefluß zunimmt, schaffen Sie ein immer stärker werdendes Energiefeld, während die Energie zirkuliert. Die meisten Menschen können die Bewegung der Energie in ihrem Körper ebenso spüren wie das Aufbauen eines Energiefeldes in der Luft um die Gruppe. Wenn Sie die Energie erst einmal spüren, können Sie durch Händehalten einen körperlichen Kontakt zu Ihrem Partner herstellen. (Vielleicht halten deswegen gute Freunde und Liebespaare Hände; sie teilen ihre Energie). Beachten Sie, daß Energie von Natur aus von links nach rechts fließt. Einigen Sie sich stets im voraus mit jedem Partner auf diese Energierichtung, so daß jeder in der Vorstellung die Energie in dieselbe Richtung fließen läßt.

Fügen Sie nach der Erfahrung der Energieaussendung die Verbildlichung vom Aussenden einer Farbe wie weiß, gold, smaragdgrün oder rosa hinzu, und empfinden Sie, wie sich jede Farbe unterschiedlich fühlen läßt. Besprechen Sie, was jeder Teilnehmer gefühlt und was sie empfunden haben.

Noch einmal, der Zweck dieser Übungen besteht darin, Energie zu erfahren, zu lernen, sich mit Energie wohlzufühlen und durch die tatsächliche Arbeit mit ihr Vertrauen zu gewinnen. Energie ist stets gegenwärtig. Sie ist Ihre Freundin und immer da, um Ihnen zu helfen. Es geht darum, zu lernen, wie man Energie nutzen und ihren Strom leiten kann.

Die Stellung der Hände

Sowohl die Stellung Ihrer Hände als auch die Art und Weise, in der Sie sie benutzen, kann manchmal ändern, abhängig von Ihrer Empfänglichkeit gegenüber Energie, von der bestimmten Heilarbeit, die Sie eben vornehmen, und von dem Menschen, mit dem Sie gerade arbeiten. Meine Art, mit Energie zu arbeiten, ist jene Art, die für mich am wirksamsten ist. Jeder Mensch, der Heilungen vornimmt, wird seinen persönlichen Stil der Arbeit mit Energie entwickeln. Ich habe gesehen, wie viele verschiedene Arten und Techniken zu den gleichen Resultaten führten. Experimentieren Sie, bis Sie herausfinden, was bei Ihnen am besten wirkt.

Wenn ich jemandes Energie fühlen möchte, halte ich meine Hände leicht über die betroffene Person oder sehr leicht direkt auf den Körper. Manche Menschen sind in der Lage, die Energie 5 bis 30 cm vom Körper entfernt zu spüren, manche können das Energiefeld in noch viel größerem Abstand wahrnehmen. Wenn ich an einem Tumor arbeite, Energie herausziehe oder hineingebe, wenn ich ein Chakra ausbalanciere oder an Armen oder Beinen arbeite, halte ich meine Hände direkt auf den Körper oder 5 bis 15 cm vom Körper entfernt. In allen Fällen halte ich mich an mein Gefühl dessen, was der Betroffene braucht. Wenn man an sexuelle Zonen oder empfindliche verletzte Stellen herangeht, ist es weder angemessen noch wichtig, in körperlichem Kontakt mit diesen Bereichen zu sein. Es ist genauso wirksam, 5 bis 15 cm Abstand zum Körper zu halten. Halten Sie bei einer Aurareinigung die Hände stets 5 bis 15 cm vom Körper entfernt. Da jede Heilung etwas Einmaliges ist, handeln Sie danach, was Ihnen zur gegebenen Zeit am angemessensten scheint.

Wenn ich Heilungen vornehme, besonders wenn ich negative Energie herauslöse oder heilende Energie hineinsende, halte ich meine Finger zusammen und die Handfläche der betroffenen Person zugewandt. Energie kann auch von den Fingerspitzen aus wie ein Laserstrahl gebündelt werden, um eine konzentrierte Energie in einen bestimmten Bereich zu senden (siehe Abb 12).

Diese Energie kann ähnlich wie ein Skalpell benutzt werden, um innere Energieblockaden zu operieren.

Wenn ich eine Aurareingung vornehme, besonders wenn ich einen großen Bereich bearbeite, halte ich meine Finger wie beschrieben zusammen, den Daumen jedoch abgespreizt. Während ich arbeite, halte ich

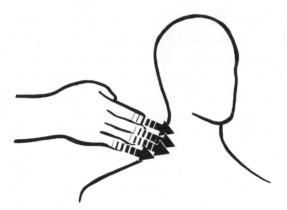

Abb. 12 – Energie, die Laserstrahlen bildet

meine Hände nebeneinander, so daß sich
die Daumen fast berühren. Wenn ich das
Energiefeld mit zwei Händen säubere,
bewege ich meine Hände
gemeinsam, ich benutze
sie wie ein Ganzes
(siehe Abb 13).

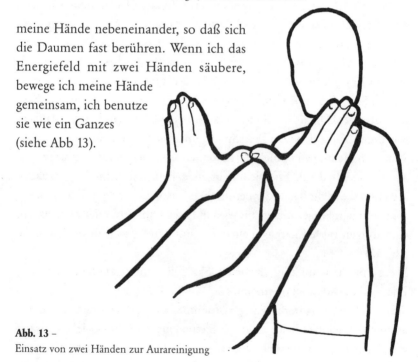

Abb. 13 –
Einsatz von zwei Händen zur Aurareinigung

73

Diese Methode deckt schnell einen großen Bereich ab. Bei der Arbeit an einem kleinen Bereich benutze ich eine oder beide Hände und bewege sie zusammen oder einzeln, während ich mir vorstelle, wie ich das Energiefeld glätte, so wie man Glasur über eine Torte verteilt.

Wenn ich weiter unten bestimmte Heiltechniken beschreibe, werde ich näher auf die Stellung der Hände und den Abstand vom Körper eingehen. Diese sollen Ihnen als Bezugspunkt dienen, wenn Sie Ihre eigene Heilarbeit durchführen.

Wie man Energie im Körper fühlen kann

Da Sie nun Erfahrungen gemacht haben mit dem Aufbau von Energiebällen und Energiekreisen, sind Sie bereit, die Energie im Körper eines anderen Menschen zu fühlen. Die meisten Menschen, mit denen ich gearbeitet habe, können innerhalb von Minuten die Energie im Körper einer anderen Person fühlen. Wenn Sie erst einmal begonnen haben, die Energie zu fühlen, wird es sehr leicht, Energie wieder zu spüren und rasch auf dieser Erfahrung aufzubauen. Es hilft, wenn man entspannt daran geht, die Energie zu fühlen, ohne sich zu beeilen oder zu beurteilen. Für die meisten Menschen bedeutet Fühlen von Energie eine vollkommen neue Erfahrung, und wie mit allen Fähigkeiten braucht man auch hier Zeit, um ein gutes Gefühl dabei zu haben. Seien Sie geduldig und sanft zu sich selbst. Manche Menschen fühlen Energie am besten, wenn die Hand den Körper leicht berührt, während andere die Hand lieber 2,5 bis 15 cm vom Körper entfernt halten. Jeder empfindet da anders. Wenn Sie erst einmal damit vertraut sind, jemandes Energie zu spüren, können Sie beginnen, dieses Talent zu verbessern. Die Fähigkeit, Energie wahrzunehmen und zu fühlen wird Ihnen immer bleiben; sie kann auch nach Jahren, in denen sie nicht aktiv genutzt wurde, wieder aufgerufen werden.

Übung: Für sich selbst Energie fühlen

Personen, an denen man arbeiten soll, können für diese Übung jede Stellung einnehmen. Ich ziehe es jedoch vor, daß sie auf dem Rücken liegen. Um Energie zu spüren, halten Sie Ihre Hände mit der Handfläche nach unten, leicht über den Kopf der betreffenden Person hinaus. Bewegen Sie Ihre Hände in einem Abstand von 2,5 bis 15 cm über dem Körper, sehr langsam vom Kopf bis zu den Füßen am Körper entlang. Während Sie Ihre Hand bewegen, können Sie normalerweise Temperaturunterschiede in bestimmten Körperzonen sehen, erahnen oder fühlen. Sowohl übermäßige Hitze als übermäßige Kälte sind Anzeichen dafür, daß die Energie nicht offen und gleichmäßig fließt und aus dem Gleichgewicht gekommen ist. Hitze ist ein Hinweis dafür, daß überschüssige Energie blockiert ist und vom Körper aufgebaut oder freigelassen wird. Hitze kann auch anzeigen, daß Ärger oder Wut zurückgehalten werden oder aus dem Körper überfließen. Kälte ist ein Zeichen, daß der Energiestrom eingeschlossen oder eingeengt ist. Jemand, der aus irgendwelchen Gründen Angst hat, kann den Energiefluß zurücknehmen und einschließen. Das führt zu kalten Stellen im Energiefeld. Wenn jemand sehr verschlossen ist, können diese kalte Stellen sich anfühlen wie Eis. Kalte Hände oder kalte Füße können darauf zurückzuführen sein, daß ein Mensch ein Trauma erfährt oder panische Angst hat. Wenn die Angst freigesetzt wird, öffnet sich der Energiestrom und Hände und Füße werden warm und bleiben es.

Das Fühlen nach heißen und kalten Stellen liefert Anzeichen dafür, was in der Person, mit der man gerade arbeitet, vorgeht. Beachten Sie, daß die Temperaturunterschiede sich auf die Gesamttemperatur von deren Körper beziehen. Das Fehlen von eindeutig heißen oder kalten Stellen kann bedeuten, daß diese Person zur Zeit energetisch ziemlich ausgeglichen ist. Es kann auch bedeuten, daß die Probleme dieses Menschen nicht berührt und daß daher die Energiereaktionen nicht aktiviert wurden. Um an die besonderen Fragen und Gefühle zu rühren, brauche ich normalerweise 5 – 15 Minuten des Gesprächs mit dem betreffenden Menschen.

Während Sie empfänglicher werden für die Arbeit mit Energie, werden Sie viele neue Empfindungen und Gefühle erfahren können. Manchmal kann man ein Kribbeln, Glätte oder Rauhigkeiten fühlen, wenn man die Hände über einen Menschen hält oder über dessen Körper bewegt.

Kribbeln oder Rauhigkeit können Hinweise auf überschüssige oder unterbrochene Energie sein. Unterbrochene Energie umfaßt Brüche und Verletzungen im Energiefeld um den Körper, hervorgerufen durch ein emotionales Trauma, eine körperliche Verletzung oder eine Operation. Dies kann durch die Anwendung der Aurareinigung ausgeglättet werden. Jede Empfindung ist ein Zeichen, das für die Festlegung behandlungsbedürftiger Bereiche hilfreich sein kann. Mit der Zeit werden Sie instinktiv Ihre eigene Methode entwickeln, um Energie zu spüren und um das, was Sie spüren, zu deuten.

Wiederholen Sie diese Übung mit der anderen Hand. Nun benutzen Sie beide Hände gleichzeitig. Wiederholen Sie diese Übung drei- oder viermal. Werden Sie empfänglicher für die Energie? Spüren Sie zusätzliche Empfindungen, während Ihnen der Umgang mit Energie leichter wird? Wenn Sie außer mit dem Liegenden noch mit anderen Partnern üben, lassen Sie auch diese das Energiefeld spüren. Dann besprechen Sie, was jeder wo fühlt. Beachten Sie, was gleich ist und auch, was verschieden ist. Wenn Sie andere Empfindungen haben als Ihre Partner, fahren Sie noch einml über den Körper und konzentrieren Sie sich auf die entsprechende Zone. Die Zusammenarbeit mit Partnern kann Ihr Bewußtsein um die Energie in großem Maß ausdehnen.

Anmerkung:

Haben Sie Vertrauen zu sich selbst, auch wenn Sie und Ihre Partner ganz andere Erfahrungen machen. Vielleicht spüren Sie eine andere Ebene von Energie in diesem Menschen. Bitte vertrauen Sie dem Vorgang in Ihnen und fühlen Sie die Energie auf Ihre Art.

IV

Heilen verstehen

Wieviel Zeit
benötigt die Heilung?

Die Heilung erfolgt auf vielen Ebenen – mental, physisch, emotional und spirituell. Bei den meisten Sitzungen gehen Energieverschiebungen vor sich, die sowohl für den Heiler als auch für den Behandelten erkennbar sind. Wenn ein deutliches Gefühl oder eine Empfindung im Körper wahrgenommen wird, fällt es dem bewußten Verstand viel leichter, zu glauben, daß etwas geschehen ist. Bei vielen Heilvorgängen fühlen die Menschen eine sofortige Veränderung in ihrer Energie und verspüren meist ein größeres Gefühl des Wohlbefindens und der Entspannung – einen inneren Frieden, ein inneres Wissen, ein inneres Bewußtsein und größere Klarheit. Eine Heilsitzung kann auch bei jemandem eine innere Energieblockade lösen und damit einen Heilprozeß einleiten, der sich sehr behutsam über Tage, Wochen oder auch Jahre erstrecken kann. Diese feine Verschiebung kann zuerst völlig unbemerkt bleiben. In diesen Fällen erkennt der einzelne Mensch vielleicht nicht einmal, daß ein Heilungsprozeß stattfindet oder daß eine Energieveränderung vor sich geht.

Eines der wichtigsten Dinge, die ich lernen mußte, war, dem Prozeß die Zeit zuzugestehen, die er eben erforderte. In einer Gesellschaft, die auf Ergebnissse ausgerichtet ist, bedeutet es eine Herausforderung, vom Bemühen nach unmittelbaren und erkennbaren Resultaten beim Behandelten Abstand zu nehmen. Sich auf Ergebnisse konzentrieren und nach ihnen streben kann in der Tat die Qualität der Heilungssitzung vermindern und die Wahrscheinlichkeit einer Heilung herabsetzen. Eine ausgezeichnete Aussage am Ende einer Sitzung besteht darin, der behandelten Person mit sanfter, unterstützender Stimme zu sagen: „Nehmen Sie sich die Zeit, die Sie zum Heilen brauchen." So hetzen und drängen Sie weder die Energie noch den Menschen, wodurch dieser sich sicherer, vollkommen akzeptiert und bedingungslos geliebt fühlen kann. Je wohler und angenommener sich die Menschen fühlen, je weniger beurteilt und kritisiert, umso schneller wird die Heilung erfolgen. Die meisten Krankheiten, die Menschen erleiden, sind Ergebnisse ihrer Selbstkritik, ihrer Selbstverurteilung, Ergebnisse von Furcht, Angst und Schmerz. Sie erkennen, daß sie verletzt wurden und verschließen sich, um sich zu schützen. Wenn wir Heiler unser eigenes Urteil und unsere eigenen Erwartungen mit in den Heilprozeß hineinnehmen, verstärken wir die „Ursache" der Krankheit in dem Menschen, an dessen Heilung wir arbeiten. Je sanfter wir zu uns selbst und zu anderen sind, umso leichter, schneller und tiefer werden die Heilungen sein.

In mancher Hinsicht ist heilen wie backen. Backen hängt von bestimmten Zutaten ab, von der Hitze des Ofens und von der Backzeit. Ähnlich betrifft eine Heilung die Probleme eines Menschen (die Zutaten), die Menge der erforderlichen Heilenergie (die Hitze) und die Zeit, welche die Heilkraft benötigt, um die Blockaden aufzulösen (Zeit). Manche der Zutaten können in Zusammenhang stehen mit den mentalen, physischen oder emotionalen Herausforderungen, denen ein Mensch gegenübersteht.

Die anderen Zutaten können die Bereitschaft und der Willen eines Menschen zur Heilung sein. Einige Herausforderungen benötigen nur wenig Energie, um zu heilen, andere erfordern viel größere Mengen. Je mehr Schuld, Scham und Angst jemand empfindet und je mehr seine ganze Identität mit diesen Problemen verbunden ist, umso mehr Zeit und Energie werden zur Heilung notwendig sein.

So wie der Ofen die Hitze liefert, steuert der Heiler die Heilkraft bei. Verschiedene Heiler sind in der Lage, unterschiedliche Mengen und Qualitäten von Energie zu übertragen.

Die für eine Heilung erforderliche Zeit kann als die Zeit angesehen werden, welche benötigt wird, um die negative Energie zu lösen und sie durch heilende Energie zu ersetzen. Ein mehr technischer Ansatz könnte die Zeit berücksichtigen, die verstreicht, bis die Heilung in dem Menschen aufgegangen ist. Auch hier spielen wiederum die Menge der übertragenen Energie, die Fähigkeiten des Heilers und die Bereitschaft des Behandelten, sich unterzuordnen und zu heilen eine große Rolle bei der erforderlichen Zeit.

Weshalb ist heilen manchmal schmerzhaft?

In Fällen, in denen die Menschen entweder ihre Gefühle unterdrückt oder bewußt oder unbewußt zugelassen haben, daß ihr Verdrängungsmechanismus ihnen hilft, sich einer möglicherweise schmerzlichen Situation zu entziehen, haben sie ihren Schmerz nicht gelöst. Wenn ein Schmerz auftritt und nicht anerkannt, erfahren oder behandelt wird, bleibt er ungelöst und verbleibt als Energieblockade im Körper und bewirkt Krankheit. Manchmal beginnt im Laufe einer Heilsitzung die Energie in einem Körper sich zu bewegen, nach einem Gleichgewicht zu suchen und zu heilen, und öffnet dadurch alte, unverheilte, emotionale Wunden. Obwohl emotionale Wunden sehr alltäglich sind, können sie auf mentaler, physischer, emotionaler oder spiritueller Ebene, oder auf einer Verbindung von diesen, bestehen. Wenn diese alten emotionalen Wunden sich öffnen, kann die betreffende Person den Schmerz fühlen, den sie in sich gefangen hielt, ohne ihn je bewußt verspürt zu haben. Da es einer großen Anstrengung bedarf, um Gedanken und Gefühle zu unterdrücken, hat die-

81

ser gespeicherte Schmerz eine Menge Energie aus dem Menschen gezogen. Sobald dieser Schmerz befreit ist, werden auch die alten, zerstörerischen Emotionen freigesetzt und der Energiepegel des Menschen steigt gewöhnlich an. Tränen und Schluchzen sind ein Zeichen, daß jemand eine alte Wunde freigesetzt hat.

Es ist sehr wichtig, daß die Menschen sich das Fühlen all ihrer Gefühle zugestehen. Nur wenn man sich dem Leid und dem Schmerz stellt und sie fühlt, kann man durch sie hindurchgehen.

Ein Freund erzählte mir folgendes: er beobachtete, wie sein spiritueller Lehrer irrtümlich auf einige Bodenbretter trat, die nicht angenagelt waren. Als er auf sie trat, gingen die Bretter auseinander und sein Bein wurde verletzt, als es dazwischen rutschte. Der Lehrer verschloß sich nicht, wie dies fast jeder tun würde um den Schmerz zu vermeiden, sondern er verblieb bei dem Schmerz, nahm ihn an und atmete in und durch ihn. Indem er den Schmerz fühlte und ihm ein Sein zugestand, ließ er ihn durch seinen Körper hindurchgehen und er würde ihn nie wieder erfahren müssen. Hätte er den Schmerz unterdrückt, hätte er damit vielleicht auch Energie in seinen Körper eingeschlossen, die er zu einem späteren Zeitpunkt hätte befreien müssen.

Die folgende Übung zeigt, wie Menschen sich an Schmerz in ihrem Körper gewöhnen – bis zu einem Punkt, an dem sie ihn nicht mehr spüren. Sie zeigt auch, wie der Körper während der Heilung manchmal Schmerz durchlebt, auch wenn er offensichtlich eine Heilung erfährt. Diese Übung macht deutlich, daß Schmerz nicht immer ein Feind ist.

Übung – Strecken Sie Ihren Arm gerade vor sich aus. Ballen Sie Ihre Hand so fest zur Faust, wie Sie können. Vielleicht verspüren Sie leichten Schmerz in Ihrer Hand und in Ihrem Arm. Doch innerhalb von 15 Sekunden beginnt die Hand, gefühllos zu werden. Pressen Sie die Faust fest für eine oder zwei Minuten zusammen. Beachten Sie, daß der Schmerz fast vollständig zu verschwinden scheint. Drücken Sie sie fest so lange Sie können. Wenn Sie es absolut nicht mehr aushalten, beginnen Sie langsam und behutsam Ihre Faust zu öffnen. Sie werden viel Schmerz verspüren, besonders wenn Sie beginnen, Ihre Finger auszustrecken. So lange Ihre Faust fest geschlossen war, schien es keinen Schmerz zu geben. Erst als Sie die Hand öffneten und ausgestreckten, wurde der Schmerz deutlich.

Dies ähnelt sehr einer Heilung. Wenn alte Muster beginnen, sich zu lösen, kann Schmerz auftreten. In Wirklichkeit begann das Problem mit den angespannten Muskeln, der Spannung – der geballten Faust in dieser Übung. Mit der Zeit können Menschen sich so an Schmerz und Anspannung gewöhnen, daß sie sich ihrer nicht mehr bewußt sind und sie als normalen Bestandteil des Lebens ansehen. Beispiele hierfür sind verspannte Schulter- und Rückenmuskeln, ein Knoten im Magen und sogar Kopfschmerzen.

Als Kinder hatten wenige von uns die Fähigkeit und das psychologische Werkzeug, um uns selbst zu behandeln. Um zu überleben lernten die meisten von uns eher, wie man kompensiert, als wie unsere Probleme und Krankheiten zu heilen wären. Als Erwachsene haben wir die Tendenz, unseren Lebensstil so einzurichten, daß wir eher die Auseinandersetzung mit unseren Problemen vermeiden, als diese Probleme zu klären und unsere Krankheiten zu heilen. Die in diesem Buch beschriebenen Methoden werden helfen, die Probleme im Kern eines Menschen zu lösen und zu heilen.

Faktoren, die eine Heilung beeinflussen

Der Grad der Heilung, die eine Person erfährt, hängt von vielen Faktoren ab. Man kann sie in drei große Kategorien unterteilen:

(1) die Fähigkeiten des Heilers, einschließlich des Ausmaßes und der Qualität der Energie, die der Heiler kanalisieren kann;

(2) die Beschaffenheit der Krankheit oder des Unwohlseins; und

(3) das Vermögen und die Bereitschaft der Behandelten, ihre Probleme los- und eine Heilung zuzulassen.

Der **erste Faktor** ist der Heiler. Ein erfolgreicher Heiler erhält seine Fähigkeiten durch spirituelle Führung und durch die persönliche Begabung, Heilenergie zu bündeln und zu leiten. Die Absicht des Heilers besteht darin, den Spiegel an heilender Energie so weit anzuheben, daß eine Heilung erfolgen kann. Eine andere wichtige Eigenschaft ist die Fähigkeit des Heilers, eine Umgebung zu schaffen, in der sich die Behandelten sicher und unterstützt fühlt. Auch das Talent des Heilers, intuitiv zu wissen, was man einem Menschen, an dem man arbeitet, sagen soll, und wann und wie man es sagen soll, ist sehr wichtig.

Der **zweite Faktor** ist die Schwere der Krankheit. Wenn es auch scheinen mag, als sei die Art der Krankheit ein Hinweis darauf, wie schwierig eine Heilung zu erreichen sein wird, so ist dies nach meiner Erfahrung nicht immer der Fall. Ich habe Menschen erlebt, die sich viel mehr dagegen sträubten, verhältnismäßig kleine Leiden wie Kopfschmerzen, Stress und Angst loszulassen, als dies bei Kranken der Fall war, die sich lebensbedrohlichen Krankheiten gegenübersahen. Was ich glaube, ist, daß jede und alle Krankheiten heilbar sind.

Der **dritte Faktor** ist die Bereitschaft und der Willen eines Menschen, Heilung zu empfangen. In den beiden weiter oben beschriebenen Fällen einer vollständigen Heilung hatten die Menschen mental, physisch, emotional und spirituell eine große Vorbereitungsarbeit geleistet. Je entspannter, offener und williger Menschen sind, Vertrauen zu haben, die eigenen Gefühle zu spüren, sich ihrem Schmerz zu ergeben und ihn loszulassen, umso leichter fällt es ihnen, die in ihrem Körper blockierte Energie freizusetzen. Sicher, die Begabung des Heilers und die Menge an Energie, die ein Heiler leiten kann, sind wichtig. Doch sie sind lange nicht so wichtig, wie man annehmen würde. Der Willen eines Menschen, heilende Energie zu empfangen, ist viel entscheidender als das Talent des Heilers.

Heilen ist in vielfacher Hinsicht wie einen Garten anpflanzen. Wenn man sich Zeit nimmt, den Boden zu bestellen, ihn zu düngen, zu bewässern und von Steinen zu befreien, kann man damit rechnen, daß die ausgeworfenen Samen sprießen und Früchte tragen werden. Wenn man jedoch Samen auf einen unvorbereiteten Boden aufbringt, besteht wenig oder gar keine Aussicht, daß die Samen auch wachsen werden.

Heilgrade

Heilungen zerfallen in drei Kategorien: vollständige Heilungen, Teilheilungen und solche ohne merkliche Ergebnisse. Diese Kategorien betreffen Unterschiede in der Zeit, derer es bedarf, bis die Heilung sich zeigt, den erreichten Grad der Heilung und ob die Betroffenen eine Veränderung in ihrem Energiespiegel, in ihren Gefühlen oder in ihrem Körper spüren.

Vollständige Heilungen kann man am besten in zwei Unterkategorien teilen: kleine und große vollständige Heilungen. Eine kleine Ganzheilung umfaßt die Eliminierung von Schmerzen, Kopfschmerzen, kleinen Verbrennungen. Eine große vollständige Heilung, oft als Wunderheilung beschrieben, wären Heilung von Krebs, Bluthochdruck, Arthritis oder ähnliche Leiden. Die vollständige Heilung von kleineren Leiden ist ziemlich häufig und kann sogar von Anfänger-Heilern erzielt werden. Große vollständige Heilungen, bei denen unmittelbar eine offensichtliche, komplette und dramatische Heilung erfolgt, sind weniger häufig. Die meisten vollständigen Heilungen, kleine wie große, umfassen fortschreitende Veränderungen, deren Vereinheitlichung einige Zeit erfordert.

Die beiden in diesem Buch beschriebenen großen vollständigen Heilungen einer schweren Krankheit betreffen Frauen, die bereits vor der Heilung eine bedeutende persönliche Entwicklungsarbeit geleistet hatten. Diese umfaßt Beratung, Körperarbeit, Veränderungen in den Essgewohnheiten, Meditation, Lesen und Gebet. In vieler Hinsicht bedeutet der Heilprozeß eine Aufgabe alter Muster, sich selbst und anderen zu verzeihen, und seinen eigenen Selbstwert zu akzeptieren. Je mehr die Menschen offen sind für eine Veränderung und sich darauf vorbereitet haben, das Geschenk der Heilung zu empfangen, umso schneller, leichter und vollständiger wird die Heilung sein.

Die zweite Kategorie ist bei weitem die verbreitetste. Hier erfahren die Betroffenen eine partielle Heilung. Obwohl diese Menschen leicht eine ausgesprochene physische Verschiebung spüren und erkennen und / oder einen Unterschied bemerken in der Art, wie sie sich fühlen, ist die Heilung vielleicht nicht vollständig. Manche von ihnen berichten von einem hohen Grad der Heilung, andere nur von minimaler Reaktion oder einer zeitweisen Erleichterung.

Die dritte Kategorie macht weniger als 5 % aller Menschen aus, mit denen ich gearbeitet habe. Es sind dies Menschen, die angeben, nichts zu spüren und keine leicht erkennbare Verschiebung in der Energie zu haben scheinen, zumindest nicht während der Heilsitzung. Die Mehrzahl dieser Menschen schien gefühlsmäßig verschlossen, nachdem sie zu irgendeinem Zeitpunkt in ihrem Leben schwer traumatisiert worden waren. Angst scheint hier der wichtigste Grund zu sein – Angst vor dem Ungewissen und Angst, daß wenn sie, selbst nur für kurze Zeit, die Kontrolle über ihre Gefühle loslassen und offen und verwundbar sind, sie nicht überleben werden oder nicht in Sicherheit sind. Ihre Angst vor dem Ungewissen und und das Bedürfnis, sich selbst zu schützen, sind größer als ihr Wunsch nach Heilung. Es gibt Zeiten, in denen ein Mensch sich in einer Umgebung befindet, in der jede Art von Veränderung eine lebensbedrohliche Situation auslösen kann. In solch einem Fall muß die Veränderung warten können, bis der Betroffene eine sichere Umgebung schaffen kann.

Überraschenderweise gewöhnen sich manche so sehr an Schmerz, daß die Aussicht auf eine Leben ohne Schmerz nicht nur potentiell beunruhigend, sondern sogar angstauslösend ist. Dieses unerprobte Leben-ohne-Schmerz wird zu einer größeren Bedrohung als das bekannte Ausmaß an Schmerz, das sie täglich erleben. Tatsächlich können manche Menschen von ihrem Schmerz abhängig werden. Es gibt viele Fälle von mißhandelten Frauen, die lieber wiederholt zu ihrem Ehemann zurückkehren als die Hilfe von Freunden oder anderen Menschen anzunehmen. Allein die Vorstellung einer Veränderung kann die Angst vor dem Unbekannten auslösen, auch wenn es eine Veränderung zum Besseren wäre, vor allem dann, wenn das Selbstbild armselig und das Selbstvertrauen niedrig sind. Doch bedenken Sie, daß auch dieser Kategorie eine teilweise oder vollständige Heilung widerfahren kann, die vielleicht Zeit braucht, um augenscheinlich zu werden.

Es gibt andere Gründe für Menschen, eine Heilung nicht anzunehmen. Vielleicht sind sie nicht bereit, sich zu verändern oder sie haben ihre Lektion aus der Lebenserfahrung, die sie durchleben, noch nicht gelernt. Körper, Verstand und Geist sind klüger und hellsichtiger, als wir uns dessen bewußt sind. Es mag nicht im Interesse des betreffenden Menschen liegen, sich zu dem gegebenen Zeitpunkt zu verändern.

Ich schätze, daß mehr als 95 % aller, die Heilenergie empfangen, auch tatsächlich irgendeine Empfindung davon haben. Obwohl fast jeder, der eine Heilung bekommt, sich nach der Sitzung anders fühlt, kann es Tage dauern, bis das Ausmaß der Veränderungen, die stattgefunden haben, ins

Bewußtsein dringt. Diese Veränderungen können die Auswirkung betreffen, welche die Heilung auf ihre Gesundheit hat, oder auch Veränderungen sein in ihrer Beziehung und in ihrem Verhalten gegenüber ihrer Umgebung. Als Heiler bin ich mir selten der Auswirkungen bewußt, welche die Heilkraft auf das Leben eines Menschen hat. Manchmal, vor allem, wenn man viel auf Reisen ist oder jemanden nur einige Male trifft, verbleibt man vielleicht nicht in engem Kontakt mit der Person, an der man arbeitet, und man wird deshalb langfristige Nutzen nicht wahrnehmen. Ich habe lange Zeit gebraucht, bis ich darauf vertraute, daß, auch wenn ich nicht in der Lage war, eine Veränderung in der Energie eines Menschen zu verspüren, dennoch vielleicht eine komplette Heilung stattgefunden hatte. Da die Wohltaten einer Heilung eine Veränderung in Gang gesetzt haben könnten, die vielleicht erst nach Tagen, Wochen oder noch später in Erscheinung tritt, ist eine absolute Klassifikation fast unmöglich. Ich arbeitete zum Beispiel mit zwei verschiedenen Frauen, von der eine an Flugangst litt und die andere wegen des Todes eines Elternteiles in ihrer frühen Kindheit Gefühle des Verlassenseins durchlebte. In beiden Fällen war ich nicht in der Lage, sofort eine Heilung zu bestätigen. Nach vielen Wochen riefen mich beide Frauen an, um mir erstaunt mitzuteilen, daß sie nunmehr ruhig Dinge machen konnten, die früher ihre Furcht und Ängste ausgelöst hatten.

Fragen Sie immer nach der Rückmeldung, die jemand nach einer Heilsitzung empfindet. Wenn Sie an einem Problem arbeiten, das nicht unmittelbar überprüft werden kann, bitten Sie die betreffende Person, mit Ihnen in Verbindung zu bleiben und Sie wissen zu lassen, wie sie sich gegenüber ähnlichen Situationen verhalten.

Es kann sehr hifreich sein, ein Tagebuch und / oder Aufzeichnungen darüber zu führen, was Sie in den Heilsitzungen versuchen und was passiert. Ebenso kann die Kommunikation mit anderen Heilern helfen, Ansätze zur Heilung zu entdecken, die für Sie am besten wirken.

V

Die Krankheit verstehen

Verletzungen und Krankheiten

Grundsätzlich gibt es zwei Arten von Krankheit und Verletzung. Zuerst kann man die Krankheiten und Verletzungen unterscheiden, welche anscheinend von außerhalb des Körpers stammen – hierzu gehören Unfälle, Verbrennungen und Infektionen, die scheinbar als Ergebnis eines äußeren Ereignisses aktiviert oder stimuliert werden.

Die zweite Gruppe geht zurück auf innere Vorgänge in den Menschen, mit denen sie auf äußere Ereignisse reagieren oder sich vor ihnen schützen. Solche Reaktionen umfassen Ärger, Angst, Unsicherheit, Verurteilung und Gefühlsverletzungen, und sie können gegen sich selbst oder gegen andere gerichtet sein. Starke Emotionen sind das Resultat von Energie, die in unserem Körper eingeschlossen ist. Wenn unsere Reaktionen nicht erkannt und gelöst werden, können sie viele der physischen Leiden, welche uns plagen, schaffen und fördern, darunter auch Krebs, Herzprobleme und Bluthochdruck.

Anmerkung: Viele, und darunter auch ich, glauben, daß selbst anscheinend von außen bewirkte Krankheiten und Verletzungen von unserem unterbewußten Wunsch nach eigener Bestrafung stammen oder von unserem höheren Ich, das unsere Aufmerksamkeit erregen und uns helfen möchte, etwas zu lernen. Die hier beschriebenen Heiltechniken werden ihre Wirkung unabhängig von der erkannten Quelle der Krankheit oder der Verletzung entfalten.

Schmerz und Krankheit als Geschenk

Die traditionelle westliche Kultur erachtet sowohl Schmerz als auch Krankheit als negativ und zerstörerisch. In Wirklichkeit können Schmerz und Krankheit als große Geschenke angesehen werden, weil sie Zeichen dafür sind, daß der Körper aus seinem Gleichgewicht gekommen ist und nach Hilfe schreit. Immer wenn wir Schmerz oder Krankheit erfahren, versucht unser Körper, uns etwas mittzuteilen. Jeder Schmerz und jede Krankheit sind direkt mit Energieblockaden im Körper verbunden, und wenn man dies nun einen Schritt weiterführt, werden alle Energieblockaden durch Disharmonie hervorgerufen – etwas ist in unserem Inneren auf irgendeine Weise aus der Reihe geraten.

Indem wir beobachten, was im Körper vor sich geht und wo es passiert, können wir wertvolle Einblicke erlangen darüber, was in unserem Leben ein Ungleichgewicht bewirkt. (Siehe „Wie der Körper sich mitteilt" am Ende dieses Buches). Wenn wir auf unseren Körper hören und helfen, seine Ungleichheiten auszubügeln, heilen wir nicht nur rasch, sondern verbessern auch insgesamt unsere Lebensqualität.

Die Ursache an der Wurzel oder Kernprobleme

Um mit dem Alltag fertig zu werden, haben die meisten Menschen eine Identität, eine Person, angenommen, die sie der Welt zeigen, um geliebt und angenommen zu werden. Diese falschen Fassaden helfen, wirkliche Gefühle, Gedanken, Vorstellungen und Werte vor der Welt zu verstecken und zu schützen. Es sind Masken, die Empfindsamkeit und Verletzbarkeit verstecken. Um einige Beispiele anzuführen: ein Mensch, der schwer leidet, doch ein frohes Gesicht zeigt, um andere nicht zu enttäuschen; ein Soldat, der Gewalt verabsscheut, doch sich zwingt, in der Armee zu bleiben; Menschen in Pflegeberufen, die vollkommen ausgebrannt sind, doch weiter lächeln und geben, weil sie es nicht anders können, oder vielleicht jemand, der schwul ist, aber vorgibt, heterosexuell zu sein. Sind diese Fassaden erst einmal errichtet, braucht man außerordentlich viel Mut, um sie wieder abzureißen.

Wenn man eine Maske trägt, sind möglicherweise viele Fragen, mit denen man sich anscheinend auseinandersetzt oder die man anscheinend beherrscht, in Wirklichkeit tickende Zeitbomben.

Fast alle Schwierigkeiten, Symptome oder Krankheiten sind die sichtbare Oberfläche von tief versteckten Problemen. Die Heilung der oberflächlichen Symptome zeigt nur wenig Wirkung, bis das Kernproblem, der Grund an der Wurzel, angesprochen wird. So kann zum Beispiel Krebs oder eine andere lebensbedrohliche Erkrankung an der Oberfläche als Ursache für viele negative Auswirkungen im Körper erscheinen. Wenn wir jedoch in die Tiefe gehen, werden wir sehr wahrscheinlich entdecken, daß die Krebserkrankung in Wirklichkeit das Ergebnis des schwärenden Giftes von Angst, Groll oder eines Gefühls der Sinnlosigkeit ist.

Wenn wir den letzten Grund unserer Probleme berühren, bewegen und heilen können, wird die Heilung viel tiefer sein.

Kernprobleme entwickeln sich aus traumatischen Erlebnissen wie Vergewaltigung, Inzest, Verlassenwerden, Verrat oder aus irgendeinem Ereignis, das eine bedeutende Wirkung auf uns ausübte. Als wir ursprünglich mit diesen Traumata konfrontiert wurden, verfügten wir entweder nicht über die Fähigkeit oder waren zu jung oder nicht in der Lage, uns um uns selbst zu kümmern. Als Reaktion haben wir uns verschlossen, um eine Verletzung zu vermeiden, und haben so den körperlichen Schmerz und die Gefühlsverletzung in unserem Körper gefangen. Diese negative Energie wurde anschließend in unserem Körper und in unserer Aura eingeschlossen, und wir wurden weniger als wer wir wirklich sind. Wenn diese Energie befreit wird und die zugrundeliegenden Probleme heilen, können wir beginnen, ein normales Leben zu führen und wirkungsvoller mit den alltäglichen Erfahrungen umzugehen.

Einige sehr verbreitete Kernprobleme und Entscheidungen, die unser Leben unterlaufen:

„Der ich bin, ist nicht in Ordnung"

„Ich genüge nie"

„Ich bin nicht liebenswert"

„Wenn man herausfindet, wer ich wirklich bin, wird man mich nicht lieben"

Kernprobleme umfassen tiefe Traumata ebenso wie Scham, Schuld, Angst und Trauer.

Wenn man mit jemandem arbeitet, sollte man sich und die betreffende Person ständig fragen: „Gibt es da noch ein tieferliegendes Problem?", „Was versteckt sich hinter diesen Gefühlen?", „Wann haben Sie beschlossen, krank zu werden?" Sie können sogar die Tabufrage stellen: „Wann beschlossen Sie zu sterben?" und „Warum haben Sie beschlossen, zu sterben?". Wenn diese Fragen mit Liebe, Mitgefühl, einem offenen Herzen und mit einer sanften, freundlichen Stimme gestellt werden, können sie einem Menschen helfen, sich einem tiefen Bewußtsein und einer ebenso tiefen emotionalen Befreiung zu öffnen.

Manchmal ist es wichtig, zuerst mit den oberflächlichen Fragen zu arbeiten, weil dies einen sicheren Ort bietet, um mit dem Heilprozeß zu beginnen. Wenn sich ein Vertrauen zwischen dem Heiler und dem einzelnen

Menschen gebildet hat, können auch tiefere Probleme angesprochen werden. Ist ein Kernproblem erst einmal angesprochen, gelöst und geheilt, so kann mühelos eine große Veränderung erfolgen. Wenn diese Kernprobleme geheilt werden, können dramatische Veränderungen im Leben eines Menschen und in seinem Umgangsmuster auftreten.

Gedankenformen

Gedankenformen sind Ideen, Konzepte oder Ängste, die durch andere oder durch uns selbst gebildet werden und die wir auf einer gewissen Ebene als wahr angenommen haben. Man kann diese gedachte Formen im Aurafeld ausmachen; sie sind sowohl im Kopf als auch im Energiefeld allgegenwärtig und beeinflussen jeden Augenblick des Lebens. Gedankenformen können positiv oder negativ sein, je nachdem, ob sie zu unserem allgemeinen Wohlbefinden beitragen oder nicht. Negative Gedankenformen können durch Aurareinigungen aus dem Aurafeld entfernt werden.

1981 sagte mir eine sehr übersinnliche Psychologin namens Jill, daß mein Vater vorhätte, innerhalb der nächsten paar Jahre an einer Krankheit zu sterben. Zu jener Zeit schien mein Vater, der über 1500 Meilen entfernt lebte, in bester Gesundheit und hatte keinerlei äußere Anzeichen von Erkrankung. Im März 1983 starb er im Alter von 63 Jahren an Krebs und einem Emphysem. Jill hatte sich eingeschaltet auf die Gedankenform, die durch den Entschluß meines Vaters, zu sterben, entstanden war.

Eine Gedankenform kann häufig bereits drei Monate bis vier Jahre vor dem tatsächlichen körperlichen Ausbruch einer Erkrankung im Energiefeld entdeckt werden. Meiner Meinung nach stammen diese Gedanken oder Entschlüsse, die im Energiefeld des Körpers festgehalten werden, möglicherweise vom bewußten oder unbewußten Wunsch eines Menschen, aufzugeben oder sich zu bestrafen, zu zerstören, zu verletzen oder sogar zu töten. Diese negativen Gedanken zeigen sich zuerst als kleine Wolken oder kleine Punkte dunkler Energie in den äußeren Bereichen des Energiefeldes. Mit der Zeit wachsen sie dann langsam – sie werden größer und dichter und nähern sich immer mehr dem physischen Körper, bis die Zellen im Körper eine Krankheit zeigen.

Gedankenformen können positiv und aufbauend oder negativ und auslaugend sein. Positive Gedankenformen werden durch positives Gebet, Bejahungen und die bildliche Vorstellung positiver Ergebnisse gebildet. Wenn ein Mensch beschließt, seine Selbstzerstörung aufzugeben, negative Gefühle und herabsetzende Selbstgespräche zu ändern und die Heilung wählt, kann der zerstörerische Prozeß aufgehalten und sogar umgekehrt werden. Ich habe erlebt, wie Menschen sehr schnell heilten, wenn sie sich erst einmal ihren Herausforderungen gestellt hatten und die klare Entscheidung für eine Heilung getroffen hatten.

Während der Arbeit an Menschen, die an einer lebensbedrohlichen Krankheit leiden, kann ein Heiler manchmal zu einem dramatischen Durchbruch verhelfen, indem er direkte Fragen stellt wie: „Was gibt es in Ihrem Leben, dem Sie sich nicht stellen können?" „Was können Sie in Ihrem Leben nicht ändern?" „Was in Ihrem Leben können Sie sich nicht verzeihen?" „Was in Ihrem Leben können Sie jemand anderem nicht verzeihen?". Wonach man durch diese Fragen sucht, ist die Fehlentscheidung, die solche Menschen über ihr Leben getroffen haben. Diese Entscheidung verursacht Gefühle der Sinnlosigkeit, das Gefühl, eingeengt zu werden oder keine Gewalt über das eigene Leben zu haben. Die Fragen zielen darauf hin, ein Bewußtsein für das negative Gedankenmuster oder für das Kernproblem hinter der Krankheit auszulösen. Mit diesem Bewußtsein kommt der Wendepunkt, an dem jemand sich entscheiden kann, sich einem Problem zu stellen und zu leben oder ihm aus dem Weg zu gehen und zu sterben.

Ich habe von einem Mediziner gehört, der nur mit solchen Fällen arbeitet, die andere Ärzte als „terminal" bezeichnen. Indem er mit seinen Patienten spricht und sie fragt, welchen Dingen sie sich in ihrem Leben nicht stellen oder was sie nicht verändern können, indem er mit offenem Herzen ihre Geschichte anhört und indem er ihnen hilft, Wahlmöglichkeiten zu sehen, konnte er über 70 % von ihnen helfen, zu überleben und zu heilen.

Aus eigener Erfahrung und von den Berichten von anderen Heilern weiß ich, daß Krankheiten – auch solche, die als „terminal" bezeichnet werden – geheilt werden können, sobald eine Wende in der Einstellung erfolgt. Die Befreiung negativer Gedankenformen kann durch Aurareinigungen erreicht werden, durch den Einsatz von positiven Gedanken (Bejahungen) und durch die Arbeit mit heilender Energie, um sowohl den Körper als auch das Energiefeld zu reinigen. Dies ist lebenswichtig, um auf allen Ebenen eine gute Gesundheit zu erhalten.

Die Rangordnung von Schmerz und Schutz

Nur wenige von uns wuchsen auf in Familien, die uns ständig umhegten und unterstützten und uns unbedingte Liebe entgegenbrachten. Wir alle mußten, in unterschiedlichem Ausmaß, körperliche, emotionale, mentale und spirituelle Qualen als Ergebnis unserer Kindheit und unserer Lebenserfahrung erleiden.

Wir haben alle Schmerz, Trauma und Enttäuschung erlebt. Manche konnten damit besser umgehen als andere. In dem Maße, wie Schmerz oder Enttäuschung größer werden, entwickeln sich daraus Verletztsein,

Ärger, Wut und manchmal sogar Terror. Und während der Schmerz und die Mißhandlung an Intensität zunimmt, wird es außerordentlich schwierig, offen und liebend zu bleiben, wie sehr wir es auch gerne möchten. An einem bestimmten Punkt sind wir gezwungen, unseren Peinigern gegenüberzutreten und den Mißhandlungen ein Ende zu bereiten oder uns zu verschließen, davonzulaufen, wahnsinnig zu werden oder zu sterben. Wenige Kinder, die in Familien aufwachsen, in denen sie ein Trauma erleben müssen, sind in der Lage, sich ihren Peinigern zu stellen und sie zu verändern oder in der Lage, davonzulaufen. Die meisten lernen, zumindest einige ihrer Gefühle zu verschließen, um überleben zu können. Die Menschen passen auf sich auf, so gut sie es können. Wenn wir uns einem intensiven Schmerz, andauernder Belastung oder einem plötzlichen Schock gegenübersehen, verschließen wir uns unbewußt, um uns selbst zu schützen. Wir können uns verschließen, wenn wir in unserem Leben mit Situationen oder Fragen konfrontiert werden, die wir nicht sehen, nicht fühlen oder mit denen wir uns nicht auseinandersetzen wollen, oder wenn ein Erlebnis zu schmerzlich oder zu schockierend ist, um es aushalten zu können.

Alles Überwältigende kann uns dazu bringen, uns zu verschließen. Das kann der Tod eines Elternteiles, eines Bruders, einer Schwester oder auch eines Haustieres sein, besonders wenn dies in der frühen Jugend passierte. Andere Situation können ein Umzug in einen fremden Ort sein, ein Unfall, sexueller Mißbrauch oder das Zusammenleben mit jemandem, der in Wut oder Zorn verbal oder körperlich mißhandelt. Jede Form von körperlicher, emotionaler, mentaler oder spiritueller Mißhandlung kann Gefühle von Schock, Trauma, Panik oder Verlassensein schaffen und ein teilweises oder vollkommenes Verschließen auslösen.

Dieser Prozeß des Verschliessens ist ein automatischer, instinktiver Überlebensmechanismus des Körpers, um Schmerz zu verhindern und die Illusion aufrecht zu erhalten, alles unter Kontrolle zu haben. Dieser Überlebensmechanismus ist mindestens genauso stark wie der gängigere „Kampf-oder-Flucht" – Mechanismus. Unglücklicherweise verschließt diese Art des Schutzes jedoch auch die negative Energie im Körper und kann einen Menschen wirklich zu einem emotionalen Krüppel auf der Altersebene des Verschliessens machen.

Manche Menschen haben ihr inneres Sehen ausgeblendet und können keine Vorstellungen oder Farben verbildlichen. Dies könnte eine Form des Verschließens sein, eine Form der Weigerung, die Vergangenheit zu sehen, weil sie zu schmerzlich für sie war. Andere verschließen ihre Gefühle und fühlen entweder ihren Körper nicht oder bleiben auf ihren Verstand bezogen, indem sie fast dauernd alles intellektualisieren. Verschlossene Menschen können dazu neigen, Gelegenheiten, ihre Probleme durchzuarbeiten, zu vermeiden oder vor ihnen davonzulaufen. Vielleicht sind sie sich nicht einmal bewußt, daß es ein Problem gibt.

Beispiele von Menschen, die sehr wahrscheinlich verschlossen sind, umfassen Kriegsveterane, die während der Kämpfe ein gewaltiges Trauma erlebt haben (posttraumatisches Stress-Syndrom), erwachsene Kinder von Alkoholikern, Opfer von Gewaltverbrechen, Opfer von sexuellem und emotionalem Mißbrauch, mißhandelte Ehepartner, Menschen, die in sehr gestörten Familienverhältnissen aufgewachsen sind und ausgelaugte Geschäftsmanager. Wenngleich die Situationen verschieden sind, bleibt die Vorgangsweise, um mit diesen Menschen zu arbeiten, fast dieselbe. Die folgende Tabelle einer Rangordnung für Schmerz und Schutz fiel mir eines Tages ein, als ich einigen Leuten half, zu verstehen, wie ihre früheren Erfahrungen mit den gegenwärtigen in Zusammenhang standen. Die Tabelle zeigt grafisch, wie frühe Ereignisse unser Leben beeinflussen und wie unsere vergangenen Erlebnisse unsere jetzigen Herausforderungen schaffen.

Wenn ein Mensch seine Gefühle an sich heran läßt, ist es verhältnismäßig leicht, im Heilprozeß zu helfen. Jedoch in Situationen, in denen jemand

Verschlossen/teilnahmslos/kein Ausdruck von Gefühlen – feststeckende Energie/eingefroren

emotionale Barriere

nach oben zunehmende Schmerz Intensität

Wut
Ärger
Verletzung
Enttäuschung
bedingte Liebe
neutral
unbedingte Liebe

} *Energie bewegt sich*

---

sich teilweise oder vollständig verschlossen hat, ist der Heiler mit seiner Arbeit weit mehr gefordert.

Man braucht eine Menge Energie, um verschlossen zu bleiben. Solche Menschen können Depressionen oder Müdigkeit empfinden, oder dem Leben teilnahmslos gegenüberstehen. Vielleicht haben sie auch Zuflucht genommen zu Essen, Drogen, Alkohol, Ärger, Überarbeit, Gewalt oder Sex, um ihre Gefühle zu maskieren oder zu unterdrücken.

Immer wenn jemand in einem bestimmten Bereich und für lange Zeit verschlossen oder teilnahmslos gewesen ist, so hat sich hier sehr viel Energie gespeichert. Ein verschlossener Mensch hält einen gewaltigen Deckel auf seine Gefühle und läßt seine wahren Emotionen nicht an die Oberfläche. Für kurze Zeit kann diese Kontrolle wirksam sein, doch mit zunehmendem Druck und/oder wenn der Betreffende beginnt, sich zu entspannen und zu öffnen, und sei es auch nur ein wenig, dann bekommt dieser Deckel Sprünge. Und dabei können die unkontrollierten Emotionen mit einer Intensität ausbrechen, die der auslösenden Situation vollkommen unangemessen ist. Diese Art von Befreiung neigt dazu, sowohl die Person selbst, die diese starken Emotionen erlebt, als auch jeden in ihrer Umgebung zu erschrecken. Unglücklicherweise besteht der erste Instinkt darin, sich wieder zu verschließen, oder dies zumindest zu versuchen, so daß ein Anschein von Kontrolle verbleibt.

Das Geheimnis des Heilens besteht darin, einen Menschen zu ermutigen, seinen Schmerz, seinen Ärger oder andere unterdrückte Emotionen in dem ihm möglichen Ausmaß zu fühlen. Je mehr Unterstützung jemand von einem Heiler anzunehmen bereit ist, umso leichter wird der Prozeß sein. Viele Menschen weinten, manchmal geradezu hysterisch und sehr lange, nachdem sie aus einer Abkapselung herausgebrochen und ihre Gefühle durchlebt hatten. Ist diese Barriere erst einmal überwunden und aus dem Weg geräumt, werden unglaubliche Heilungen und Veränderungen möglich.

Eingeschlossen – Gefangen in der Zeit

Mit der Zeit stellte ich fest, daß Menschen, die ein Trauma, besonders in sehr jungen Jahren, erlitten haben, gefühlsmäßig in diesem Alter gefangen bleiben. Solche Erwachsene sprechen manchmal mit einer kindlichen Stimme und scheinen emotionell in dieser Zeit eingefroren zu sein. Dem Anschein nach funktionieren sie normal, außer daß unter Druck ihre Reaktionen kindisch und irrational werden. Ein entscheidender Hinweis auf ein Kindheitstrauma ist die Unfähigkeit, in einer ihrem Alter angemessenen Weise zu handeln. Diese Unfähigkeit kann ausgehen von Unsicherheit, Unreife oder Angst.

Das bedeutet nicht, daß diese Menschen in allen Bereichen ihres Lebens unreif oder unfähig sind. Sie können sogar wichtige Stellen in der Wirtschaft oder in der Regierung bekleiden und in dieser Rolle sehr erfolgreich sein. Ihr persönliches Leben jedoch, ihr Familienleben oder ihr Sexualleben können erheblich beeinträchtigt sein. Als Beispiel möge der Workaholic-Boss dienen, der im Geschäft sehr erfolgreich ist und alle Zeit und

Energie in die Arbeit investiert und es soweit wie möglich vermeidet, sich mit persönlichen oder gesellschaftlichen Beziehungen auseinanderzusetzen. Diese Menschen sind oft einsam und verklemmt und neigen zu Erkrankungen, weil ihr Leben ohne Gleichgewicht ist.

Als ein anderes Beispiel für jemanden, der in der Zeit gefangen ist, erscheint ein Mensch, der als Kind mißbraucht wurde und den Beschluß gefaßt hat, über-entgegenkommend zu sein, um dadurch ein gewisses Maß an Sicherheit durch Liebe und Akzeptierung zu erlangen. Oft sprechen und handeln solche Menschen auf eine kindliche Art, und sind bereit zu allem, um ohne Rücksicht auf ihre eigenen Bedürfnisse andere zu unterstützen und ihnen zu helfen. Ihre Hilfeleistungen erscheinen vollkommen selbstlos, und sie sind beliebt als Freund und Geschäftspartner. Doch mit der Zeit werden sie ausgebrannt sein, weil sie sich übernommen und keine Rücksicht auf sich selbst genommen haben. Dieses Burn-out kann viele Erscheinungsformen annehmen, darunter Erschöpfung, Krankheit, Ausbrüche oder Vergeßlichkeit. Wenn solche Menschen ihre Mißhandlungsprobleme heilen, verlieren sie das Bedürfnis, allen zu gefallen und beginnen sich zu fragen, was ihnen selbst gefällt. Sie lernen „Nein" zu sagen und angemessene Beschränkungen und Grenzen zu setzen.

Jemand, der als Kind emotionell, physisch oder sexuell mißbraucht wurde, kann zusammenbrechen, wenn er oder sie einem Vorgesetzten oder einer anderen Autoritätsperson gegenübertreten muß. Auch intime Beziehungen können schwierig oder unmöglich sein, bis die Kernprobleme durchgearbeitet wurden. Während die Betroffenen sich dem Trauma stellen, es wegräumen und heilen, beginnen sich die Muster ihrer Stimme und ihrer zwischenmenschlichen Beziehungen zu verändern, und sie werden sich zunehmend ändern, bis sie sich auf dem reifen Niveau ihres gegenwärtigen Alters stabilisieren. Diese Heilung wird alle Ebenen des Menschen beeinflussen – die mentale, emotionale, physische und spirituelle.

Leugnen

Das Leugnen ist die Weigerung, die Gültigkeit, die Existenz oder die Bedeutung eines Gefühles, eines Verhaltens oder eines Erlebnisses zuzugeben, die in Wirklichkeit bestehen und eine sehr große Auswirkung auf ein Leben haben. Man kann zwei Typen von Leugnen unterscheiden.

Die erste Art Leugnen ist ein sehr verbreitetes Verhaltensmuster. Ein perfektes Beispiel hierfür bildet die Art von Leugnen, mit der die meisten Menschen, die eine Substanz mißbrauchen oder solche, die zwanghafte Gewohnheiten haben, sich weigern zuzugeben, daß ihr Leben außer Kontrolle geraten ist, auch wenn sie ihre Abhängigkeit jeden Tag durchspielen. Meistens sind die Menschen erst dann bereit, ihr Problem zuzugeben, wenn sie ihr Leben fast zerstört haben und ganz am Boden liegen. Nur wenn das Leugnen gebrochen wird, sind sie in der Lage, aktiv Hilfe zu suchen und anzunehmen und eine Heilung zu beginnen. Oft haben solche Menschen alles zerstört, was je in ihrem Leben eine Bedeutung hatte, bevor sie an diesen Punkt totaler Verzweiflung gelangen.

Die zweite Art ist das Leugnen einer früheren Erfahrung, die zu schmerzlich, zu traumatisch oder zu überwältigend ist, um vom bewußten Verstand angenommen und aufgenommen zu werden. Leugnen kann als der „Kampf-oder-Flucht" Mechanismus des mentalen Überlebens bezeichnet werden.

Es ist eine natürliche, menschliche Reaktion auf ein Erlebnis oder eine Information, die, wenn sie akzeptiert würde, unsere Wahrnehmung der Wirklichkeit bedrohen könnte. Durch Leugnen können wir im Leben mehr oder weniger weiterfunktionieren, als ob nichts geschehen wäre. Oft führt das Leugnen eines Traumas zu zwanghaftem Benehmen und zum

Mißbrauch von Substanzen, um den Schmerz zu betäuben. Immer wenn wir ein Gefühl, ein Verhalten oder einen Gedanken leugnen, unterdrücken wir die damit verbundene Energie, stopfen sie in unseren Körper und schaffen so eine Energieblockade. Leugnen kann den Geist töten und uns unserer Spontanität und unserer Lebendigkeit berauben.

Es ist üblich bei einem Opfer von Kindesmißbrauch, daß es Erinnerungen an sexuelle Belästigungen oder Gewalt leugnet und aussperrt, besonders wenn sie von den Eltern oder den Betreuern ausgeübt wurden. Um die Illusion aufrechtzuerhalten, daß ihre Eltern es lieben und auf eine gesunde Art und Weise unterstützen, wird das Kind leugnen, daß das Erlebnis jemals stattgefunden hat. Oft leugnen die Kinder über Jahre hinweg, um ihre Eltern weiterhin als liebend zu erhalten, um in demselben Haus wie ihre Peiniger leben zu können und um gesund zu bleiben.

Doch wie alle anderen Formen von Unterdrückung ist auch das Leugnen nicht idiotensicher. Mit der Zeit und durch Anreize schwären die Erinnerungen wie entzündete Wunden und Hinweise für den geleugneten Mißbrauch erscheinen an der Oberfläche eines Lebens. Mögliche Hinweise auf einen geleugneten sexuellen Mißbrauch sind: Weinen oder Zurückziehen bei Berührungen, Panikieren bei Annäherung, das Vermeiden von sexuellen Kontakten und/oder sich des Liebesaktes schämen. Ein betroffener Mensch kann auch in das andere Extrem zu häufigem Partnerwechsel kippen und sexuell vollkommen außer Kontrolle geraten. In beiden Fällen können Träume oder Rückblenden auftreten, welche die Erinnerungen Stückchen für Stückchen hochkommen lassen.

Im Allgemeinen berühren ungelöste traumatische Erlebnisse fast jeden Aspekt eines Lebens; sie behindern die Fähigkeit der Betroffenen, mit anderen zu arbeiten, anderen zu vertrauen, sich zu verabreden, zu heiraten oder Intimität zu erleben, bis die Blockade weggeräumt ist. Sobald die Erinnerungen zurückgerufen und das Leugnen gebrochen wurden, kann der Heilprozeß beginnen.

Manche dieser Erinnerungen können schmerzlich sein. Auch wenn die natürliche Neigung besteht, Gefühle zu unterdrücken um Schmerz zu verhindern, so sollten Sie die Menschen stets dazu bewegen, genau das Gegenteil zu tun. Ermutigen Sie sie dazu, sich ihrem Schmerz hinzugeben, alle ihre Gefühle zu spüren und alle ihre Traumata durchzuleben (oder so viele, wie sie an dem Punkt verkraften können). Indem sie das tun, werden die eingefrorenen Emotionen und Erinnerungen auftauen. Auf die Freisetzung folgt eine Wiederaufbauungsphase, während derer ihr Selbstbild und ihr Selbstbewußtsein wieder gestärkt werden muß. Auch nach einer Heilung braucht man Zeit, um sich auf die neue Energie einzustellen und um den Verstand, den Körper und die Emotionen neu und in positiver Weise zu entdecken, zu orientieren und zu programmieren.

Es erfordert ein unglaubliches Ausmaß an Mut und an Engagement, sowohl seitens des Betroffenen als auch des Heilers, um Leugnen zu brechen. Normalerweise stellt man sich dem Leugnen erst dann, wenn eine Situation so schmerzvoll wird, daß das Leugnen nicht mehr stark genung ist, um das zugrundeliegende Trauma oder die darunterliegenden Gefühle zu unterdrücken und zu verstecken. Nähert man sich einem leugnenden Menschen oder wird er zu stark konfrontiert, kann er ängstlich werden und sich noch tiefer in sein Leugnen zurückziehen. Außer wenn die Person einen Durchbruch mit allen Mitteln möchte, empfehle ich die Anwendung von prüfenden Fragen.

Um Menschen dabei zu helfen, ihr Leugnen zu brechen, bitten Sie sie, tiefer in ihre Gefühle hineinzugehen und sie zu durchleben. Fragen Sie, ob sie die Erinnergung an ein früheres Ereignis haben, das demjenigen ähnlich war, welches den gegenwärtigen Schmerz auslöste. Fordern Sie sie auf, zu spüren, wo sie in ihrem Körper den Schmerz oder die Spannung fühlen und fragen Sie dann den Körper, was die Erinnerung ist.

Alle Menschen leugnen, mehr oder weniger. Manche leugnen ihre Kindheit voll Mißbrauch, andere leugnen ihre Abhängigkeit, andere leugnen, daß sie Beziehungsprobleme haben und wieder andere leugnen, daß irgendwelche Bereiche in ihrem Leben der Heilung bedürfen. Je weniger die Menschen die Wahrheit über sich selbst und über die Menschen, mit denen sie verkehren, leugnen, umso freier wird ihre Energie fließen und umso gesünder werden sie sein. Wenn sie ihr Leugnen durchbrechen und ihre Probleme durcharbeiten, erreichen sie ganz natürlich einen höheren Grad an persönlicher Integrität, indem sie sich selbst für ein spontaneres und lebendigeres Handeln befreien.

Vewirrung

Meiner Erfahrung nach gibt es nur zwei klare Ursachen für Verwirrung. Obwohl die Ursachen sehr unterschiedlich sind, kann das Erlebnis in beiden Fällen gefühlsmäßig das gleiche sein. An erster Stelle verwenden Menschen die Verwirrung bewußt oder unbewußt als Entschuldigung oder um sich dahinter zu verstecken, damit sie keine Entscheidung treffen oder etwas unternehmen müssen. Hier sind die Menschen nicht bereit, für sich selbst Verantwortung zu übernehmen und sie geben ihre Macht ab. Sie bleiben verwirrt und scheinen nie über ausreichend Klarheit oder Unterstützung zu verfügen, um Entscheidungen zu treffen oder aktiv zu werden, unabhängig von der Art und von der Auswahl an Möglichkeiten und Vorschlägen, die zur Verfügung stehen, und unabhängig vom Ausmaß an Unterstützung und Ermutigung, das ihnen angeboten wird. Verwirrung wird als Schutzstrategie verwendet. Indem sie ständig konfus bleiben und keinerlei Handlungen setzen, können die Menschen vermeiden, eine falsche Entscheidung zu treffen und gehen niemals das Risiko ein, jemandem Sorgen zu bereiten oder jemanden zu enttäuschen. Dieses Benehmen ist typisch für Kinder, die in einer Familie aufgewachsen sind, in der sie mißhandelt wurden, wo eine Meinungsverschiedenheit mit der Autorität oder eigene Überlegungen Mißbilligung, Schläge oder andere Strafen mit sich brachten. Manchmal würde sogar die Übereinstimmung mit den Peinigern zur Strafe führen. Aussagen wie „das ist mir egal", oder „ich weiß nicht" oder „das ist nicht wichtig für mich" sind, wenn sie häufig gebraucht werden, Hinweise dafür, daß ein Mensch sich hinter Verwirrung zu schützen sucht.

Nach meiner Erfahrung wurden die meisten Menschen mit einem solchen Verhalten als Kinder von ihren Eltern oder von anderen Autoritätspersonen stark kontrolliert und mißhandelt. Es wurde ihnen nicht zugestanden, ihren eigenen gesunden Sinn für Identität zu entwickeln. Um in einer mißhandelnden und jähzornigen Umgebung sicher zu bleiben, lernten sie, ihre Identität und ihre Kraft aufzugeben und unsichtbar zu werden, so daß sie keine Herausforderung auslösen oder ihre Peiniger nicht bedrohen konnten. Sie wurden Experten darin, die Opferrolle zu spielen. Zum Beispiel konnte eine Freundin, Mutter von zwei Kindern, nicht einmal entscheiden, welches Eis sie haben wollte. Ihre Fähigkeit, Entscheidungen zu treffen, war in vielen Bereichen ihres Lebens sehr schwach ausgebildet und bei einer Auseinandersetzung war sie sehr schnell bereit, ihre Meinung aufzugeben. Als ich ihr über ihre Vergangenheit Fragen stellte, erzählte sie mir, daß ihr Vater ihren älteren Bruder ohne ersichtliche Warnung oder Provokation schlug. Sie hatte sehr früh in ihrem Leben gelernt, daß es in ihrem Familiensystem außerordentlich gefährlich war, starke Gefühle oder Meinungen zu haben. Bis zu einem gewissen Ausmaß blieb sie durch ihre Verwirrung in Sicherheit. Indem sie verwirrt bleiben, geben diese Menschen die Gewalt über ihr eigenes Leben im Austausch gegen einen angenommenen Grad an Sicherheit auf.

Wenn eine Person erkennt, daß sie Verwirrung als Strategie benutzt, um Entscheidungen aus dem Weg zu gehen und wenn sie beschließt, nicht weiter verwirrt zu sein und beginnt, sich den zugrundeliegenden Problemen zu stellen, fängt sie automatisch an, ihre blockierte Energie freizusetzen. Die Heilung ist nun auf dem besten Wege.

Bei der zweiten Art von Verwirrung haben sich die betreffenden Personen in der Gewalt und übernehmen voll Verantwortung für ihr Leben. In diesem Fall ist die Verwirrung nur vorübergehender Natur, weil der Mensch aus den alten Gewohnheitsmustern oder Bequemlichkeitszonen ausbricht und in neue und unerforschte Gebiete eindringt, wo die früheren Bezugspunkte und die Reaktionsweisen auf die Umgebung nicht mehr anwendbar sind. Wenn jemand alte Verhaltensweisen aufgibt, werden nicht unmittelbar darauf neue gebildet. Es erfordert Zeit, um neue Bezugspunkte zu schaffen und zu verinnerlichen. Während dieser Übergangszeit, wenn alte Muster freisetzt wurden und neue Bezüge noch nicht gefestigt sind, erfahren Verstand und Körper Desorientierung und Verwirrung. In diesem Fall ist Verwirrung hilfreich, produktiv und das Vorspiel zu neuen Höhen an Klarheit. Es heißt, Verwirrung sei der Zustand vor der Klarheit.

Bei der Arbeit mit Verwirrung ist es wichtig, zuerst die Ursachen der Verwirrung zu bestimmen. Wenn jemand Verwirrung lebt, um das Treffen von Entscheidungen zu verhindern, kann die Heilung einen langen, langsamen Prozeß erfordern, während dessen die betreffende Person die Erfahrung von Sicherheit und Unterstützung braucht. Sobald sie sich sicherer fühlen, können sie behutsam Schritt für Schritt nehmen, Erfahrungen und mit jedem Schritt mehr Mut sammeln. Ein amerikanischer Film, eine Komödie mit dem Titel „Und was ist mit Bob?" handelt davon, wie man mit Babyschritten Ängste überwindet.

Wenn Menschen gerade erst einen Durchbruch geschafft haben und neuen Boden betreten, genügt es meistens, ihnen den Grund für die Verwirrung zu erklären, um ihnen die erforderliche Unterstützung zu liefern. Bemühen Sie sich zu beurteilen, ob der Durchbruch erfolgt ist, und bestärken Sie die Menschen darin, freundlich zu sich selbst zu sein und sich so viel Zeit zu lassen, wie sie brauchen.

VI

Die Psyche
und der Heilprozeß

Wie die Psyche funktioniert

Die Psyche umfaßt drei Hauptaspekte: das Bewußte, das Unterbewußte und das Überbewußte.

Das Bewußte ist der Türwächter, der alle unsere Verhaltensweisen und unsere Glaubenssysteme schafft und verantwortlich ist für die Prüfung und die Klassifizierung all unserer Erlebnisse. Es macht Unterscheidungen, es interpretiert, denkt, begrenzt, rationalisiert, redigiert und filtert alle Informationen, die bei ihm ankommen. Das Bewußte beschränkt, beurteilt, vergleicht, berechnet und akzeptiert oder verwirft anschließend die Informationen als gültig oder nicht. Es ist verantwortlich für und sichert das Überleben dadurch, daß es uns vor einer Überwältigung durch negative oder falsche Daten bewahrt, indem es Urteile abgibt auf der Basis von früheren Informationen, welche es bereits als Tatsache akzeptiert hat. Jeder Gedanke, jedes Gefühl, jede Idee, jede Empfindung und Erfahrung wird durch das Bewußte gefiltert.

Das Bewußte arbeitet, indem es die Eingabe annimmt, mit der es einverstanden ist und die in ein bereits wirksames Modell paßt. Es unterdrückt und löscht, verweigert, ignoriert oder leugnet jede Information, die nicht in diese etablierte Wahrnehmung paßt. Weil das Bewußte alle unsere Urteile bildet und enthält, legt es auch alle unsere Gefühle und Empfindungen aus und verwaltet sie. Es weist allen unseren Lebenserfahrungen eine positive oder negative Ladung zu. Es ist der Deuter all unserer Lebensdaten, wie sie aus dem Unterbewußten hervorgerufen werden.

Wenn es mit genauen Informationen arbeitet, handelt das Bewußte als unser Wächter und Beschützer. Es kann jedoch auch unser größtes Hindernis gegenüber einer Heilung und Veränderung sein, besonders wenn es während der frühen Kindheit mit negativen, unrichtigen und verzerrten Informationen gefüttert wurde. Unglücklicherweise hat das Bewußte die Fähigkeit, aufgrund falscher Annahmen offensichtliche Tatsachen zu leugnen und möglicherweise Informationen zu löschen, die lebensnotwendig wären für einen Heilprozeß. Es ist auch dazu fähig, eine Veränderung zu verwerfen oder sich ihr zu widersetzen, unabhängig davon, welch positive Auswirkungen die neue Information oder Veränderung auf unser Leben haben könnte. Bedenken Sie, daß das Bewußte frühere Erfahrungen als Bezugspunkte verwendet.

Glücklicherweise kann das Bewußte neuen Überzeugungen Glauben schenken. Genauso wie es Werte erstellte, die auf angsterregenden oder traumatischen Erfahrungen und verzerrten Informationen gründeten, kann es nunmehr mit neuen, genauen Informationen und unterstützenden Erfahrungen beliefert werden. Dies kann erreicht werden durch positive Selbstgespräche, die das Ich aufmuntern und bejahen, es unbedingt annehmen und die positiven Veränderungen, die stattgefunden haben, zur Kenntnis nehmen. Je mehr wir mit unserem Bewußtsein kommunizieren und es mit positiven Informationen versorgen, umso leichter wird der Heilungsprozeß erfolgen. Bitte beachten Sie, daß es deswegen so außerordentlich wichtig ist, eine positve Veränderung auch hervorzuheben, wenn sie in einem Menschen auftritt. Das Bestätigen von Energieverschiebungen und -befreiungen im Laufe einer Heilsitzung bestärkt das Bewußte darin, daß in der Tat eine positive Veränderung stattgefunden hat.

Das Unterbewußte arbeitet wie ein Videoband, das die reinen Daten von jedem einzelnen Augenblick unseres Lebens enthält. Es nimmt alle Informationen an, ohne Beurteilung und frei von emotionalen Ladungen, und ist der vollständigen Abrufung fähig. Auf diesem Band sind alle Farben gespeichert, jeder Geschmack, alle Gerüche, Geräusche, Tastempfindungen und Bilder von jedem Ereignis, das wir jemals erlebt haben. (In manchen Fällen können Menschen sich sogar an Erlebnisse aus anderen Leben oder aus dem Mutterleib erinnern, besonders wenn sie durch Bildersymbolik oder hypnotische Regression geleitet werden). Das Unterbewußte speichert keine Gefühle, also fehlt auf diesem Band die emotionale Ladung, bis das Bewußte das Erlebnis beurteilt. Durch Bildersymbolik und geführte Meditation kann dieses Videoband zurückgespult werden, überprüft, wieder abgespielt und dann können – unter der Führung eines fähigen Heilers – diese Reaktionen und Gefühle durch Verständnis, Akzeptierung und Vergebung geheilt und dauerhaft neu programmiert werden. Besteht erst einmal ein Zugang zum Unterbewußten, können Veränderungen in der Art, wie ein Mensch seine Vergangenheit sieht, sehr rasch und leicht erfolgen. Der Schlüssel zum Zugang zu Erinnerungen im Unterbewußten ist einerseits die Erlaubnis und Unterstützung vom Türwächter oder andererseits die Geschicklichkeit, um am Türwächter vorbeizukommen.

Das Überbewußte ist was ich das Gottbewußte nenne. Dies ist der Teil von uns, welcher direkt mit Gott, der universellen Energie der Lebenskraft, verbunden ist. Über das Überbewußte sind alle Information und alles Wissen des Universums frei zugänglich.

Gebete werden vom Überbewußtsein erhört und das Unwahrscheinliche wird offenkundige Wirklichkeit. Das Gebet, bildliche Vorstellungen und Meditation können helfen, Zugang zu finden zu dieser wundervollen, grenzenlosen Kraft.

Die in diesem Buch beschriebenen Heiltechniken nutzen alle drei Aspekte der Psyche. Wenn alle drei zusammen arbeiten, kann eine vollständige Heilung leichter erfolgen.

Das Zitronenexperiment

Wie das Unterbewußte und das Bewußte sich gegenseitig beeinflussen wird durch das Zitronenexperiment lebhaft verdeutlicht. Jeder erinnert sich daran, eine Zitrone geschmeckt zu haben. Obwohl die Erinnerung an diese Erfahrung im Unterbewußtsein gespeichert wurde, rufen wir dieses Ereignis nicht ständig ab und spüren nicht jedesmal die Zitrone in unserem Mund. Wenn ich Sie jedoch auffordere, sich an ein bestimmtes Mal zu erinnern, an dem sie in eine Zitrone bissen und sich auch an diesen klaren sauren Geschmack zu erinnern, werden Sie vermutlich beginnen, Speichel abzusondern. (Mein Mund produziert Speichel, während ich dies hier schreibe!). Wenn ich noch weiterginge und Sie bäte, die Augen zu schließen und Sich vorzustellen, Sie würden ein Stück Zitrone kauen und den scharfen, sauren Geschmack des Zitronensaftes in Ihrem Mund spüren, könnten Sie ihn vermutlich so deutlich spüren, wie Sie dies mit einer richtigen Zitrone täten. Einfach nur über die Erfahrung sprechen bringt die Erinnerung, die inaktiv im Unterbewußten schlummert, zurück in das Bewußte, wo sie noch einmal erlebt wird. Diese Fähigkeit kann, hat man sie erst einmal verstanden, für die Unterstützung von Menschen in deren Heilprozeß eingesetzt werden.

Ein anderes kraftvolles Beispiel für die Zusammenarbeit von Bewußtem und Unterbewußten ereignete sich 1972. Ich lernte jemanden kennen, der sehr talentiert war, um Menschen in einen Zustand tiefer Entspannung zu versetzen. Er fragte, ob ich bereit sei, ihm in einem Experiment zu assistieren und ich war einverstanden. Er begann mit mir zu sprechen und versetzte mich in tiefe Entspannung. Dann berührte er leicht meine Beine mit seinen Händen und sagte mir, daß ich dies spüren würde, während er mit mir arbeitete. Darauf begann er, kräftig mit den Händen auf mich zu klopfen und er sagte mir, ich sei eine Stahlstange. Zu diesem Zeitpunkt hoben zwei Leute mich auf und legten mich, Gesicht nach oben, waagerecht zwischen zwei Stühle. Mein Kopf lag auf einem Stuhl, während der Absatz meiner Schuhe auf dem anderen ruhte, ohne Stütze darunter. Einen Augenblick später spürte ich, was ich als zwei

Hände empfand, die genauso wie vorher, leicht meine Oberschenkel berührten. Nachdem ich mir vollkommen dessen bewußt war, was hier vor sich ging, wartete ich einige Augenblicke, dann wurde ich neugierig und öffnete die Augen. Entsetzt sah ich, daß eine schlanke Frau, etwa 1 Meter 60 groß und 115 Pfund schwer völlig frei auf mir stand, mit jeweils einem Fuß auf einem meiner Oberschenkel. Sofort schaltete mein Bewußtes sich ein, und ich – die Möglichkeit dessen, was ich sah, verwerfend – brach zusammen, unfähig, sie noch länger zu halten. Ich besaß keine Basis, um die Wirklichkeit der Erfahrung anzunehmen, also konnte mein Bewußtes nicht an sie glauben. Seither bin ich über heiße Kohlen gelaufen, habe fast zwei Meterlängen von 1 cm-Betonrippenstahl mit meinem Hals gebogen und viel stärker die Kraft meines Bewußten und Überbewußten erschlossen!

Autoritätspersonen, Eltern und andere Menschen in Machtpositionen müssen sich ihrer Fähigkeit bewußt sein, die kritische Natur des Bewußten zu umgehen und ungehindert direkt in das Unterbewußtsein eines Menschen zu dringen. Wenn dies passiert, sei es zum Wohl dieses Menschen oder nicht, werden die meisten Leute so reagieren, daß sie dem Vorschlag der Autoritätsperson zustimmen – meist ohne zu verstehen, warum sie das tun.

Die Fähigkeit des Unterbewußten, Suggestionen anzunehmen, besonders wenn sie von einer akzeptierten Autoritätsperson stammen, erklärt weshalb und wie Placebomedikamente wirken. Die Empfänglichkeit und Verletzbarkeit gegenüber Suggestionen zeigt die bedenkliche Bedeutung von Worten, ob sie gegen einen Dritten oder als Gedanken und Selbstgespräche gegen sich selbst gerichtet sind.

Ärzte und Krankenschwestern wissen, daß einige Schlüsselsätze, die in einem Operationssaal oder in einem Aufwachzimmer gesprochen werden, wie „Die Operation war sehr erfolgreich", oder „Es geht Ihnen sehr gut", „Sie sind noch stärker als wir glaubten", „Die Operation war nicht so schlimm, wie wir angenommen hatten", „Sie heilen sehr schnell", den Heilprozeß sehr beschleunigen können.

Das Verständnis dieser ehrfurchtgebietenden Kraft des Bewußten und Unterbewußten bestätigt die Anwendung jedes verfügbaren Mittels, um dieses großartige Computersystem, das wir Psyche nennen, neu zu programmieren und zu orientieren.

Einstellungen und Überzeugungen

Einstellungen und Überzeugungen sind im Bewußten gespeichert und bilden die Grundfesten für unser Denken. Sie sind der Filter, durch den wir unser Leben und die Welt sehen und auslegen. Ein Dutzend Menschen können einen bestimmten Vorfall beobachten und jeder wird das Erlebnis anders beschreiben, entsprechend ihren individuellen Einstellungen und Überzeugungen.

1982 besuchte ich meinen Vater zum letzten Mal, bevor er starb. Im Laufe des Besuches sagte er mir: „Michael, ich habe endlich herausgefunden, was in all diesen Jahren unser Problem war. Es ist so einfach wie der Unterschied zwischen dem Wort „störrisch" und „entschlossen". Deine Handlungen sind völlig unwichtig, es geht nur darum, wie „ich" sie empfinde. Wenn ich mit dem einverstanden bin, was Du tust, dann bist Du „entschlossen". Wenn ich nicht einverstanden bin mit dem, was Du tust, dann bist Du „störrisch"!" Die Aussage meines Vaters spiegelt deutlich, welch eine machtvolle Auswirkung unsere Einstellung und die Systeme unserer Überzeugungen in unserem Leben haben können.

Kerneinstellungen und -überzeugungen stellen die heiligsten Regeln dar, nach denen wir uns selbst und unsere Welt sehen und sie bilden die Basis für unser Selbstbild und unsere Selbstachtung. Wenn diese schief oder unrichtig sind, handeln wir lieber nach dem defekten Gesetz als mit der

Die Psyche und der Heilprozeß

Wahrheit zu leben. Unabhängig von der Menge an Informationen, die wir erhalten können, um dieses gestörte Gesetz zu widerlegen, werden wir weiter in Übereinstimmung mit ihm handeln, bis wir die Erfahrung geheilt haben, die ursprünglich zu der irrigen Überzeugung geführt hat. Die Kernüberzeugung, daß wir hart für etwas arbeiten müssen, wenn es etwas wert sein soll, kann uns Geschenke und Freundschaften rauben, die uns leicht zufallen würden. Die Überzeugung, daß „ich nicht gut genug bin", wird uns dazu führen, Erfolg in unserem Leben zu sabotieren und positive Anerkennung nicht zu berücksichtigen, egal wie viele Hinweise wir erhalten, daß wir anderen etwas bedeuten.

Unsicherheit kann uns dazu führen, zu glauben daß wir immer mehr brauchen, um in Ordnung zu sein. Wir haben alle von Menschen gehört, die riesige Geldsummen angesammelt haben und sich dennoch weder sicher noch geborgen fühlen. Offensichtlich wird ihre innere Unsicherheit nicht durch äußeren Materialismus geheilt. Die inneren Einstellungen und Überzeugungen halten sie gefangen. Und wie ist das mit jenen Personen, die denken, sie hätten Übergewicht, und auch dann noch weiter fasten, wenn sie nach medizinischem Standard bereits unter ihrem Normalgewicht liegen? Hier sind es wieder ihre Wahrnehmung, Einstellungen und Überzeugungen, die sie quälen.

Wenn wir unsere Einstellungen und Überzeugungen ändern, verändert sich die Lebensqualität dramatisch. Ein Kunde, ein leitender Manager, war sehr mißtrauisch in Bezug auf meine Arbeit. Er wuchs als Kind in einer sehr konservativen und sehr abergläubischen Familie auf, und war von Ängsten geplagt, Schlechtes zu tun und in die Hölle zu kommen. Aufgrund dieser Ängste zögerte er sehr, sich von mir helfen zu lassen. Doch wegen seiner Qualen und weil er mir als Mensch vertraute, erlaubte er mir schließlich, mit ihm zu arbeiten. Während wir seine Vergangenheit entwirrten und uns mit seinen Ängsten beschäftigten, konnte er eine große Veränderung in seiner Auffassung vom Leben und von Gott bewirken. Als Ergebnis der emotionalen Befreiung, die er erlebte, fiel sein Blutdruck von 200/120 auf 160/94, und sein Arzt konnte die Medizin, die er immer einnehmen mußte, absetzen. Dies stellte eine wichtige Verschiebung in seinen Einstellungen und Überzeugungen dar, die große Veränderungen in seinem Leben bewirkten.

Die Art, wie verschiedene amerikanische Ureinwohnerstämme die Eule wahrnehmen ist ein anderes Beispiel dafür, wie verschieden unsere Einstellungen sein können und wie sehr sie uns beeinflussen. In manchen Stämmen ist die Eule willkommen und wird als heiliger Vogel verehrt, fast so sehr wie der Adler, während die Eule in anderen Stämmen gefürchtet ist und als Vorbote des Todes gilt. Ich glaube daß die Angst vor der Eule in manchen Stämmen so groß ist, daß wenn eine Eule in ein Tipi fliegt, der Besitzer dieses niederbrennen wird, ohne auch nur ein Stück daraus zu entfernen. Die Eule ist in beiden Fällen das gleiche Tier; lediglich die Einstellungen und Überzeugungen der verschiedenen Stämme sind anders.

Ab dem Augenblick, in dem wir im Mutterleib einen Zustand des Bewußtseins erreichen, beginnen wir unsere Einstellungen und Überzeugungen zu bilden. Das Bewußte trachtet unablässig danach, uns Schmerz zu ersparen und uns im Überleben zu helfen. In diesem Prozeß trifft der Verstand grundlegende Entscheidungen über die Beschaffenheit der Wirklichkeit. Auch wenn wir später entdecken, daß manche dieser Entscheidungen nicht in unserem Interesse waren, so erfordert es Konzentration und Engagement, um unser Verhalten neu zu programmieren und zu orientieren. Die Neuprogrammierung eines wichtigen Verhaltensmusters geschieht selten sofort.

Wenn die Mutter eines Menschen während der Schwangerschaft ein Trauma erlitt, kann dieser Mensch sogar zu einem solch frühen Zeitpunkt zu der Einstellung gelangen, daß die Welt kein sicherer Ort ist. Wenn er älter wird, kann er eine Persönlichkeit entwickeln, die sich automatisch abkapselt, und verschlossen, abwehrend, unsicher und nervös ist.

Wenn jemand in einer Familie aufwuchs, in der Geld knapp war und das Notwendigste zum Leben fehlte, wie dies bei vielen Menschen während der Großen Wirtschaftskrise der Fall war, kann er oder sie als Erwachsener sehr sparsam und konservativ werden oder am anderen Ende des Spektrums außerordentlich frei mit dem Geld umgehen. Beide Reaktionen sind nicht ausgeglichen und können zu einem zwanghaften oder besessenen Verhalten führen.

Restrukturierung und Neuorientierung

Die Menschen sind Gewohnheitstiere und Gewohnheiten entstehen mit der Zeit. Weil wir gelernt haben mit alten Gewohnheitsmustern zu leben und weil wir uns an sie gewöhnt haben, möchten wir womöglich lieber an ihnen festhalten als im Heilungsprozeß fortschreiten, sogar nachdem wir ihre Gewalt über uns gebrochen haben. Wenn wir ein altes Gewohnheitsmuster durchbrechen oder einen Energieblock ausräumen, schaffen wir eine Gelegenheit zur Veränderung. Veränderungen können, gemeinsam mit der Verantwortung, die ihnen anhaftet, Ängste heraufbeschwören. Wenn wir heilen wollen, müssen wir uns der Angst und der Verantwortung stellen, die sich aus der Veränderung ergeben.

Ein lebhaftes Beispiel, das die Bedeutung der Restrukturierung und Neuorientierung illustriert, ist die Geschichte von der Abrichtung der Elefanten. Sind sie erst einmal dressiert, ist es verhältnismäßig leicht, sie für den Rest ihres Lebens zu beherrschen.

Wenn der Elefant noch ein Baby ist, wird ihm eine starke Kette um das Bein gelegt und an einem stabilen Gegenstand befestigt. Zuerst kämpft der Elefant lang und hart gegen die Kette. Mit der Zeit, wenn der Elefant schließlich begreift und akzeptiert, daß er nicht weglaufen kann, ergibt er sich der Kette und gibt den Kampf, sich zu befreien, auf. In diesem frühen Alter lernt er, daß wenn die Kette einmal befestigt ist, er nicht entkommen kann und somit wird er sanftmütig. Der Elefant hat die Assoziation vollzogen „Kette am Bein ... kann nicht entkommen ... Kampf sinnlos ... aufgeben" und von dieser Zeit an bleibt der Elefant, einmal angekettet, sanftmütig, außer wenn er schwer provoziert wird.

Wenn der Elefant nun wächst und stärker wird, kommt der Augenblick, in dem er die Kette leicht brechen und sich befreien könnte. Die Kette ist nicht stark genug um zu diesem Zeitpunkt den Elefanten festhalten zu können. Nur die alte Gewohnheit und die Programmierung des jungen Elefanten halten ihn nunmehr gefangen.

Beachten Sie, daß das einzige körperliche Ereignis oder die einzige körperliche Anregung die Befestigung an der Kette ist. Alle anderen Assoziationen sind Gedanken oder Entscheidungen, die im Kopf des Elefanten passieren. Früher, als der Elefant klein war, war diese Abfolge gültig. Nun, da der Elefant größer und kräftiger ist, gilt die Assoziation nicht länger, doch es hält den Elefanten immer noch in Ketten.

Ähnlich ist es mit den Menschen. Sie werden durch alte Ketten gefangen gehalten – von ihren Einstellungen und Überzeugungen und von negativen Mustern und Programmierungen – obwohl sie als Erwachsene mehr als kräftig genug sind, um sich diesen Begrenzungen zu stellen und sie zu sprengen.

Viele Quellen berichten, daß wenn ein Mensch während einer kurzen Zeit, zum Beispiel während 21 Tagen, neue Muster einübt, unter Anwendung von solchen Techniken wie bejahende Behauptungen und neue Verhaltensweisen, aus diesen Veränderungen neue Gewohnheiten entstehen können. Jeder Gedanke, jede Idee oder Assoziation, die erst einmal im Kopf akzeptiert wurde, wird schwerer zu ändern sein, wie dies am Beispiel des Elefanten ersichtlich wird. Je länger Menschen an einem Gedanken festhalten, umso fester glauben sie daran oder umso stärker hängen sie an ihm, und umso verzweifelter werden sie ihn gegenüber einer Veränderung verteidigen! Wenn die Ketten eines Menschen entfernt sind, werden Restrukturierung und Neuprogrammierung außerordentlich wichtig, um zu verhindern, daß die betreffende Person in den alten Trott zurückfällt. Deshalb ist es so entscheidend für Menschen, die eine Veränderung durchmachen, daß sie Hilfe von ihren Freunden, von Gruppen oder Organisationen erfahren, und daß sie in laufende Aktivitäten eingebunden werden, welche weiterhin eine positive Veränderung ermutigen, fördern und unterstützen.

Rituale

Lange Zeit glaubte ich nicht an Rituale. Eines Tages begriff ich, daß Rituale ein einfacher Weg sind, um Menschen zusammen zu bringen. Sie versorgen die einzelnen Menschen sowohl mit einer Struktur des Zusammenwirkens als auch mit einer Landkarte, um ihnen von Punkt A nach Punkt B zu helfen. Rituale können die Kirche, die Regierung oder andere Gruppen betreffen und können Zeiten der Feier, des Gebetes, der Initiation oder Wendepunkte in einem Leben darstellen. Hätten wir nicht die formellen Rituale, die uns zusammen bringen – wie Gottesdienste, Feiertagsversammlungen, Hochzeiten, Begräbnisse, Ausschwitzungs- und indianische Pfeifenzermonien – würden viele von uns dazu neigen, sich zu isolieren.

Rituale verfügen über eine Struktur, die jedem, besonders einem neuen Mitglied einer Gruppe, ein Gefühl der Sicherheit und Geborgenheit vermitteln. Nachdem sie einige Male daran teilgenommen haben, werden die Leute mit den Ritualen vertraut und sind bereit, sich aktiv daran zu beteiligen. Rituale neigen dazu, den Menschen ein Gefühl der Zugehörigkeit und eine Gruppenidentität zu verleihen. Menschen sind Gewohnheitsgeschöpfe und lieben die Sicherheit zu wissen, was als Nächstes geschehen wird. Rituale können die Elemente der Sicherheit und Struktur geben, die den Menschen überall in ihrem Leben fehlen.

Ein Ritual ist auch eine Landkarte, die zu einer spirituellen Erfahrung führen kann. Wenn ein einzelner Mensch oder eine Gruppe eine höchste Erfahrung gemacht haben, drängt sie die menschliche Natur dazu, diese Erfahrung mit anderen zu teilen. Doch nach kurzer Zeit entwickeln die Leiter oder die Teilnehmer des Rituals vielleicht die Überzeugung, daß man diese bestimmte spirituelle Erfahrung eben nur über das Ritual machen kann. Mit der Zeit können Rituale ihre ursprüngliche Bedeutung verlieren; sie werden zunehmend starr und entbehren vollkommen ihrer wahren spirituellen Bestimmung.

Ein Beispiel ist die Geschichte eines berühmten Gurus, der seine Katze während eines bestimmten Rituals in einen Strohkorb setzte, damit sie nicht niedergetreten würde. Nach dem Tod des Gurus fingen die Anhänger eine sträunende Katze und steckten sie in einen Korb, in der Meinung, dies sei ein wichtiger Bestandteil des Rituals. Sie hatten die ursprüngliche Absicht der Handlung des Gurus vollkommen vergessen. Die ursprüngliche Bedeutung vieler Rituale, die heute vollzogen werden, ist vollständig verloren gegangen oder verändert worden, Dinge sind hinzugefügt oder weggelassen worden. Viele der bedeutungslosen Rituale, an welchen die Menschen heute teilnehmen, waren ursprünglich auf Lehren gegründet, die von enormem Wert waren; leider ging die Erinnerung an diese Lehren mit der Zeit verloren.

Spirituelle Gaben sind uns ohne große Opfer zugänglich. Zu ihnen gehört die spirituelle Heilung. Rituale können hilfreich sein, wenn sie den Menschen helfen, die Energie in ihrem Inneren auszurichten und sich dem Empfang zu öffnen, indem sie sich selbst und anderen verzeihen und sich befreien, um ihre eigene Güte zu erkennen. Viele Wege führen zu der Bergspitze, die spirituelle Erleuchtung heißt. Meine Sorge in bezug auf Rituale ist, daß die Menschen dazu neigen, im Dogma und in der Doktrin gefangen zu werden und den Prozeß zu vergessen. Je weniger die Menschen mit Dogma und Doktrin zu tun haben, umso reiner wird die Botschaft und umso leichter die Last, die sie auf ihrem Wege zu tragen haben.

Kreatives Wollen

Das kreative Wollen ist eine der stärksten Kräfte des Universums. Es ist der Wunsch und der Zwang, bewußt ein bestimmtes Ergebnis oder Ereignis zu schaffen. Der Geist hat die Kraft, physische Wirklichkeit zu schaffen. Die einzigen Wahlmöglichkeiten, die wir haben, sind (1) den Geist willkürlich und ohne Disziplin schaffen zu lassen oder (2) den Geist darauf auszurichten, unsere Wünsche entstehen zu lassen. Je mehr wir unseren Geist auf das Positive konzentrieren, umso positiver werden unsere Ergebnisse sein.

Das kreative Wollen in Bewegung setzen ist wie den Zielverfolgungsmechanismus einer Lenkwaffe einschalten. Auch nach dem Start nimmt der Zielverfolgungsmechanismus Kurskorrekturen vor und führt den Flugkörper präzise zum Ziel. Kreatives Wollen schafft weiter und nimmt weiter automatische Kurskorrekturen vor, lange nachdem das ursprüngliche erste positive Bild konzipiert wurde, ohne bewußte Anstrengung unserseits. Wurde es erst einmal gedacht, mit Leidenschaft, Verlangen und Emotion – zum Ausdruck gebracht oder nicht – so setzt das kreative Wollen eine mächtige Energie in Bewegung, die zu verschiedenen Zwecken nach außen gerichtet sein kann, so auch um jemandem Heilenergie zu senden. Sie kann auch benutzt werden, um Dinge zu magnetisieren und anzuziehen. Kreatives Wollen ist ein außerordentlich machtvolles Instrument, sei es nun zur Unterstützung von Heilungen oder zur Erfüllung von Lebenswünschen oder -zielen.

Wenn wir unseren Verstand auf einen bestimmten Wunsch ausrichten, setzen wir enorme Kräfte in Bewegung. Kreatives Wollen schaltet das Bewußte, Unterbewußte und Überbewußte zusammen und kann unmittelbare Heilungen und andere Manfestationen bewirken. Die Heilung von Bonnie und Adlerfeder sind perfekte Beispiele, wie wirkungsvoll kreatives Wollen ist.

Ich kann mich an viele Zwischenfälle erinnern, bei denen ich an etwas oder jemanden dachte und mir sagte: „Ich frage mich, wie es .... geht?" oder „Mensch, hätte ich doch ...." und die Person oder der Gegenstand, an den ich dachte, auftauchten. Als ich einmal campierte, zog ich mir einen Splitter ein, den ich nicht herausbekommen konnte und dachte „Hätte ich doch nur eine Stecknadel!" Innerhalb einer Stunde hatte ich eine am Boden gefunden. Bevor ich anfing, dieses Buch zu schreiben, erzählte ich dem Universum, daß ich es nicht allein tun könne, und bat um ein Zeichen, ob das Universum und der Geist das Projekt unterstützten. Ich startete das kreative Wollen. Innerhalb weniger Wochen bot sich ein guter Freund an, das Tippen zu übernehmen, ein andere Freund besorgte mir ein sehr schönes Computersystem, das ich zu Hause verwenden konnte, und eine erfahrene Herausgeberin bot ihre Dienste an. Alle diese Dinge wurden kostenlos gegeben. Dieses Maß an Unterstützung wurde in jedem Stadium des Buches weitergetragen, bis zum endgültigen Druck. In jedem Fall waren es mein starker Wille und meine Absicht, zusammen mit meiner Bereitschaft zu empfangen, welche die universelle Energie bündelten und halfen das gewünschte Ergebnis zu schaffen. Wir alle können die Kraft des kreativen Wollens nutzen, um das auf uns zu ziehen, was wir zu unserer nächsten Heilung brauchen oder um das anzuziehen, was wir im Leben wünschen. Kreatives Wollen kann auch benutzt werden, um Antworten auf Fragen zu finden. Diese Technik ist so machtvoll und funktioniert so gut, daß wir vorsichtig abwägen müssen, um was wir bitten. Ich bitte immer darum, daß das, was ich empfange, zu „meinem höchsten und besten Interesse" sei.

VII

Der Heiler

Qualitäten eines guten Heilers

Geduld, Vertrauen und Glauben sind Qualitäten eines Heilers, welche dessen Fähigkeit erhöhen, eine Beziehung herzustellen und den Heilprozeß zu unterstützen. Diese Eigenschaften beziehen sich sowohl auf den Heiler oder die Heilerin selbst, wie sie zu sich selbst stehen und wie sie in Beziehung treten zu der zu behandelnden Person. Geduld ist die Fähigkeit, dort zu verlangsamen, wo es erforderlich ist, das Tempo so anzupassen, daß es dem Behandelten angenehm ist. Vertrauen ermöglicht es dem Heiler auch dann die Heilsitzung fortzusetzen, wenn keine Energieverschiebungen auszunehmen sind. Der Glauben in eine Kraft, die größer als die persönliche Energie des Heilers ist, ruft die Hilfe und Unterstützung der universellen Quelle herbei. All diese Talente entwickeln sich mit der Zeit. Bitte haben Sie Geduld mit sich, vertrauen Sie dem Lernprozeß und glauben Sie daran, daß Sie göttlich geleitet werden.

Die Fähigkeit, Details in einem Körper genau zu beobachten – Hautfarbe, Hauttemperatur, Haltung und andere Hinweise – ist ein wertvolles Werkzeug um Einsicht zu erlangen in das Selbstbild, das Niveau der Selbstachtung und in das, was Menschen gegenwärtig durchleben. Ein anderes wertvolles Kapital ist das Talent und das Einfühlungsvermögen, um Fragen zu stellen, mit deren Hilfe die Menschen zu ihren Gefühlen durchdringen. Geschickte Heiler haben gute Fähigkeiten zuzuhören, nicht nur dem, was erzählt wird, sondern auch dem, was unausgesprochen bleibt. Manche Heiler werden durch das Verlangen motiviert, andere wieder in Ordnung zu bringen oder zu verändern. Es ist außerordentlich wichtig für Heiler, ihre eigenen Probleme von denen der Menschen, mit denen sie arbeiten, zu trennen. Sehr erfolgreiche Heiler heilen weiterhin ihre eigenen Belange und sichern sich die Forsetzung ihres eigenen Heilprozesses. Wenn Sie Heilarbeit vornehmen, beten Sie um Klarheit und bitten Sie darum, daß die Heilung erfolge „zum Besten aller Beteiligten".

Der Heiler als Katalysator

Heilen kann beschrieben werden als Verschiebung oder Änderung in der Schwingung. Sie erfolgt wenn eine Energieblockade gelöst wird oder wenn der Körper heilende Energie aufnimmt und auf ein höheres Energieniveau steigt. Die Hauptfunktion des Heilers besteht darin, als Katalysator für eine Heilung zu dienen. Indem er dies tut, hilft der Heiler der betreffenden Person, sich zu öffnen, um die Heilenergie zu empfangen und sich in ihrer eigenen Vollkommenheit zu akzeptieren.

Die meisten von uns haben bereits erlebt, daß die Batterie in unserem Wagen so schwach geworden war, daß das Auto nicht mehr ansprang. Um den Wagen zu starten, haben wir jemanden mit einer guten Batterie und einem Starterkabel kommen lassen. Wenn das Starterkabel mit beiden Batterien verbunden ist, startet das Auto mit der schwachen Batterie ganz leicht.

Oft verfügt jemand, der um Heilung bittet, einfach nur über wenig Energie, was seine eigene Fähigkeit, negative Energie aus dem Körper zu entfernen, sehr herabsetzt. Solche Menschen sind wie eine leere Batterie. Stellen Sie sich den Heiler als voll geladene Batterie und seine beiden Hände als Starterkabel vor. Der Heiler überträgt Liebe, Unterstützung und Energie so wie eine geladene Batterie Energie an eine leere Batterie übermittelt. Wenn das Auto gestartet wurde, braucht es nicht länger die Energie der voll aufgeladenen Batterie und kann von dieser abgekoppelt werden. Das gilt auch für Heilarbeit. Wenn Heilenergie an jemanden weitergegeben wurde, so besteht keine Abhängigkeit mehr vom Heiler. Das wesentliche Ziel für den Menschen, der Energie empfängt, ist es frei zu sein, unabhängig und auf sich selbst vertrauend.

In Wirklichkeit ist jede Heilung Selbstheilung. Der Heiler ist zugegen, um den Empfänger zu ermutigen und zu helfen, daß dieser sich öffne und die Heilung zulasse. Wenn die Person nicht offen ist, um die Heilung zu empfangen, wird sie auch nur selten erfolgen. Alle in diesem Buch beschriebenen Techniken sind dazu bestimmt, Vertrauen aufzubauen und eine Brücke zu schaffen zwischen dem Heiler und dem Energieempfänger, so daß sich die besten Resultate ergeben.

Gebet darum, ein Heiler zu werden

Konzentrieren Sie sich so gut es geht auf Ihre Mitte und Ihren Grund und wenn Sie in einem meditativen Zustand sind, wiederholen Sie dieses Gebet dreimal. Es ist wirkungs- und kraftvoller, wenn Sie bereit sind, es dreimal zu sprechen, dreimal am Tag während dreißig Tagen. Spüren Sie jedesmal die Energie, wenn Sie das Gebet aufsagen.

Gebet

*Gottmutter/Gottvater, Heiliger Geist, Erzengel Michael und
heilende Engel, ich (Ihr Name) rufe nun Eure Energie
und Eure Kraft in diesen Raum. Ich (Ihr Name) bitte Euch nun,
mich zu segnen und meine Hände zu segnen, so daß ich ein reiner
Kanal für die Heilkraft werden kann. Ich bete dies, während die heilende
Energie durch meinen Körper fließt; sie segnet, säubert und reinigt
mich und jeden, mit dem ich arbeite.*

Bitte führt und leitet mich an allen Tagen meines
Lebens, so daß ich dienen kann. Ich bete, daß alles, was in meinem
Leben geschieht, zum Höchsten und Besten aller Beteiligten geschehen möge.

Zentrieren / Wurzeln

Es ist sehr wichtig für jeden, der mit Heilenergie arbeitet, auf die Mitte ausgerichtet und verwurzelt zu bleiben, während die Energie durch ihn fließt. Leute, die nicht mit der Erde verbunden sind, können sich bisweilen sehr abgehoben fühlen oder sogar die Orientierung verlieren. Es auch sehr wichtig, mit der reinsten spirituellen Energie zu arbeiten. Die folgende bildliche Vorstellung soll vor jeder Arbeit mit Heilenergie vorgenommen werden. Sie gewährleistet, daß der Heiler zentriert und verwurzelt bleibt und bietet der Heilung die beste Chance. Zusätzlich zum Zentrieren und Wurzeln wirkt diese Vorstellung auch zur Reinigung Ihres eigenen Aurafeldes.

Bildliche Vorstellung

Stellen Sie sich einen großen Energieball vor, einen Pfeil aus intensivem goldenen oder weißen Licht, der von Gott oder der Universellen Quelle herabkommt. Sehen Sie, wie Ihr Kopf sich oben öffnet, um diese Energie zu empfangen und lassen Sie die Energie durch den Kopf hinabfließen. Während diese Energie langsam durch Ihren Körper strömt, sehen und spüren Sie, wie sie Ihr ganzes Wesen auf mentaler, physischer, emotionaler und spiritueller Ebene segnet, säubert und reinigt. Lassen Sie diese Energie alle Ihre möglichen Energiesperren, alle negativen Muster, Zweifel, Ängste und Widerstände aufbrechen und wegspülen. Fühlen Sie die Energie durch Ihren Kopf nach unten strömen, weiter durch Ihren Hals und in Ihr Herz. Nun fühlen Sie, wie die Energie von Ihrem Herzen weiter zur Wurzel Ihres Rückgrates fließt. Lassen Sie die Energie weiter nach unten und durch Ihre Füße hinaus und tief in die Erde strömen.

Bewegen Sie diesen Energieball weiter bis zum Zentrum der Erde und verbinden Sie ihn dann bildlich mit dem Erdkern. Dies hilft, Ihr Wurzeln zu sichern. Indem Sie weiter verbunden bleiben, bringen Sie den Energieball wieder durch Ihre Fußsohlen und zurück zu Ihrem Herzen. Fühlen Sie, wie die Energie Ihr Herz erfüllt und reinigt. Wenn Ihr Herz und ihr gesamter Körper erfüllt sind von dieser unbedingten Liebe und Heilkraft, senden Sie einen Strahl heilender Energie durch Ihr Herz und Ihre Hände aus zu dem Menschen, mit dem Sie arbeiten.

Entspannen Sie im Bewußtsein, ein Gefäß zu sein für die Heilenergie. Sie müssen nur mit dem Zentrum verbunden bleiben und die Energie durch sich hindurchfließen lassen. Die Energie weiß, was zu tun ist und wie es am besten getan werden soll. In Wirklichkeit brauchen Sie kaum mehr zu tun als anwesend zu bleiben. Die Energie strömt dorthin, wo sie am meisten gebraucht wird. Bei diesem Zentrierungsvorgang geht es auch und besonders darum, Ihr eigenes Ich und Ihre Wünsche unterzuordnen.

Schutz

Vor allem wenn Sie am Anfang einer Arbeit mit Heilenergie stehen, ist es für Sie sehr wichtig, sich gegen die negative Energie, mit der Sie vielleicht in Kontakt kommen, zu schützen und zu isolieren. Eine Methode ist, sich hohle Röhren in Ihrem Körper vorzustellen, in denen die Energie enthalten ist. Eine andere Methode besteht darin, sich selbst umgeben von einer Blase intensivem weißen Licht zu sehen. Diese Blase ist abgedichtet und stößt jede negative Energie ab. Oder Sie können sich Reifen oder Armbänder um Ihre Handgelenke vorstellen, die als Energiefilter wirken, um alle negative Energie davon abzuhalten, über Ihre Arme in Ihren Körper zu dringen. Sie sollten jegliche negative Energie, die Sie aufgenommen haben könnten, freisetzen; eine gute Art Sie daran zu erinnern ist, die Hände nach der Arbeit mit Wasser und Seife zu waschen.

In Wirklichkeit werden Sie keinerlei negative Energie von den Behandelten aufnehmen, wenn Sie nicht das Bedürfnis verspüren, deren Schmerz und deren Krankheiten auf sich zu nehmen. Je klarer wird, daß die Menschen, mit denen Sie arbeiten, keine Opfer sind, umso leichter wird es Ihnen fallen, deren Leid nicht aufzunehmen. Bedenken Sie daß diese Menschen ihre eigene Kraft haben, ihre eigene Fähigkeit, sich selbst zu heilen und daß sie volle Verantwortung für ihr Leben übernehmen müssen. Sie als Heiler und Heilerin helfen ihnen nur dabei, ihre Kraft und ihre Gesundheit einzufordern.

Wenn Sie in Ihrem Herzen und in Ihrem Verstand wissen, daß die Menschen, die zu Ihnen kommen, die Fähigkeit besitzen, sich selbst unmittelbar zu heilen, so werden sie ihnen durch Ihre Unterstützung und Ihr Vertrauen in sie und in ihre Fähigkeiten zusätzliche Stärke und Mut verleihen, um ihre eigenen Heilkräfte zu aktivieren.

Das Leid der anderen auf sich nehmen

Manche Heiler, die für ihr Selbswertgefühl auf andere angewiesen sind oder jene, die sehr mitfühlend, einfühlsam und teilnahmsvoll sind, denken vielleicht, daß sie die Schmerzen und Leiden der anderen auf sich nehmen müssen, um ihnen zu helfen. Solche Heiler verbringen unter Umständen einen guten Teil ihrer Zeit damit, krank zu sein, sich ausgelaugt zu fühlen oder sich von den Leiden anderer zu erholen. Dies beschränkt sowohl die Anzahl der Menschen, denen sie helfen als auch die Klarheit, die sie vermitteln können. Sie brauchen die Probleme eines anderen nicht auf sich zu laden, um Hilfe zu gewähren. Wenn Sie nicht neutral bleiben und nicht bloß als Katalysator fungieren, verabsäumen Sie nicht nur, den betreffenden Menschen zu ehren und ihm zu dienen, sondern Sie verlängern in Wirklichkeit dessen Zustand.

Wie bereits früher gesagt, werden Schmerz und Krankheiten durch Energieblockaden im Körper hervorgerufen, die darauf hinweisen, daß etwas aus dem Gleichgewicht geraten ist. Blockaden sind ungelöste Probleme. Wenn Sie als Heiler den Schmerz der Menschen auf sich nehmen, nehmen Sie ihnen die Gelegenheit, wertvolle Lektionen zu lernen und Sie verweigern ihnen die möglichen Nutzen, die sie aus der Konfrontation und der Auseinandersetzung mit ihren Problemen ziehen können. Schmerz ist eine Botschaft. Der Körper schreit auf, daß er die Unausgeglichenheit nicht länger kompensieren kann und verzweifelt Hilfe braucht. Wenn ein Mensch sich seinen Problemen stellt und sie löst, wird die Unausgeglichenheit ganz natürlich beseitigt und der begleitende Schmerz automatisch gelöst.

Früher wollte ich das Leid und den Schmerz von jedem nehmen, der zu mir kam. Im Glauben, daß ich den Leuten half, nahm ich ihren Schmerz und ihre Krankheiten auf – mit dem Ergebnis, daß ich selbst krank wurde. Ich litt, und die Menschen, mit denen ich arbeitete, heilten nicht, wurden wieder krank oder schufen etwas noch Schlimmeres in ihrem Leben. Durch harte Erfahrung lernte ich, daß man einem Menschen am besten helfen kann, wenn man anwesend bleibt, zuhört, Unterstützung bietet und die Heilkraft durch sich hindurch kommen läßt, ohne sich verantwortlich zu fühlen für die auftretenden Ergebnisse. Ich mußte erfahren, daß der

Grad der Heilung, die einem Menschen zuteil wird, in dessen eigener Verantwortung liegt, nicht in meiner. Sicher, es ist wichtig, einfühlsam zu sein und Anteil zu nehmen an den Menschen. Wenn Sie jedoch den Schmerz, die Krankheiten und die Erfahrungen der anderen in Ihren Körper aufnehmen, haben Sie die Hilfeleistung überschritten und Sie dienen weder ihnen noch sich selbst.

Anmerkung: Kinder, besonders Kinder unter sieben Jahren, und Haustiere haben weit geöffnete Energiefelder und keine energetischen Grenzen. Weil sie so offen sind, verhalten sie sich wie emotionale Schwämme, indem sie alles um sich herum aufsaugen, Schmerz, Krankheit und alle negativen Einstellungen.

Manchmal werden Ihnen Familien auffallen, in denen die Eltern liebevoll und glücklich scheinen, aber die Haustiere und / oder die Kinder ständig krank werden oder sogar sterben. Versuchen Sie in diesen Fällen immer herauszufinden, ob die Tiere oder Kinder durch unausgesprochenen Ärger oder durch negative Einstellungen in der Familie krank werden. Es ist eine bekannte Tatsache, daß Haustiere oder Kinder diese unausgesprochenen Emotionen verarbeiten und ausleben oder durch ihre Verinnerlichung krank werden. Wenige jedoch sind sich des Grades ihrer Sensibilität und des Ausmaßes an Negativem, das sie in ihren Körper aufnehmen, bewußt.

Die Katze, die weiter oben unter „Krebstumor" beschrieben wurde, kann als perfektes Beispiel hierfür dienen. Obwohl der erwähnte Tumor hinwegschmolz, starb die Katze später an anderen Tumoren. Nahm die Katze das Negative der Familie auf? Ich denke, daß sie es tat. Die Tatsache, daß der bearbeitete Tumor wegschmolz, bestätigt die Kraft der Heilenergie. Ich bin überzeugt, daß die erforderliche Menge an Energie für eine vollständige Heilung vorhanden war, da der Tumor sich so schnell auflöste. Die Katze beschloß anscheinend aus mir unbekannten Gründen, nicht ganz zu heilen. In gleichem Maß wie sie einen Vorgang darstellt, ist die Heilung auch eine Wahl!

Urteil und Kritik

Lange Jahre hindurch lebte ich in einer Schwarz-Weiß-Welt: dies war gut, dies war schlecht; dies war richtig, dies war falsch. Ich bemühte mich, alles Gefühlte und Erlebte mit Etiketten zu versehen. Nachdem ich die Dinge bezeichnet und definiert hatte, verpackte ich sie in stabile Schachteln in meinem Kopf. Damals gab es für mich keine Grauzonen. Ich war rechthaberisch, starr und negativ. Mit Hilfe meiner Ich-weiß-Bescheid Einstellung kritisierte und urteilte ich über alle, vor allem über mich selbst. In Wirklichkeit war ich verängstigt und unsicher.

Die amerikanischen Ureinwohner sagen, daß man niemanden verstehen kann, bevor man nicht eine Meile in dessen Mokassins, gelaufen ist. Es liegt tiefe Weisheit in diesem Spruch. Jeder von uns ist das Produkt unseres genetischen Codes, unserer Erfahrungen und unserer Umwelt. Dies umfaßt die materielle Umgebung, in der wir aufwuchsen, unsere soziale Stellung, unsere Kultur und die anderen Menschen, um die herum wir aufwuchsen. Manchmal fällt es leicht, andere zu verstehen und zu akzeptieren, ein anderes Mal scheinen die Menschen vollkommen unlogisch. Während ich älter und weiser wurde, habe ich gelernt, daß nichts schwarz oder weiß, gut oder schlecht ist. Es ist einfach nur. Die folgende Parabel soll dies erläutern.

Der alte Farmer

Ein alter Mann und sein Sohn waren sehr arm und bewirschafteten eine kleine Farm
mit einem einzigen Pferd, um den Pflug zu ziehen. Eines Tages lief das Pferd fort.
„Wie schrecklich", nahmen die Nachbarn Anteil. „Was für ein Unglück."
„Wer weiß, ob es Glück oder Pech war," antwortete der Bauer.
Eine Woche später kehrte das Pferd aus den Bergen zurück und führte fünf wilde
Stuten in die Scheune.
„Welch wunderbares Glück!" sagten die Nachbarn.
„Glück? Unglück? Wer kann das sagen?" antwortete der alte Mann.
Am nächsten Tag, beim Versuch eines der wilden Pferde zuzureiten, fiel der Sohn
und brach sich ein Bein.
„Wie schrecklich. Solch ein Pech!"
„Pech? Glück?"
Bald danach kam die Armee zu allen Farmern, um die jungen Männer in den Krieg
zu führen. Den Sohn des Farmers konnten sie nirgends brauchen, und so blieb er
verschont.
„Gut? Schlecht?"

Ich bin dabei zu lernen, in der Grauzone zu leben, im Vertrauen darauf,
daß jeder von uns sich dort befindet, wo wir zu unserer eigenen Entwicklung und Heilung sein müssen und daß jeder von uns in jedem Augenblick sein Bestes gibt. Wir werden alle geführt und geleitet von einer Spirituellen Kraft, ob wir sie Gott, eine Höhere Macht, Jesus, Heiliger Geist
oder Universelle Kraft nennen. Ich bin mir nicht immer sicher, wo ich hin-
gehe und was ich tun soll. Aber was ich weiß ist, daß ich jederzeit mein
Bestes gebe. Ich horche und achte auf das, was in meinem Leben erscheint
und übernehme die volle Verantwortung für meine Reaktion darauf. Ich
widme mich jeden Tag mehr meiner eigenen Heilung. Indem ich dies tue,
wird mir klar, daß jede Kritik und jedes Urteil über mich selbst und ande-

re nur dazu beitragen, mich von der unbedingten, allumfassenden Liebe, die ich mir wachsen spüre, zu trennen.

Die Vollkommenheit sehen

Immer wenn wir eine Unvollkommenheit sehen (beachten Sie das Urteil, daß etwas nicht vollkommen sei) und es als solches bezeichnen, verstärken wir sie und verleihen ihr Kraft. Mit unserem Urteil schaffen wir eine Energiedarstellung, ein mentales Bild und bestätigen somit die Unvollkommenheit in unserem Kopf. Das trifft auch zu, wenn wir von einer Krankheit sprechen. Es vergrößert nur das Problem, indem die Existenz der negativen Attribute (Energie) verstärkt wird.

Wenn zum Beispiel jemand sagt „Ich habe Krebs", so wird jedesmal eine Behauptung aufgestellt, welche die Existenz der Krankheit bezeichnet und verstärkt. Das ist vor allem dann der Fall, wenn die Person, welche die Behauptung aufstellt, im Zusammenhang mit dieser Krankheit auch Sinnlosigkeit, Depression und Todesahnungen empfindet. Starke Emotionen fügen allem, was ein Mensch sagt oder tut, Energie hinzu, positive oder negative. All diese negativen Eigenschaften werden jedesmal angesprochen und unbewußt verstärkt, wenn die betreffende Person über ihre Krankheit spricht. Wenn Sie als Heiler und Heilerin negative Gedanken hinsichtlich der Krankheit oder Unvollkommenheit hegen, macht dies das Problem nur noch größer und den Heilprozeß langsamer und komplizierter.

Man kann die Energie und die Ausrichtung durch positive bestärkende Behauptungen in eine positve Richtung lenken: „Letzte Woche wurde bei mir ein Krebsleiden festgestellt. Ich bin wirklich überzeugt daß, wenn ich es erschaffen habe, ich es auch heilen kann. Ich widme mich ganz mei-

ner eigenen Heilung." Wenn die Gefühle und der Verstand positiv bleiben, bestehen gute Aussichten, daß das Fortschreiten der Krebserkrankung
gestoppt wird und sich umkehrt.

Ein Schlüssel zur Heilung liegt darin, die Person vollkommen und vollständig zu sehen. Immer wenn Sie einen anderen Menschen nicht ganz
oder weniger perfekt sehen, als er oder sie tatsächlich ist, stehen Sie ihrer
wirklichen Heilung im Wege. Eine Heilung erfolgt schneller und leichter,
wenn Sie Gott oder das Gute in jedem Menschen sehen. Je mehr Sie die
Menschen ehren, auch im Innersten Ihres Herzens und Ihres Verstandes,
umso leichter und schneller werden sie heilen. Wenn Sie die betreffenden
Menschen in ihrer absoluten Großartigkeit und totalen Vollkommenheit
sehen, unterstützen Sie wirklich ihre Selbstbekräftigung und beschleunigen den Heilungsprozeß enorm. Ein Bild der Vollkommenheit schaffen und
halten ist das größte Geschenk, das Sie einem Menschen machen können.
Dies wurde sehr dramatisch bei der Heilung von Adlerfeder gezeigt.

Unbedingte Liebe

Unbedingte Liebe bedeutet jemanden absolut und total, ohne jeden Vor-
behalt zu lieben. Unbedingte Liebe kritisiert nicht und urteilt nicht, hat
keine Erwartungen, keine Bindungen oder feste Vorstellungen, wie die
Dinge sein sollten. Es ist ein Zustand reiner Liebe. Die grenzenlose Liebe
einer Mutter zu ihrem neugeborenen Kind ist ein Beispiel der Energie
unbedinger Liebe. Es wird von dem Baby nicht erwartet, auf eine
bestimmte Art und Weise zu handeln oder zu sein. Das Kind wird nur
geliebt, weil es lebt, besonders während der ersten Tage.

Als Kinder wuchsen nur wenige von uns in einer Umgebung unbedingter Liebe auf. Selbst als Erwachsene, seien sie verheiratet oder nicht, erle-

ben die meisten Menschen nur selten diese tiefe Liebe. Die Gesellschaft, unsere Kultur und die Arbeitswelt belegen uns mit so vielen Regeln, Bestimmungen und Erwartungen darüber, wie wir handeln und auf welche Art die Dinge erledigt werden sollen, daß es sehr schwierig ist, sich akzeptiert zu fühlen – viel weniger noch geliebt. Nur sehr selten erfahren die Menschen unbedingte Liebe auf der Welt, doch in allen großen Lehren gibt es viele Geschichten über Wunder, die durch die Kraft dieser Liebe geschahen.

Die großen Meister und spirituellen Lehrer wußten, daß ein teilnahmsvoller Blick, ein warmes Lächeln, eine sanfte Berührung oder ein freundliches Wort eine Heilung bewirken konnten. Wer heilt und sein Herz aufmacht, und die innere Liebe, Annahme und Unterstützung nach außen und in Beziehung zu anderen treten läßt, kann Wunder bewirken. Das gilt auch dann, wenn der Empfänger dieser Liebe sie nicht bewußt spürt oder sich seiner eigenen Fähigkeit zur Liebe nicht bewußt ist. Unbedingte Liebe und Anerkennung kann einen Menschen vollkommen heilen und verändern.

Unbedingte Liebe kann schneller und vollständiger heilen als jedes Medikament oder jede Chirurgie. Jesus, Mutter Teresa, Gandhi und viele andere Meister kannten diese Wahrheit und verwandelten durch ihre Liebe jene, denen sie begegneten.

Akzeptanz

Es ist sehr wichtig, daß Heiler alles akzeptieren können, was man ihnen erzählt. Viele Menschen wurden mental, emotional, physisch oder spirituell mißbraucht. Um sie in ihrem Heilungsprozeß zu unterstützen, müssen Sie mit ihnen arbeiten können, ohne sie zu beurteilen, denn tatsächlich gibt es da nichts zu beurteilen. Jedes Vorurteil oder Urteil wird im Wege stehen und den Heilungsprozeß behindern. Wenn Sie kritisch oder beurteilend eingestellt sind, wird der Behandelte Ihre Beurteilung spüren können. Alles, was nicht unbedingte Liebe ist, wird die Wirksamkeit einer Heilsitzung sabotieren.

Es ist wichtig, freundlich und verständnisvoll zu sein gegenüber jedem, der um Heilung zu Ihnen kommt. Wenn Sie aus einem Umfeld unbedingter Liebe kommen – Liebe unabhängig von Rasse, Farbe, Glauben, Geschlecht, Background, Handeln oder Nichthandeln – einer Umgebung vollkommener Annahme, dann bilden Sie ein Umfeld für Heilung. Akzeptanz und unbedinge Liebe schaffen einen heiligen Raum.

Es ist klar, daß Annahme, ebenso wenig wie Verzeihung, nicht die volle Übereinstimmung mit oder das Hinwegsehen über alle Taten und Verhaltenweisen bedeutet. Es ist das Fehlen der Verurteilung anderer, die mit den Herausforderungen ihres Lebens, mit ihren Lernpfaden und ihrem Heilprozeß umgehen, so gut es ihnen möglich ist.

Erwartungslosigkeit

In der westlichen Welt lernen die Menschen in sehr jungen Jahren, in Wettbewerb zu treten, und sie leiden ein ganzes Leben lang an den Folgen dieser Programmierung. Die meisten von uns wurden darauf programmiert, Ergebnisse zu erzielen und sie werden durch Erfolge motiviert. Diese programmierten Einstellungen und Fähigkeiten arbeiten gegen den Heiler. Um ein Heiler zu sein, müssen andere Talente entwickelt und genutzt werden. Die Absicht setzen oder den Wunsch nach einer Heilung verspüren ist normal und angemessen. Wenn aber der Heiler oder der Empfänger der Heilung auf ein bestimmtes Ergebnis festgelegt ist und nach diesem besonderen Resultat strebt, wird die Energie störend.

Wenn Sie als Heiler und Heilerin sich auf irgendeiner Ebene beweisen müssen, lenken Sie nur von der Reinheit der Heilung ab. Indem Sie anderen Ihr Bedürfnis nach Anerkennung und Ergebnissen aufdrängen, bringen Sie ein störendes Energiemuster hinein, das der Energie der Erwartungen, der Verletzungen und des Mißbrauchs ähnelt, die viele Menschen in ihrer Kindheit erlebt haben. Wenn Sie mit der Heilenergie nicht klar umgehen, können Sie die gleiche Art von Gewalt weiterführen, welche ursprünglich das Grundübel dieser Erkrankung war.

Wenn der Heiler nicht an ein bestimmtes Ergebnis gebunden ist, steht dem Empfänger die Freiheit zu, sich für sich selbst zu verändern, nicht zur Zufriedenstellung des Heilers. Wenn eine Person sich verändert, um jemandem zu gefallen, wird die Heilung meist nur oberflächlich und positive Ergebnisse vermutlich nur von kurzer Dauer sein. Wenn Sie das Talent der Erwartungslosigkeit entwickeln, wird das nicht nur die Menschen, mit denen Sie arbeiten, unterstützen, sondern auch Ihnen helfen, die vollen Möglichkeiten Ihrer Heilarbeit zu erkennen. Jede Energie, die nicht unbedingte Liebe und Annahme ist, kann von den Menschen als Gewalt gegen sich empfunden werden, auch wenn die Energie helfen sollte. Dies gilt vor allem, wenn ihnen als Kind Gewalt angetan wurde.

Bitte bedenken Sie, daß die Heilung am besten erfolgt, wenn Sie zulassen daß die Heilkraft durch Sie kommt und keine Ergebnisse erwarten. Dadurch kann die Energie frei strömen und die Menschen können nach ihrem eigenen Tempo heilen.

Intuition – Die goldene Gabe

Die Intuition gehört zum größten Kapital des Heilers. Die Fähigkeit, den inneren Rat zu vernehmen und auf ihn zu hören, im Geiste Bilder wahrzunehmen oder zu sehen oder durch ein inneres Wissen geleitet zu werden, ist eine ganz besondere Gabe. Es kann passieren, daß Sie dazu gebracht werden, Dinge zu sagen oder zu tun, die dem logischen Verstand fremd erscheinen. Wenn diese Führung richtig eingesetzt wird, bietet sie die Möglichkeit, über die normalen Sinne hinauszugehen und Einsicht zu gewinnen in einen Weg, auf dem man sehr leicht zu einem Durchbruch im Heilungsprozeß eines Menschen gelangen kann. Intuition führt weit über Buchwissen hinaus; sie stammt von unserem eigenen tiefen inneren Wissen, nicht von unserem Denken.

Innerer Rat kann in Form eines Gefühls, eines Bildes oder einer Stimme zu uns kommen. Meditation oder andere Übungen, die helfen, das geistige Geplapper leiser werden zu lassen und abschweifende Gedanken auszuräumen, fördern das Hören und Fühlen des intuitiven Rates, wenn er auftritt. Der Öffnungsvorgang kann stark beschleunigt werden, wenn Sie darum bitten und beten, daß die innere Führung ein aktiver Teil Ihres Lebens werde und Ihnen bei Ihrer eigenen und der Heilung anderer helfen möge. Vertrauen Sie unabhängig vom gegenwärtigen Stand Ihres Talentes darauf, daß Ihre Fähigkeit sich tatsächlich entwickelt und lassen Sie dieser Gabe Zeit, um zu wachsen. Je mehr Sie die Gabe einsetzen, umso schneller wird sie sich entwickeln.

Meine Intuition – meine innere Führung – ist erreicht wenn ich mich geistig und emotional löse, einige Male tief durchatme, mich entspanne, meinen Geist beruhige und in mich gehe, um zu fragen: „Was passiert wirklich hier? Wie kann ich diesem Menschen helfen? Was muß ich tun oder sagen?" Oft, wenn ich sehr entspannt bin und einem Menschen aktiv zuhöre, erscheint mir ein Bild oder ein Eindruck, oder ich höre Worte. Ich kenne Leute, die Düfte riechen oder Farben sehen. In den meisten Fällen wird der empfangene Rat des Rätsels Lösung sein.

Oft, wenn ich Menschen beistehe, empfange ich die Vision eines Elternteiles oder sehe ein früheres Alter im Leben dieser Menschen. Wenn ich frage: „Was geschah zwischen Ihnen und Ihrem/r (Vater/Mutter)?", „Was möchten Sie Ihrem/r (Vater/Mutter) sagen?" oder „Was geschah als Sie (Alter) waren?", brechen die Betroffenen oft in Tränen aus. Die Erinnerung an ein früheres Ereignis und dessen Abschluß setzt die eingesperrte Energie frei und damit wird der Heilprozeß erleichtert.

1986 traf ich einen Mann in Skagway, in Alaska, der an einem wiederkehrenden Schmerz am Fuß litt. Er erklärte, er könne sich nicht an eine Verletzung des Fußes erinnern. Er hatte jedoch festgestellt, daß der Schmerz ihn nie gequält hatte, bevor er ans Meer zog.

Während ich ihm zuhörte, entspannte ich mich und ich sah deutlich die Innenseite der Wölbung eines kleinen Holzbootes mit einer Seilrolle am Boden. Ich schaute und fragte mich, was das zu bedeuten habe und obwohl ich nicht sofort ein Bild erhielt, spürte ich daß dieser Mann, allem Anschein nach in einem früheren Leben, ein Fischer gewesen und neben der Wölbung gestanden war. Irgendwie hatte sein Fuß sich wohl in dem Seil verfangen, so daß er entweder verletzt worden oder über Bord gezerrt und untergegangen war. Nachdem ich meinen Einblick mitgeteilt und eine Aurareinigung vorgenommen hatte, verschwand der Schmerz und meines Wissens tauchte er nicht wieder auf. Das Erstaunliche für mich war, daß diese Unterredung und die Vision stattfanden, während ich auf einer engen gewundenen Straße fuhr.

Wenn Sie den Zugang zu Ihrer inneren Führung erlernen, sichern Sie sich unbedingt das Einverständnis der Behandelten, das Gesehene auch weitergeben zu können. Nachdem Sie Ihren Einblick mitgeteilt haben, fragen Sie immer nach, ob es eine Bedeutung für die Betroffenen hat. Auf jeden Fall müssen Sie sich herannähern, indem Sie Fragen stellen, nicht Aussagen treffen. Dadurch können die Menschen in sich kehren und ihre eigenen Gefühle überprüfen. Die meisten Menschen empfinden eine „Richtig"-Antwort durch irgendeine Art körperlicher oder emotionaler Reaktion in ihrem Körper – ein Spannen in der Magengrube, ein Muskelzucken oder Gänsehaut. Unabhängig von der Reaktion der betreffenden Person sollten Sie sich merken, was und wie Sie etwas empfangen haben, so daß Sie mit der Zeit die Genauigkeit Ihrer Eindrücke beobachten können. Vielleicht verspüren Sie sogar den Wunsch, ein Tagebuch über diese intuitiven Visionen zu führen.

Die besten Heiler werden von innen geleitet. Es erfordert Bereitschaft, ehrliche Rückmeldung zu praktizieren und anzunehmen, um zu lernen, auf die intuitiv empfangenen Informationen zu hören und ihnen zu vertrauen.

Spirituelle Führer und Helfer

Ich empfinde es als außerordentlich stärkend, eine Sitzung mit einem Gebet zu beginnen, indem ich Gott, den heiligen Geist, meine spirituellen Führer, Lehrer und die spirituellen Heiler, die mit mir arbeiten, für diese Sitzung zu Hilfe rufe. Ich bitte auch um die Anwesenheit der Führer der Person, welche die Heilung empfangen soll.

Abhängig von Ihrem Glaubenssystem und Ihrer Bereitschaft, Hilfe anzunehmen, möchten Sie vielleicht Gott, den Heiligen Geist, Jesus, die Mutter Maria, Mutter Erde, Sophia, Erzengel Michael, den Großen Geist, Ihre Höhere Kraft, die Universelle Energie oder einen oder mehrere Heilige anrufen. Es ist wichtig, männliche und weibliche Energien herbeizurufen, damit ein Gleichgewicht erreicht wird. Menschen, die empfindlich auf Energie reagieren, können tatsächlich jede Energie spüren, die herbeikommt, wenn ihre Hilfe erbeten wird. Ich bitte stets, daß sich die Führer, Lehrer und Helfer, die mir zu Hilfe kommen, auf dem Meistergrad des weißen Lichtes oder noch höher befinden mögen und daß sie auf den Willen Gottes, seine Liebe, seine Wahrheit und auf seine Weisheit ausgerichtet seien. Wenn die Heilung vorbei ist, danken Sie den spirituellen Führern für deren Hilfe. Dann bitten Sie Gott, die spirituellen Führer und Heiler für deren Beistand zu segnen und sie freizugeben um dorthin zu gelangen, wo sie am meisten gebraucht werden.

Meiner Erfahrung nach und trotz all meiner Zweifel, Ängste und Unsicherheiten sind die spirituellen Helfer stets gekommen, wenn sie gerufen wurden.

VIII

Der Dialog:
Die Wechselwirkung zwischen Heiler und Empfänger

Um Erlaubnis bitten

Viele Heiler drängen in ihrem überschwenglichen Wunsch zu helfen auf eine Art in die Energiearbeit hinein, die manche Menschen, vor allem jene, die Mißbrauch und Grenzenverletzungen erlebt haben, als beleidigend empfinden können. Unglücklicherweise kann die überschwengliche Energie an Intensität jener ähneln, mit welcher manche Menschen ursprünglich mißbraucht wurden. Diese Ähnlichkeit wirkt unter Umständen auslösend und kann eine Person in ein noch tieferes Trauma und einen noch tieferen Schmerz stoßen. Gelegentlich kann diese Art Auslösung zu einem Werkzeug werden, um, wenn es richtig eingesetzt wird, ein Trauma, das sich in einem Menschen angesammelt hat, aufzudecken und freizusetzen. In manchen Fällen jedoch werden die Empfänger sehr böse auf den Heiler, den sie ähnlich wie ihren Peiniger sehen. Wenn jemand so empfindet, wird er vielleicht unwillig sein, jemals wieder mit diesem Heiler zu arbeiten.

Es erforderte viele Jahre und zahlreiche Fehler bevor ich lernte, abzubremsen und die Dinge erst mit den Betroffenen zu klären. Ich habe gelernt, die Leute zu fragen, ob es ihnen angenehm ist, wenn ich meine Hände auf sie lege, auch auf anscheinend so sichere Stellen wie den Rücken. Mein Ziel ist es, die betreffende Person dahin zu bringen, mit mir bereitwillig und aktiv an ihrem Heilungsprozeß zu arbeiten. Um Erlaubnis bitten trägt dazu bei, eine sichere, offene und vertrauensvolle Beziehung zwischen dem Heiler und dem Empfänger zu schaffen.

Bedenken Sie, daß es immer besser ist, ein wenig langsamer voranzuschreiten, als sich zu schnell zu bewegen und zu riskieren, einen Menschen zu traumatisieren, wodurch sich dieser noch mehr verschließen wird. Wenn

Menschen über die Zone, in der sie sich wohl fühlen, hinausgeschoben werden oder wenn Probleme durch die persönliche Kraft des Heilers und ohne ihre Erlaubnis von ihnen genommen werden, ergibt sich daraus meist ein Rückfall in die gleiche oder eine ähnliche Situtation oder die Entwicklung eines noch schlimmeren Problems.

Aktive Teilnahme

Manche Menschen wünschen eine Heilung zu empfangen, wie sie eine Massage erhalten – das heißt passiv, wobei vom Heiler erwartet wird, die meiste, wenn nicht die ganze Arbeit zu tun.

Dieser passive Zugang ermöglicht keine maximale Stärkung und Unterstützung des Empfängers. Wenn Sie die Leute nicht aktiv in jeden Teil ihres Heilungsprozesses einbeziehen, verweigern Sie ihnen die Möglichkeit, sich selbst um ihre Gesundheit zu kümmern und ihre eigene Fähigkeit zu zeigen, sich selbst zu heilen. Sind die Menschen erst einmal mit diesem Wissen gestärkt, können sie viel mehr Bereiche ihres Lebens heilen als nur das gegenwärtige Problem.

Aktive Mitarbeit bedeutet fragen, was die Menschen empfinden, was sie sehen, wo der Schmerz sitzt, wie sie ihn beschreiben würden und nach anderen Einzelheiten fragen, die sie Ihnen mitteilen könnten. Ermutigen Sie die Menschen stets, aktiv teilzunehmen und so viel Verantwortung wie möglich während der Sitzung zu übernehmen, sogar selbst die Energie zu leiten. Bitten Sie sie, sich mit Ihnen vorzustellen, wie die negative Energie herausgezogen wird und die positive Energie einströmt. Durch häufiges Fragen, was sie fühlen, sehen oder empfinden, lassen Sie die Menschen aktiv an den Vorgängen teilnehmen. Indem Sie dies tun, bleiben die Menschen anwesend und nah an den Dingen, die geschehen. Je mehr aktive Verantwortung ein Mensch in seinem eigenen Heilungsprozeß übernimmt, umso leichter wird dieser vor sich gehen.

Je stärker Schmerz empfunden wird, Energieblockaden beschrieben und Energieströme verbildlicht werden, umso leichter werden Energieblockaden im Körper lokalisiert und die Herausforderung erkannt. Sobald die Aufgabe erkannt wurde, ist es relativ leicht, die Blockaden freizusetzen und zu heilen. Während der Arbeit mit jemandem der eng mit Ihnen kommuniziert, werden Sie sofort merken, ob die gewünschten Veränderungen auftreten und ob die Art, wie Sie mit der Energie arbeiten tatsächlich die Sperren bewegt. In solchen Fällen können die betreffenden Personen Ihnen sagen, wann die Blockade zum Teil oder ganz gelöst wurde, weil sie normalerweise die Sperre in ihrem Körper sehen, fühlen oder empfinden können. Mit dieser Rückmeldung finden Sie möglicherweise auch Wege, Ihre eigenen Heiltechniken zu verbessern. Je mehr die Empfänger die Bilder in lebhaften Farben sehen können, die Töne hören, die Gerüche riechen, den Geschmack schmecken und die Empfindungen fühlen können – mit anderen Worten, je mehr sie vollkommen in der Gegenwart ihres eigenen physischen Körpers bleiben und aktiv an dem Erlebnis teilnehmen – umso leichter wird eine Heilung erfolgen. Ein Vorteil bei dieser aktiven Teinahme ist, daß die Menschen ihre Krankheiten oder Aufgaben geradewegs angehen. Somit stellen sie sich ihren Ängsten und erlauben dem Heiler, ihnen beizustehen, während beide zusammen arbeiten, um die Heilenergie zu bündeln und zu leiten.

Fragen stellen

Viele Menschen sind gewöhnt, Aussagen zu treffen anstatt Fragen zu stellen. Während der Heilarbeit habe ich herausgefunden, daß ich das

Ego der Menschen und die Verteidigungen ihrer Persönlichkeit lange nicht so sehr berühre, wenn ich Fragen stelle als wenn ich Aussagen mache. Durch Fragen werden die Empfänger einbezogen, was sehr wichtig ist für die Bildung von Vertrauen und einer offenen Kommunikation.

Nehmen Sie sich zu Beginn der Heilsitzungen Zeit für die betreffenden Personen und stellen Sie Fragen wie: „Woran würden Sie gerne arbeiten?", „Welche Resultate würden Sie gerne erreichen?", „Wenn Ihr Leben sich änderte, wie würden Sie es neu nutzen oder anders leben?" Diese Fragen zwingen die Leute, sich auf ein Ergebnis zu konzentrieren. Das schafft eine kreative Absicht und richtet den Verstand darauf aus, die übergreifende Heilarbeit zu unterstützen.

Fragen Sie während der Heilung die Menschen, mit denen Sie arbeiten, öfters was sie in ihrem Körper spüren, wo sie es fühlen, welche Farben sie sehen und welche Empfindungen davon ausgehen. Eine solche Rückmeldung liefert Informationen darüber, wie die betreffende Person auf die Energie reagiert und vermittelt ebenfalls Einblicke in die möglichen nächsten Schritte in dem Heilungsprozeß.

Unsere vorgeschichtlichen Ahnen, die als Jäger und Sammler auf dem Land lebten, verließen sich sehr stark auf ihre Gefühle und ihren Instinkt. Ihr bloßes Überleben hing davon ab, wie sehr sie mit ihren Gefühlen und den Empfindungen in ihrem Körper in Fühlung waren. In der heutigen hochstrukturierten, mechanisierten Gesellschaft haben wir die Verbindung zu uns selbst verloren und viele unserer Gefühle unterdrückt. Wir haben unsere Sinne mit Drogen, Alkohol, Zigaretten und Fernsehen betäubt. Fragen stellen darüber, wie sich ein Mensch fühlt, hilft diesem zurückzufinden zu seinen Gefühlen und veranlaßt ihn, Empfindungen in seinem physischen Körper wahrzunehmen.

Obwohl die Empfänger zuerst anhalten und nach ihren Gefühlen suchen müssen, so sind diese doch zu finden. Gefühle sind der Schlüssel zum Hei-

147

lungsprozeß. Sie helfen zu erkennen, was im Körper vor sich geht und wie die Energie sich verändert. Indem Sie Fragen stellen, leiten Sie die Menschen und ermutigen sie, mit ihren Gefühlen in Verbindung zu bleiben und sich der Vorgänge in ihrem Körper bewußt zu bleiben. Das Ermutigen, Veränderungen in der Art, wie sie fühlen, mitzuteilen, hilft den Menschen, die Veränderungen einzufordern. Es versorgt das Bewußte und das Unbewußte mit konkreten Daten zur Bestätigung einer stattgefundenen Veränderung. Dies verleiht dem Heilprozeß Gültigkeit. Oft sehen, fühlen und erleben die Menschen die Energieverschiebungen, die ich fühle, bevor ich diese erwähne.

Wenn ich ein Bild oder einen Eindruck empfange zu dem Problem, an dem jemand arbeitet, kann ich Fragen stellen wie: „Ich habe einen Eindruck über den Bereich an dem wir arbeiten. Kann ich es Ihnen mitteilen? Mein Empfinden zu der Situation ist, daß ... Ist es möglich, daß Sie Ärger bei der Situation empfinden?" Fragen und Dinge überprüfen – im Gegensatz zu feststellen – lädt die Menschen ein, in sich zu gehen und die Dinge erneut für sich zu prüfen, sich Fragen zu stellen, ehrlich mit sich selbst zu sein und hoffentlich Einblicke in die Situation zu erlangen. Indem sie dies befolgen, können sie mehr Klarheit gewinnen oder mehr von dem Bild sehen als Sie es tun.

Vergessen Sie nicht: wenn die Person, mit der Sie arbeiten, mit Ihrer Führung nicht einverstanden ist, so ist das in Ordnung. Haben Sie Vertrauen in sich und folgen Sie Ihrem inneren Gefühl hinsichtlich der Vorgangsweise. Wenn Sie die Erlaubnis nicht haben, gehen Sie weiter vor, ohne die betreffende Person zu drängen oder herauszufordern. Bevor Sie eine Rückmeldung machen, fragen Sie die Person, ob sie wissen möchte, was Sie empfinden und dann – erst nachdem Sie die Erlaubnis bekommen haben – teilen Sie mit, was Sie aufnehmen. Diese Mitteilung könnte das Bewußtsein dieser Person dafür, was sie durchmacht, vertiefen. Seien Sie sich im Klaren darüber, daß die Menschen manchmal keine Beziehung haben zu dem, was in ihrem Leben passiert; manchmal können sie die Situation auch leugnen. In vielen Fällen rufen die Betroffenen später, nach Tagen oder Wochen an und bestätigen die Genauigkeit Ihres intuitiven Wissens.

Gefühle

Ein Spruch im Heilgewerbe besagt, daß „man nicht heilen kann, was man nicht fühlen kann." Leider hat man in unserer heutigen Gesellschaft den meisten von uns – besonders den Männern – beigebracht, sich zu kontrollieren, unsere Empfindungen, Gefühle und unsere Sensibilität zu unterdrücken und zu verstecken. Der soziale Druck hat uns gedrängt, uns zu verschließen, um das Gefühl emotionalen Schmerzes zu vermeiden. Die Medien und die Marketing- und Werbeindustrie haben uns dazu verführt, uns mit Essen, Drogen, Zigaretten, Alkohol, Sex, Fernsehen, Überarbeit und zahllosen anderen Ablenkungen zu betäuben.

Erst wenn wir uns erlauben, wieder zu fühlen, sind wir in der Lage, den Heilungsprozeß zu beginnen. Während wir heilen und lernen, angemessene Grenzen und Beschränkungen für uns und für andere zu setzen, werden wir fähig, als empfindsame menschliche Wesen zu leben, ohne uns selbst aufzugeben oder zuzulassen, daß andere uns verletzen oder kontrollieren.

Wenn die Gefühle der Menschen lange Zeit unterdrückt wurden und sie beginnen, sich wieder auszudrücken, werden sie am Anfang dazu neigen, dies auf eine unbeholfene Art zu tun. Das ist vorauszusehen, da sie diese Fähigkeit lange nicht genutzt haben. Innerhalb kurzer Zeit jedoch und durch Übung werden sie beginnen, ihre Gefühle meistens sicher und auf einem durchaus geschickten Niveau auszudrücken.

Es ist für jeden Menschen in Ordnung, alle seine Gefühle zu fühlen und die empfindsame Person zu sein, die er/sie wirklich ist. Tatsächlich ist es ein Muß, um gesund zu bleiben.

Einen Menschen zum Vertrauen, zum Gefühl und zum Gespräch ermutigen

Drei der wesentlichsten Verhaltensregeln in gestörten Familien sind: vertraue nicht, fühle nicht und sprich nicht. Es ist demnach vollkommen logisch, daß das Ziel des Heilers darin besteht, den Menschen zu helfen sich selbst zu vertrauen, alle ihre Gefühle zu erkennen und zu fühlen und sich sicher genug zu fühlen, um zu kommunizieren und von Herzen zu teilen. Wenn die Menschen sich sicher genug fühlen, um darüber zu sprechen, was sie erlebt haben und wenn sie fähig sind, ohne Angst vor Verurteilung und Kritik, offen ihren Schmerz, ihre Scham und ihre Sorgen zu teilen, wird die Heilung leichter und schneller erfolgen.

Während Ihrer Arbeit sollten Sie die Menschen ermutigen, zu fühlen. Das können Sie erreichen, indem Sie sie bitten, ihre Aufmerksamkeit auf Zonen von Schmerz und Unbehagen im Körper zu lenken. Ich tue dies indem ich die Menschen bitte, in den Schmerz hinein zu atmen und ihn voll zu spüren; ich frage auch, ob sie Bilder, Worte oder Gefühle im Zusammenhang mit dem Schmerz empfangen. Meiner Erfahrung nach wird die Energie des Traumas und die Sperre gelöst, wenn jemand bereit ist, auch nur für eine Sekunde in die Tiefe des Schmerzes hinein zu atmen und seine Tiefe zu berühren. Schmerz und emotionale Blockaden heilen meistens schnell, wenn man sich ihnen stellt, ihnen gegenübertritt und sich mit ihnen auseinandersetzt. Wenn sie geheilt sind, erscheinen diese Fragen oft trivial im Vergleich zu den Problemen und Widerständen, die sie im Leben eines Menschen geschaffen haben.

Ich habe viele Menschen erlebt, die bei dem Gedanken, sich einem Problem oder einer Erinnerung zu stellen, vor panischer Angst erstarrten. In den meisten Fällen sind sie in der Lage, schnell, normalerweise innerhalb von Minuten, durch das Problem hindurch zu gehen, wenn sie ihm erst einmal entgegengetreten sind. Eine Frau, Phyllis, vermied es über ein Jahr lang, eine Sitzung zu vereinbaren, obwohl sie wußte, daß sie Hilfe brauchte und mit mir arbeiten wollte. Als sie schließlich zu mir kam, war sie vor Angst fast hysterisch. Als sie mir erlaubte, mit der Arbeit an ihr zu beginnen, erfolgte der Durchbruch bereits nach Minuten. Indem ich die bildliche Vorstellung einsetzte, ließ ich sie die Augen schließen, sich der Angst ergeben und die Erinnerung an das Erlebnis aufrufen, welches die Angst verursacht hatte. Als das Bild der Erfahrung klar wurde, half ich ihr die Entscheidungen zu sehen, die sie als Ergebnis dieses Erlebnisses getroffen hatte. Dann fragte ich sie, ob diese Entscheidungen ihr nun halfen oder sie behinderten. Als nächstes schauten wir, welche Entscheidungen für sie angemessener wären. Schließlich beschloß sie, nur die besten Entscheidungen beizubehalten. Sie konnte nicht glauben, daß die Frage, die fast dreißig Jahre lang ihr Leben kontrolliert hatte, in wenigen Minuten heilen konnte.

Wenn Gefühle oder Empfindungen hochkommen, fordern Sie dazu auf, in die Ängste hineinzugehen und nicht von ihnen abzurücken, sie somit nicht zu meiden oder zu unterdrücken. Aussagen wie: „Es ist in Ordnung", „Lassen Sie die Gefühle hochkommen", „Atmen Sie in den Schmerz", „Ergeben Sie Sich den Gefühlen", „Es ist gut, ich bin hier", „Sie sind sicher", „Bleiben Sie bei Ihren Gefühlen", „Lassen Sie zu, daß Sie das alles durchmachen helfen der betreffenden Person durch ihre Ängste hindurch und in ihren Schmerz hinein. Das Vetrauen und die Fähigkeit, auf diese Art mit jemandem zu arbeiten, nehmen mit der Zeit zu. Gemeinsames

Arbeiten mit anderen Heilern ist eine ausgezeichnete Methode, Informationen auszutauschen und wertvolle Erfahrung zu sammeln.

Wenngleich es sehr wichtig ist, daß die Menschen über das sprechen, was sie erleben, müssen Sie darauf achten, daß sie nicht in ihrem Verstand hängen bleiben und sich im Drama ihrer Geschichte verlieren. Fragen können dazu beitragen, eine Person aus ihrem Kopf heraus und wieder in Kontakt mit ihren Gefühlen zu bringen. Einige dieser Fragen sind: „Was fühlen Sie nun?", „Was empfinden Sie über das, was mit Ihnen passierte?", „Welche Gefühle sind in Ihrem Körper?", „Welche Empfindungen spüren Sie in Ihrem Körper?", „Wo fühlen Sie das in Ihrem Körper?" Je mehr ein Mensch zurück in seine Gefühle gebracht und dazu ermutigt werden kann, seine Emotionen und seinen Schmerz zu fühlen, umso leichter wird es sein, diese blockierten Emotionen zu befreien.

Sich ergeben – loslassen

Heilung ist ein Vorgang des Loslassens, des sich Ergebens, des vollen Fühlens und der Befreiung von allem Schmerz, allen Ängsten und Sperren. Erst nachdem man seine Emotionen voll gefühlt hat, kann man die in der Erfahrung eingeschlossene Energie freisetzen.

Ungelöste frühere Erfahrungen beeinflussen in hohem Maße, was jemand gegenwärtig fühlt. Die Heilung erfolgt, wenn die Menschen ehrlich zu sich selbst sind, wenn sie sich der Tatsache stellen, daß sie verletzt wurden und wenn sie bereitwillig ihren Schmerz und ihren Zorn fühlen. Bedenken Sie, der wahre Schlüssel zum Heilungsprozeß und zur Veränderung liegt darin, daß die Betroffenen es zulassen, alle ihre Gefühle zu fühlen, loszulassen, sich zu ergeben und sich in ihren Schmerz hinein zu entspannen – zu weinen und alle Gefühle ohne Urteil zu fühlen.

Ich sage den Menschen, daß die gefangene Energie freigesetzt wird, wenn sie bereit sind, auch nur für eine Sekunde die Tiefe ihres Schmerzes zu spüren – so wie die Luft rasch entweicht, wenn man mit einer Nadel in einen aufgeblasenen Ballon sticht.

IX

Fortgeschrittene Talente und Werkzeuge zur Heilung:
Den Heilungsprozeß verstehen und fördern

Die Macht unserer Worte

Worte senden eine machtvolle Botschaft aus – viel machtvoller, als normalerweise angenommen wird. Wir senden ständig diese Botschaften aus, sowohl an die Menschen um uns als auch an unser Bewußtes und Unbewußtes. Worte können benutzt werden, um zu stärken und Kraft zu geben oder um das Ich oder andere zu untergraben (siehe „Kreatives Wollen", „Negative Selbstgespräche" und „Verankerung"). Wenn wir positive Aussagen verwenden, stärken wir unser Selbstbild und unsere Selbstachtung. Positive Aussagen ermutigen uns und helfen uns, eine gesunde Beziehung zu uns selbst und zu unserer Umwelt aufzubauen. Sie bestätigen unseren Wert als menschliche Wesen. Nur wenige erkennen, daß Worte tatsächlich das Denken, die Energiefelder und den Körper vergiften und verschmutzen können, auf sehr ähnliche Weise, wie giftige Chemikalien dem physischen Körper schädigen können.

Unser Verstand ähnelt einem Computer. Es gibt eine Anzeige im Computerfeld: „Abfall rein – Abfall raus". Ich werde eine zusätzliche Eingabe machen: „Wundervolle Dinge hinein – wundervolle Dinge heraus". Der Geist kann wie ein Computer programmiert werden, und ist nur so gut wie die Information, welche eingegeben wird. Wenn wir falsche oder begrenzte Informationen eingeben, werden wir zu falschen Ergebnissen kommen. Wenn wir gute, klare Informationen eingeben, werden unsere Schlußfolgerungen genau sein und wir werden eine realistischere Vorstellung davon haben, wie die Welt funktioniert. Je positiver und liebevoller der Input ist, den wir unserem Verstand eingeben, umso friedvoller, reicher und erfolgreicher wird unser Leben sein.

Hier sind einige Beispiele positiver und negativer Worte und Aussagen:

Positiver Ansatz	Negativer Ansatz
Herausforderung	Problem
erwartungsvoll	besorgt
aufgeregt	ängstlich
segnen	verdammen
wohlhabend	pleite
wenn	falls
ich mache es jetzt	ich werde es versuchen
ich kann/werde es tun	ich kann nicht
ich werde mich daran erinnern	ich vergaß
ich entschuldige mich	es tut mir leid
verlegt	verloren
interessiert sein	besorgt sein

„Aber" ist ein häufig gebrauchtes Wort, das jedes positive Wort herabsetzt, das ihm vorausgeht. So habe ich zum Beispiel die Leute sagen gehört: „Es geht mir besser, aber ich weiß, daß es nicht lange dauern wird." Die Worte „Es geht mir besser" werden durch das Wörtchen „aber" herabgesetzt und die wahre Botschaft wird „ich weiß, daß es nicht lange dauern wird." Wenn ich jemandem zuhöre, der oft das Wort „aber" gebraucht, komme ich mir vor wie beim Autofahren mit einem Fahrer, der ständig zwischen Gaspedal und Bremse wechselt. Horchen Sie, wie die Leute das Wörtchen „aber" verwenden und Sie werden sehen, wie sie ihre Macht aufgeben, sich selbst bremsen oder die positiven Botschaften, die sie sich selbst zukommen lassen wollten, herabsetzen.

Die Psyche – negative Worte

Das Bewußte hat die Fähigkeit, zwischen einem positiven und einem negativen Wort zu unterscheiden. Das heißt, wenn man jemandem sagt, etwas nicht zu tun, kann der bewußte Verstand das begreifen und die Anordnungen befolgen.

Das Unbewußte jedoch verarbeitet oder verinnerlicht keine negativen Worte – wie „nein", „nicht", „nie" – in den Wortbildern, die es erschafft. Das heißt, wenn die Menschen sich oder jemand anderem einen Befehl geben und dabei ein negatives Wort verwenden, geht es geradewegs ins Unterbewußte, als ob es positiv wäre.

Die Angabe „Denk nicht an einen rosa Elefanten" bringt das Unbewußte dazu, vorerst das Bild des rosa Elefanten zu formen. Das muß es tun, um einen Bezugspunkt herzustellen und um zu wissen, worum es geht. Ist das Bild erschaffen, versucht das Unbewußte es wieder zu löschen, um das Verlangte zu erfüllen. Es ist offensichtlich – wenn Sie jemandem helfen wollen, ein negatives Muster zu entfernen, werden Sie das Muster im Kopf der betreffenden Person nicht noch stärker betonen wollen, indem Sie ein lebhaftes Bild schaffen, das ihr nichts nützt.

Eine Aussage wie „Ich werde nicht dicker" wird im Unbewußten übersetzt mit „Ich werde dicker". Eine bessere Art der Programmierung wäre zu sagen „Ich werde jeden Tag auf jeden Fall immer schlanker." Ein anderes Beispiel; „Ich werde keinen Krebs mehr bekommen" wird übersetzt mit „Ich werde Krebs bekommen". Ein bessere Satz wäre: „Ich werde jeden Tag auf jeden Fall immer gesünder." Solche Aussagen werden sowohl das Bewußte als das Unbewußte auf eine positive Art programmieren.

Kürzlich in einer Szene im Fernsehen wurde ein im Koma liegender Mann von mehreren Menschen, darunter auch von seinem jugendlichen Sohn, angefleht: „Stirb nicht, bitte, stirb nicht." Sie hatten keine Ahnung, daß sie in Wirklichkeit diesen bewußtlosen Mann zum Sterben programmierten. Eine viel bessere Ermutigung wäre gewesen: „Es geht dir gut, du wirst es schaffen. Dein Körper heilt sehr schnell; du wirst sehr bald das Bewußtsein wieder erlangen."

Die Psyche funktioniert auf eine sehr folgerichtige, systematische Art und Weise, ähnlich wie ein Computer. Je besser der Heiler diese Arbeitsweise versteht und in deren natürlichem, wirkungsvollem Prozeß arbeitet, umso leichter wird es sein, anderen darin beizustehen, alte negative Gewohnheiten und Muster zu lösen und sie durch gesunde und positive zu ersetzen.

Negative Selbstgespräche

Das negative Selbstgespräch, das Geschwätz im Kopf, gehört zu den destruktivsten Gewohnheiten, die wir haben, weil es fast unmöglich ist, es abzuschalten oder sich einfach von ihm zu entfernen. Dieses Geschwätz begleitet uns Tag und Nacht, es stört uns und zerreißt unser Selbstbild und unsere Selbstachtung. Geschwätz kann viele Quellen haben: Eltern, Geschwister, Autoritätsfiguren, das Ich und die anderen.

Oft drängen uns Eltern oder andere Menschen Erwartungen auf oder benutzen uns als Ventile für Zorn, Schmerz oder Frustationen in ihrem eigenen Leben. Ein solcher Mißbrauch kann verbal oder non-verbal ausgedrückt werden. Mit der Zeit können Kommentare wie „Du bist häßlich", „Du bist dick", „Du bist dumm", „Du kannst das nicht", „Laß es, das wird sowieso nicht klappen", „Du zählst nicht", „Nichts was du tust wird je von Bedeutung sein", „Niemand liebt dich wirklich", „Du bist nicht wichtig", „Du wirst es nie schaffen" unser Selbstbild und unser Selbstvertrauen ernstlich schwächen und sogar zerstören. Das gilt vor allem bei Kindern und bei anderen Menschen, die emotional nicht stark genug sind, um sich zu verteidigen. Kinder haben übernatürlich offene Energiefelder und sie nehmen das, was „die großen Leute" über sie sagen, als absolute Wahrheit an. Schließlich verinnerlichen sie diese mißbräuchlichen Aussagen und beginnen, sie vor sich selbst zu wiederholen.

Die Auswirkung von negativem Selbstgespräch wird noch zerstörerischer, wenn wir diese mißbräuchlichen Aussagen von „Du bist ....." annehmen und sie als „Ich bin ....." verinnerlichen. In diesem Vorgang werden die Urteile und die Kritiken der anderen in unser Selbstgespräch aufgenommen. Ein kritischer Punkt ist erreicht, wenn wir beginnen, die Worte der anderen nicht mehr in der zweiten Person – „du bist" – , sondern aus der Sicht der ersten Person – „ich bin" – zu wiederholen. Jemand sagt uns „Du bist dumm", und unsere Psyche verwandelt es zu „ich bin dumm." Das ist keine leichte, sondern eine wesentliche Verschiebung, während der wir die Unwahrheit über uns selbst verinnerlichen, das heißt in unser Bewußtes und Unbewußtes aufnehmen.

Negatives Selbstgespräch umzukehren und wegzuräumen erfordert Einsatz, Entschlossenheit, Übung und die Bereitschaft anzunehmen, daß die Mißbrauch ausübenden Menschen und andere Leute sich irren. Je besser wir uns unserem negativen Selbstgespräch stellen, ihm sagen können, daß es „aufhören!" soll, je mehr wir den Menschen hinter den Stimmen sagen, daß sie sich irren und beginnen, unser verwundetes Ich wiederzugewinnen, umso schneller werden wir heilen.

Bejahungen, Tagebuch führen, Meditieren und innere Kindesarbeit unterstützen die Reise zurück zu vollkommener Gesundheit. Wir können unser negatives Selbstgespräch leiser werden oder ganz verstummen lassen und uns gegenüber den Stimmen in unserem Kopf behaupten, indem wir laut oder stumm aufschreien: „Stop", „Seid still", „Eure Arbeit ist getan", „Es wird Zeit für Euch zu gehen!" Diese Bereitschaft sich dem Selbstgespräch zu stellen ist wesentlich, um die negativen Programmierungen zu besiegen. Ein Freund erzählte daß er jedesmal, wenn er eine negative Stimme in seinem Kopf hörte, dieser einfach und sehr ruhig entgegnete: „Danke für die Mitteilung – nun sei still und geh weg."

Es gibt andere Ansätze um negatives Selbstgespräch zu heilen. Sie können meditieren und Gott oder die Höhere Macht um Hilfe bitten, um Ihren Geist zu beruhigen. Eine andere Möglichkeit besteht darin, das Führen eines Tagebuches und Meditation miteinander zu verbinden, um mit der Quelle des negativen Selbstgesprächs in Berührung zu kommen und mit ihr zu kommunizieren, sie zu fragen, wo sie herkommt und was sie will. Wenn Sie diese Antworten kennen, können Sie die Stimme heilen, indem Sie für deren Heilung und Lösung beten, und indem Sie beginnen, jene Botschaft zu programmieren, die Sie haben möchten.

Bewußtes Atmen, langsames und tiefes Atmen, kann ebenfalls die Energie verändern. Sagen Sie sich beim Einatmen „Ich bin", beim Ausatmen „Frieden." Wiederholen Sie das mindestens 5 – 15 Minuten lang. Es vermittelt eine positive Programmierung und ein Selbstgespräch, welche die Ausrichtung Ihrer Psyche verändern und die Macht des negativen Selbstgesprächs herabsetzen können.

Ein anderer Ansatz ist, genau auf Ihr Selbstgespräch zu achten. Wenn es negativ wird, ändern Sie Ihre Konzentration und verwickeln Sie diese in eine Tätigkeit, die Ihre volle Aufmerksamkeit und körperlichen Kräfte erfordert, wie zum Beispiel laufen, schwimmen, Tennis spielen oder segeln. Sie können Ihre Ausrichtung auch ändern indem Sie jemandem helfen, der in Not ist.

In meinem eigenen Leben, und besonders während der Arbeit an diesem Buch, habe ich mit meinem eigenen negativen Selbstgespräch gekämpft, wie „Du bist nicht gut genug," „Du wirst nie gut genung sein," „Was du tust und sagst hat überhaupt keine Bedeutung," „Niemanden interessiert das," „Es wird nie gut genug sein," „Alles was du sagst, hat schon jemand vor dir gesagt." Das Schreiben an diesem Buch und die Verpflichtung, es zu beenden, brachte eine ungeheure Menge an negativen Kindheitserinnerungen auf, mit all ihrem negativen Selbstgespräch und den begleitenden physischen und emotionalen Traumata. Ich tat mein Bestes, um auf das Projekt ausgerichtet zu bleiben, während ich mit Freunden, Kollegen, anderen Heilern und vielen anderen Helfern daran arbeitete, durch meinen Widerstand hindurch zu gehen. Ich bin sehr glücklich sagen zu können, daß dieses Vorhaben auch sehr viel Freude in mein Leben gebracht hat, und daß es dies auch noch in Zukunft für viele Jahre tun wird.

Verankerung

Verankerung ist ein Begriff, der die Herstellung einer Reiz-Antwort-Verbindung bedeutet. Ist eine solche Verbindung einmal hergestellt, wird eine Person ohne sich dessen bewußt zu sein, jedesmal automatisch aktiviert, wenn der Anreiz auftritt. Der berühmte Wissenschaftler Pavlov schaffte eine Reiz-Antwort-Beziehung bei Hunden, indem er bei jeder Fütterung eine Klingel ertönen ließ. Schließlich klingelte er, ohne die Hunde zu füttern. Als die Klingel läutete, sonderten die Hunde Speichel ab, als ob sie gefüttert würden. Der Zusammenhang Anreiz-Antwort zwischen der Klingel und dem Füttern war auf einer so tiefen Ebene hergestellt worden, daß die Reaktion unbewußt, unmittelbar und unkontrollierbar auftrat. Ein anderes Beispiel für Verankerung ist die Geschichte von dem Baby-Elefanten und der Kette.

Menschliche Wesen reagieren auf Anreize auf die gleiche Art. Ein Beispiel für negative Verankerung ist wenn Kinder nur dann unbedingte Liebe erfahren, wenn sie krank oder verletzt sind; sie werden als Erwachsene jedesmal krank werden oder sich verletzen, wenn sie unbedingte Liebe wollen oder brauchen. Sie können dieses unbewußte Verhalten ihr ganzes Leben lang wiederholen, ohne je bewußt zu erkennen, weshalb sie krank werden.

Ein weiteres Beispiel negativer Verankerung ist, wenn Eltern einem Kind immer dann etwas zu essen geben, wenn es Angst hat, verletzt oder unruhig ist und wenn sie ihm erklären, daß es sich damit besser fühlen wird. Nach drei- oder viermal ist ein solches Muster verwurzelt und kann verheerende Auswirkungen während des ganzen Lebens auf das Gewicht solcher Menschen haben. Man bringt ihnen bei, ihre Gefühle niederzudrücken indem sie Essen in sich hineinstopfen. Ein Mensch, der auf diese Weise programmiert wurde, hat nicht gelernt, seine Gefühle zu spüren, sie auszudrücken oder sie auf eine gesunde Art durchzuarbeiten.

Eine positive Verankerung erfolgt, wenn man für eine erfolgreich erledigte Aufgabe eine Belohnung erhält, so wie Tierdresseure ihre Seehunde, Delphine oder Hunde mit Essen belohnen, wenn sie erfolgreich einen Trick vorgeführt haben. Jeder kann diesen Ansatz zu positiver Programmierung nutzen, indem man sich mit besonderen Freuden für die erfolgreiche Erledigung einer Aufgabe belohnt. Diese besonderen Belohnungen können Dinge sein wie eine verbale eigene Beglückwünschung, ein Klopfer auf die Schultern, ein Besuch im Kino oder am Strand, sich ein Essen im Restaurant oder sogar einen Urlaub gönnen. Solche Belohnungen fördern die Erledigung der Aufgabe.

Verankerung – eingebettete Befehle

Eingebettete Befehle sind Aussagen oder Sätze, die unmittelbar ins Unbewußte gehen. Üblicherweise werden solche Aussagen durch Autoritätspersonen getroffen, heftig und ohne Vorwarnung. Wenn sie auf diese Weise

ausgedrückt werden, können solche Behauptungen direkt in das Unbewußte gleiten und dabei die Filter des Bewußten mit wenig oder gar kei-
nem Widerstand umgehen. Eingebettete Befehle sind dann besonders
destruktiv, wenn der Empfänger keinen starken negativen Kommentar
erwartet und völlig überrumpelt wird. Unglücklicherweise werden diese
Befehle automatisch als Tatsachen akzeptiert, sobald sie im Unbewußten
gelandet sind. Die negative Botschaft wird besonders verstärkt, wenn diese
Aussagen von einer Autoritätsperson stammen, von einem Elternteil,
einem Lehrer, dem Chef oder einem Arzt oder Therapeut.

Negative eingebettete Befehle oder Einwürfe – wie „Du brauchst Hilfe,"
„Du bist kränker als du glaubst," „Du wirst sterben," „Du wirst es nie zu
etwas bringen," „Du bist dumm," „Du bist gefühllos" usw. können unser
Selbstbild und unsere Selbstachtung zerstören, besonders wenn sie mit starken negativen Emotionen ausgesprochen werden. Zuerst wird unser Verstand davon betroffen sein. Dann werden unsere Emotionen und unser
phyischer Körper unter den Auswirkungen der negativen Behauptungen
leiden. An diesem Punkt wird unser Selbstvertrauen zerstört und schließlich unser Geist gebrochen.

Positive eingebettete Befehle können aufbauend wirken und den Heilungsprozeß beschleunigen. Aussagen wie „Du bist besser in Form als du
denkst," „Du hast es fast überstanden," usw. können eine Heilsitzung positiv verstärken. Andere positive eingebettete Befehle – wenn etwa ein Trai-
ner „Los" schreit, bevor jemand ein Seil hochklettern soll – können als
Hilfe erscheinen: in Wirklichkeit jedoch nehmen sie dem betreffenden
Menschen das Gefühl für seinen eigenen richtigen Zeitpunkt.

Bejahungen

Bejahungen sind gesprochene oder geschriebene Worte oder Wortbilder, die ein bestimmtes Resultat angeben. Sie unterscheiden sich von der Visualisierung, der bildlichen Vorstellung, die das Schaffen eines lebhaften Bildes in der Vorstellung bedeutet. Bejahungen sind eine Form des Programmierens und können sehr wirkungsvoll eingesetzt werden, vor allem nachdem eine Heilung negative Energie und alte Muster gelöst hat. Bejahungen sind machtvoller, wenn sie öfters wiederholt werden, mindestens einmal am Tag über eine ausgedehnte Zeitspanne. Sie wirken am besten wenn man sie am Morgen beim Aufwachen spricht, beim Mittagessen und als Letztes, bevor man am Abend zu Bett geht. Je öfter man eine Bejahung spricht, besonders am frühen Morgen und spät am Abend, umso leichter wird sie in unser Unterbewußtsein dringen. Eine Bejahung aussprechen, morgens, mittags und abends, jeweils dreimal wiederholt und dies während dreißig Tagen, kann lebensverändernde Resultate bringen.

Der Verstand und der Körper können auf Widerstand schalten, wenn die Bejahungen beginnen, Ihre Wahrnehmung zu verändern. Dieser Widerstand kann in Form von Müdigkeit auftreten, von Mutlosigkeit (es wird ja sowieso nichts nützen) oder in Form von Ablenkung, so daß Sie es nicht durchziehen können. Wiederholen Sie die Bejahung dreißig Tage lang. Wenn Sie einen Tag oder eine Sitzung verpassen, sprechen Sie weiter die Bejahung, ohne entmutigt zu sein oder Widerwillen zu empfinden. Fahren Sie einfach fort, wo Sie stehengeblieben sind. Bedenken Sie, daß einiger Widerstand normal und natürlich ist. Er zeigt auf, wo Ihre negative Programmierung besteht.

Beispiele von Bejahungen sind:

„Ich fühle mich in jeder Hinsicht von Tag zu Tag besser."

„Ich bin ein vollständiges und perfektes Kind Gottes."

„Ich bin perfekt so wie ich bin und ich beschließe, weiter zu wachsen und meine vollen Möglichkeiten zu entfalten."

„Der Geist geht mir voran, er macht meine Wege leicht, harmonisch und erfolgreich."

„Ich (Ihr Name) bin nun bereit, mich zu lieben, zu ehren und zu achten, mindestens so viel, wie ich bereit bin, andere zu lieben, zu ehren und zu achten."

Vergebung

Vergebung ist ein weiterer wichtiger Schlüssel zum Heilungsprozeß. Vergebung gewähren bedeutet nicht, daß man mit irgendeiner Form von Gewaltanwendung, die stattgefunden hat, einverstanden ist, über sie hinwegsieht oder sie herabspielt; es bedeutet auch nicht, daß man mit der betreffenden Person eine enge Beziehung eingeht oder sie jemals wiedersehen wird. Es bedeutet vielmehr, hinter die Handlungen zu schauen und die Vollkommenheit des Geistes oder der Seele dieses Menschen zu sehen. Der Zweck des Erdendaseins liegt darin, das Leben aktiv zu leben, aus jeder Erfahrung zu lernen und dann die angemessene Wahl zu treffen. Vergebung erkennt die Möglichkeit an, daß ein Mensch Fehler begehen kann, daß er daraus lernen und sich ändern kann. Wenn wir jemandem verzeihen, halten wir das kreative Wollen nach Vollkommenheit dieses Menschen hoch, ohne die negativen Aspekte seiner Unvollkommenheiten zu betonen.

Wenn wir in Verurteilung, Ablehnung, Angst, Verletzung, Zorn oder Groll verhaftet bleiben, verfangen wir uns in der Person, die uns verletzt hat. Außerdem hält das den Strom der negativen Emotionen und der negativen Energie solange aufrecht, bis sie gelöst werden.

Zorn und Groll sind Gifte, die toxische Auswirkungen im Körper schaffen. Wenn wir an ihnen festhalten, treffen wir nur uns selbst – nicht den Menschen, der uns verletzte. Diese negative, giftige Energie äußert sich mit der Zeit in Krankheit. Indem wir vergeben, befreien wir uns aus dem Kreislauf des Zorns und der Rache und wir setzen die giftige Energie aus unserem Körper frei.

Anmerkung: Das ist der Grund, weshalb manche Menschen eine Heilungskrise durchmachen, nachdem ein wesentlicher Durchbruch in ihrem Heilungsprozeß stattgefunden hat. Selbstfürsorge während einer Heilungskrise umfaßt Dinge wie viel Flüssigkeit trinken, sich ausruhen und von belastenden Situationen fernhalten. Bitte denken Sie daran, daß eine solche Krise ein Zeichen einer wichtigen, positiven Heilung und kein Grund zur Panik ist.

Wenn Menschen tiefer in ihre Emotionen eintauchen können, brechen sie meistens in Tränen aus, wegen des Schmerzes und der Enttäuschung, die freigesetzt werden. Manchmal haben sie Angst, daß man ihnen wieder Gewalt antun wird. Tun Sie in diesem Fall Ihr Bestes, um ihr Selbstvertrauen zu stärken, indem Sie ihnen versichern, daß sie nunmehr auf sich selbst aufpassen können: sie sind älter und stärker, sie können nein sagen und angemessene Beschränkungen und Grenzen aufstellen. Erinnern Sie die Menschen daran, daß sie nicht die gleichen als zum Zeitpunkt des Mißbrauches sind. (Siehe noch einmal den Abschnitt „Gefangen in der Zeit").

Vergebung unterbricht die Energieverbindung und den Kreislauf des Zornes zwischen dem Gewaltanwender und dem Mißbrauchten. Vergebung hilft auch, den Kreislauf eines ewigen Opfers zu durchbrechen und hilft den Betroffenen, die Kontrolle über ihre eigene Energie zu übernehmen.

Jeder von uns hat Dinge gesagt oder getan, die er bereut. Oft wünschen wir uns, daß wir sie zurücknehmen könnten. Was aber, wenn die anderen Menschen nicht bereit sind, uns zu verzeihen und im Leben weitergehen? Wir alle sind irgendwann einmal zurückgegangen, um uns für unsere Handlungen zu entschuldigen, um Vergebung zu bitten. Was nun, wenn keiner dem anderen verzeiht – wie würde das Leben aussehen, wenn wir alle diesen Zorn und diesen Groll mit uns herumtragen? Hätten wir jemals wieder einen besten Freund oder eine beste Freundin?

Es gibt Geschichten über Jesus oder andere große Lehrer, die ihre Zeit mit Mördern, Prostituierten und Dieben verbringen. Boten sie diesen Menschen nicht auf eine neue Art Vergebung an für deren frühere Taten und baten sie diese nicht, sich selbst zu verzeihen, ihre Herzen zu öffnen und heimzukehren – „zurück in die Gesellschaft?"

In der Vergebung sieht man eine Person als eine reine, vollkommene, liebende Seele, die selbst verletzt und mißbraucht und der Gewalt angetan wurde. Aufgrund dieser Geschichte, die in der Familie über Generationen weitergegeben wurde, hat die betreffende Person ein gestörtes Verhalten entwickelt. Das ist die einzige Art des Seins, die sie im Leben kennt, es ist das einzige Rollenmodell, das ihr zur Verfügung steht. In den meisten Fällen ist der Mißbrauch der gleiche wie jener, dem der Mißbrauch Verübende selbst in seiner Kindheit ausgesetzt war. Wenn Sie alles auf diesen Aspekt ausrichten, halten Sie das Negative aufrecht und nähren es. Wenn Sie der Seele – dem Geist – vergeben, schicken Sie einen Weckruf aus, indem Sie unbedingte Liebe aussenden, welche eine Bewegung in die richtige Richtung auslösen kann. In jedem Fall erlöst die Vergebung den verletzten Menschen und ermöglicht es ihm, sein Leben ohne das „schwere Extragepäck" aus Verletzung, Schmerz und negativen Emotionen weiterzuleben.

Vor Jahren gab es einen Attentatversuch auf den Papst, bei dem der Papst schwer verletzt wurde. Nach seiner Genesung von der Schußverletzung ging er in die Zelle seines Fast-Mörders. Gegen die Empfehlungen seiner Berater bat er darum, mit dem Mann allein gelassen zu werden. Konnte der Papst hinter die Tat schauen und die gestörte Seele dieses Mannes sehen? Ich glaube, daß er der Seele dieses Menschen verzieh.

Weil Aussagen der Vergebung meistens eine bestimmte Person betreffen, sind sie mächtiger, wenn man den Namen dieses Menschen verwendet.

Aussagen der Vergebung

1. *Ich (Ihr Name) vergebe (Name der betreffenden Person) nun, daß sie/er mich verletzt hat. Ich empfinde, daß das, was Du mir angetan hast, falsch war und mich tief verletzte. Ich (Ihr Name) segne und erlöse (Name der betreffenden Person) zu ihrem/seinem Besten und ich segne und erlöse mich jetzt sofort zu meinem Besten! Und so sei es.*

2. *Ich (Ihr Name) vergebe mir selbst absolut und vollständig meine (Tat). Ich verzeihe mir jetzt sofort!*

3. *Ich (Ihr Name) vergebe (Name der betreffenden Person) ihre/seine (Tat oder Handlung). Ich verzeihe ihr/ihm jetzt sofort!*

4. *Ich (Ihr Name) vergebe jedem, der mich jemals seit Anbeginn der Zeiten auf irgendeiner Ebene und in irgendeiner Form verletzt hat. Ich verzeihe ihnen jetzt sofort absolut und vollständig!*

5. *Ich (Ihr Name) bitte jeden um Vergebung, den ich jemals seit Anbeginn der Zeiten auf irgendeiner Ebene und auf irgendeine Art verletzt habe. Ich bitte jetzt sofort um Vergebung und nehme sie an. Ich (Ihr Name) vergebe mir selbst nun absolut und vollständig alles, was ich je getan habe.*

6. *Ich (Ihr Name) vergebe mir all den Schmerz und das Leiden, die ich mir selbst seit Anbeginn der Zeiten auf allen Ebenen und auf jede Art angetan habe. Ich vergebe mir jetzt sofort!*

7. *Ich (Ihr Name) bin nun bereit, das Bedürfnis nach (Bezeichnung der Sucht, des Schmerzes, der Angst oder des Problems) aus meinem Leben zu befreien. Ich (Ihr*

Name) setze es nun frei und akzeptiere und vertraue darauf, daß Gott, der Heilige Geist und der Lebensprozeß mir beistehen werden, um zu heilen und meine Bedürfnisse und Wünsche auf gesunde Weise zu erfüllen.

Visualisierung/imaginatives Bilderleben

Die Visualisierung ist entweder die Erschaffung eines neuen, lebhaften Bildes in der Vorstellung oder der Vorgang des Aufrufens einer vergangenen Erfahrung durch ein imaginatives Bilderleben. Wenn sie eingesetzt wird, um eine Heilung zu bewirken oder um eine bestimmtes Resultat zu zeigen, wirkt die Visualisierung am besten durch das Erschaffen von lebhaften, drei-dimensionalen Farbbildern in der Vorstellung, unter Einsatz von möglichst vielen Sinnen. Werden diese Sinne aktiviert, so kann das Unterbewußte die Visualisierung leichter als eine tatsächliche Wirklichkeit akzeptieren.

Erlernen wir die Technik der Visualisierung, so können wir diese Fähigkeit einsetzen, um ein lebhaftes bewegtes Bild in der Vorstellung zu schaffen, um uns zu helfen, uns an frühere Ereignisse zu erinnern und sie neu zu erleben. Mit diesem Ansatz können wir Einblicke erlangen in die Herausforderungen und die Schmerzen in unserem eigenen Leben und dem der anderen. Wir können das imaginative Bilderleben auch einsetzen, um diese Erinnerungen, die durch das Bewußte blockiert wurden, freizusetzen. Sowohl die Visualisierung als auch das Bilderleben in der Vorstellung können als machtvolle Werkzeuge benutzt werden, um die Psyche neu zu programmieren und mit neuen Mustern zu vesehen, indem man positive Bilder in sie hinein versetzt. Tatsächlich kann die Psyche keinen Unterschied erkennen zwischen imaginativem Bilderleben, Visualisierung und Wirklichkeit.

Die meisten Menschen erleben Zeiten, in denen sie wegtreiben und einen Augenblick einhalten müssen, um sich daran zu erinnern, wer und wo sie sind. Während dieser Zeiten – wenn Sie tagträumen, einen guten Film anschauen oder auch wenn Sie im Schlaf träumen – sind die Menschen so vertieft in das, was geschieht, daß der Geist die Illusion nicht mehr von der Wirklichkeit trennen kann. In der Fähigkeit des Geistes, lebhafte Filmbilder zu erschaffen und diese als Wirklichkeit anzunehmen, die Vergangenheit auszulöschen und negative Erfahrungen neu zu programmieren liegt der Grund, weshalb der Einsatz der Visualisierung so wertvoll ist. Obwohl die Technik der Visualisierung am wirkungsvollsten ist, wenn direkt mit einem fähigen Heiler gearbeitet wird, können Sie sich auch selbst durch den Prozeß führen. Im Handel erhältliche Audio- und Videokassetten können als Hilfe verwendet werden, um positive Visualisierungen zu schaffen. (Siehe Liste am Ende des Buches).

Farben

Verschiedene Farben haben unterschiedliche Schwingungen, die man einsetzen kann, um den Heilungsprozeß zu verstärken. Bevorzugte Heilfarben sind smaragdgrün, weiß, gold, violett und rosa. Smaragdgrün ist die Farbe der Heilung und des Herzzentrums. Weiß bedeutet Reinheit und Spiritualität. Gold steht für Weisheit und Erleuchtung. Violett bedeutet Verwandlung und Umbildung, rosa unbedingte Liebe. In vielen Heiligenbildern sind diese Farben sehr wichtig.

Lassen Sie die Menschen, mit denen Sie arbeiten, eine Heilfarbe visualisieren, die in ihren Körper strömt; spüren, wie diese Farbe in den Schmerzbereich oder die Blockade eindringt, die Problemzone sättigt, den Schmerz und die negativen Muster aufbricht und wegwäscht. Nachdem das Negative geschmolzen und reingewaschen wurde, sollen sie sich die Heilfarbe vorstellen, welche sie in Verbindung setzen zum besten Auffüllen des Bereiches, der Heilung erfordert.

Bei den Visualisierungen negativer Energie sehe ich normalerweise die Farben Rot, ein trübes Braun oder Schwarz – die Farben des Zorns, der Angst, des Schmerzes, der Entzündungen und des Negativen. Wenn ich Energie hinausziehe, kann ich den Vorgang der Freisetzung an der Intensität und die Schattierung der verbleibenden Farbe erkennen. Kann die Person, mit der Sie arbeiten, gut empfinden oder visualisieren, wird ihre Rückmeldung über die Schattierung und die Intensität der Farben Einblick geben in den Vorgang und in den Erfolg Ihrer Heilarbeit.

Während die Heilung fortschreitet, ist es wichtig, die ausströmende negative Energie und die Farben zu sehen und zu empfinden, bis die Energie abnimmt und die Farben klar und rein werden. Sättigen Sie dann den Bereich mit einer Heilfarbe. Vergessen Sie nicht, je mehr Sinne Sie während des Heilprozesses einsetzen, umso leichter und tiefgehender wird die Heilung erfolgen.

Atmen

Atmen ist nicht nur lebensnotwendig, sondern auch ein entscheidender Hinweis darauf, wie ein Mensch mit dem Leben umgeht und wie er sich seinen Herausforderungen stellt. Nur wenige atmen tief, regelmäßig und entpannt. Oberflächliches Atmen und Zurückhalten des Atems sind starke Anzeichen von Angst und Spannung im Körper und dafür, daß ein Mensch seinen Schmerz wegsteckt.

Wenn der Empfänger beginnt, seichte Atemzüge zu machen oder regelmäßig zu atmen aufhört, bitten Sie ihn sofort, einige Male tief durchzuatmen. Ermutigen Sie ihn dazu, sich selbst zu erlauben, das zu fühlen, was vor sich geht, sich in seine Gefühle hinein zu entspannen und dann in den Schmerz hinein und durch ihn hindurch zu atmen.

Sich während des Einatmens Heilenergie und eine Farbe wie zum Beispiel gold, smaragdgrün oder rosa vorzustellen, kann dazu beitragen, alte Muster, alte Sperren und alles im Körper gespeicherte Negative aufzubrechen. In einen Bereich von Schmerz oder Blockaden hineinatmen wird das Negative im Zusammenwirken mit heilender Energie normalerweise innerhalb von Minuten aufbrechen.

Arbeit mit dem inneren Kind

Unser inneres Kind ist der Teil von uns, der, sofern er gesund ist, spontan, lebendig, kreativ und abenteuerlustig ist. Dieses innere Kind unterscheidet sich von dem wirklichen Kind, das ein Trauma erlebte. Dieses Kind existiert in jedem von uns und ist psychologisch, emotionell und spirituell ein Teil der ganzen Person. Durch bildliche Vorstellung, verbale Zwiegespräche, Empfinden und Schreiben, geführte Meditation, Spielen mit Puppen und Zeichnen von Bildern können wir mit unserem inneren Kind kommunizieren. Die dabei erhaltenen Informationen können die Heilung erleichtern und beschleunigen.

In manchen Menschen ist das innere Kind lebendig, spontan, gesund und gut angepasst. Solche Menschen sind erfolgreich, glücklich und fähig zu gesunden Beziehungen. Dieses innere Kind kann auch mit einem Menschen kommunizieren; es verlangt nach dem, was es will und ist frei zu sagen, was es fühlt. Menschen mit einem gesunden inneren Kind sind normalerweise ruhig, konzentriert und besitzen Selbstvertrauen. Menschen, die eine traumatische Kindheit erlebt haben oder in dieser Zeit nicht gelernt haben, gesunde zwischenmenschliche Fähigkeiten zu entwickeln, können ein verwundetes inneres Kind haben, das verängstigt und unsicher ist. Solch ein Erwachsener wird in der Regel im Alltag schlecht zurechtkommen. Zeichen eines verwundeten oder versteckten inneren Kindes sind das Fehlen von Erfolg, Unzufriedenheit, die Unfähigkeit, enge Beziehungen einzugehen und aufrecht zu erhalten und die Unfähigkeit, zu erkennen, was man wirklich möchte, danach zu fragen und es zu bekommen. Solche Menschen neigen dazu, zerstreut, unkonzentriert und unsicher zu sein.

Um das Alter und den Gesundheitszustand eines inneren Kindes zu bestimmen, bitten Sie den betreffenden Menschen, die Augen zu schließen, einige Male tief durchzuatmen und seinen Verstand zu beruhigen. Dann soll er sich selbst fragen, ob sein inneres Kind bereit ist, sich mit ihm zu verständigen. Warten Sie eine „Ja" oder „Nein" Antwort ab. Lautet die Antwort „Ja", lassen Sie danach fragen, wie es ihm geht und was es braucht. Ist die Antwort „Nein", lassen Sie nachfragen, was das innere Kind von dem betreffenden Menschen braucht, um kommunizieren zu können. Fragen Sie in beiden Fällen mit sanfter, freundlicher Stimme weiter, ständig ihm und dem Kind dankend, daß sie vertrauen und kommunizieren.

Aufzeichnungen führen

Aufzeichnungen führen ist ähnlich wie ein Tagebuch schreiben. In Ihren Aufzeichnungen schreiben Sie Ihre Gedanken und Gefühle nieder und erforschen, was dahinter steckt. Sie überlegen auch, wie Ihre Vergangenheit Sie gegenwärtig beeinflusst. Aufzeichnungen werden üblicherweise in einer Folge von Notizbüchern niedergeschrieben, so daß man zurückgehen und den Fortschritt und die Veränderungen überprüfen kann, die eingetreten sind. Der Vorgang, sich allein an einem ruhigen Platz niederzusetzen und ganz für sich und über sich zu schreiben, bringt Gefühle an die Oberfläche und macht sie leichter erlebbar. Zusätzlich öffnet dies den Weg, damit tiefere unbewußte Gedanken und Gefühle hochkommen auf die Ebene der bewußten Kenntisnahme. Sie sagen in Wirklichkeit Ihrem Verstand: „Ja, es interessiert mich, ich höre zu, bitte verständige dich mit mir." Wenn Sie erst einmal zu schreiben beginnen, scheinen die Worte oft mühelos zu fließen und liefern Ihnen so manche Information über sich selbst, die Ihnen vorher nicht bewusst war. Während Sie an Ihren Aufzeichnungen schreiben, wenn Sie schreiben, was Sie wirklich fühlen und sich liebevoll Fragen stellen, werden Sie in der Regel Antworten mit großem Einblick erhalten. Schreiben neigt dazu, alle Teile des Gehirns zu aktivieren und die Erinnerungen und Begründungen hinter den Gefühlen hervorzubringen.

X

Den Energiefluß bewegen und leiten

Die Energie aktiv bewegen

Dieser Vorgang funktioniert gut bei einer großen Vielfalt von Erkrankungen und Verletzungen und ist so wirksam und so flexibel, daß er in nahezu jeder Heilsituation angewendet werden kann.

Es gibt Momente, in denen es sehr wichtig ist, aktiv und bewußt Energie auf eine bestimmte Art zu bewegen. Eine ausgezeichnete Methode, dies zu tun, ist die Energie zu bündeln und zu leiten.

Die linke Hand stellt den Empfänger dar, der Energie anzieht. Die linke Hand wird eingesetzt, um entweder negative Energie aus einem Menschen heraus- oder positive Energie vom Universum anzuziehen. (Siehe Abb. 3 & 4, SS. 29, 31). Sie können sich auch vorstellen, wie die linke Hand Energie in sich hineinsaugt. Setzen Sie Ihre rechte Hand als Sender ein, um die aus der betreffenden Person herausgezogene negative Energie in den Erdboden oder in den Himmel hinauf zu leiten, damit sie dort wiederverwertet und verwandelt werde. (Siehe Abb. 3 & 19, SS. 29, 201). Die rechte Hand wird auch benutzt, um positive Heilenergie in einen Menschen oder in einen bestimmten Bereich, der Heilung benötigt, zu leiten (siehe Abb.4, S. 31). Dies gilt auch für Linkshänder.

Stellen Sie sich einen Sog vor, der Energie in Ihre linke Hand und durch ein dichtes Rohr in Ihren Körper zieht. Denken Sie daran, daß Sie nur ein Leiter für die Energie sind und belassen Sie diese Energie in dem Leitungsrohr. So wird die Energie nicht in Ihren Körper eintreten oder diesen in irgendeiner Weise beeinflussen; sie wird nur durch Sie hindurchgehen. Fühlen Sie, wie die Energie sich durch Ihren Körper bewegt und ihn durch die rechte Hand verläßt. Wenn Sie Heilarbeit an einem Bereich negativer Energie vornehmen, halten Sie Ihre linke Hand 5 – 15 cm über den verletzten Bereich, um die negative Energie herauszuziehen. Benutzen Sie Ihre rechte Hand, um die negative Energie zur Verwandlung zum Himmel oder in den Erdboden zu leiten. Achten Sie darauf, die negative Energie vollständig aus der betreffenden Person auszulassen. Fahren Sie fort, die negative Energie wegzuziehen, bis kein Energiestrom mehr zu spüren ist. Diese Methode kann eingesetzt werden, um konzentrierte, überschüssige Energie und Schmerz aus jemandem herauszuziehen, um Fieber zu senken, um Energie aus einem Krebsgeschwür zu entfernen oder um ein Trauma auszuräumen. Es wirkt gut bei jeder Art von Verbrennungen, Schnittwunden und Verletzungen. Nachdem alle negative Energie aus dem Menschen herausgezogen wurde, reiben oder schütteln Sie Ihre Hände, um negative Energie zu entfernen, die möglicherweise an ihnen hängt. Halten Sie anschließend Ihre linke Handfläche nach oben in einer Geste des Empfanges und ziehen Sie positive Energie aus dem Universum an. Die positive heilende Energie wird nun mit Ihrer rechten Hand in den zu heilenden Bereich geleitet.

Sie selbst und die Person, mit der Sie arbeiten, werden buchstäblich fühlen können, wie die negative Energie aus dem Körper fließt. Während Sie dies durchführen, werden Sie bemerken, daß an einem bestimmten Punkt die Energie abnimmt, bis sie sich nur mehr wie ein schwaches Tröpfeln anfühlt. Es dauert vielleicht nur wenige Sekunden oder Minuten, um die negative Energie aus einer kleinen Verletzung zu ziehen. Bei ernsten Verletzungen oder Erkrankungen kann es erforderlich sein, zwei, drei oder mehrere Male zurückzugehen, um die negative Energie vollständig herauszuziehen. Es scheint, als ob negative Energie in Schichten unterschiedlicher Intensität abginge, wenn sie vom Körper gelöst wird. Wenn die Energie vollständig aufgehört hat zu strömen, schütteln Sie und reiben Sie Ihre Hände gegeneinander, um sowohl Ihre eigene Energie zu reinigen als auch die negative Energie zu lösen und freizusetzen. Dann sagen Sie Ihren Händen und der Person, mit der Sie arbeiten, daß Sie nun positive Heilenergie hinein versetzen. Sie sind nun bereit, Ihre Hände wieder auf die betreffende Person zu legen. Die linke Handfläche nach oben gekehrt, bitten Sie Gott, Heilenergie zu senden; bitten Sie die Person, mit der Sie arbeiten, den Empfang der positiven Energie und eine Heilfarbe zu verbildlichen – smaragdgrün für Heilung und die Herzenergie, rosa für die Liebe, oder welche Farbe dieser Mensch glaubt, am meisten in dem betroffenen Bereich zu brauchen. Bitten Sie die Person, zu fühlen und zu spüren, wie die Energie zu ihr kommt. Schauen Sie und fühlen Sie, wie die Heilenergie aus dem Universum in Ihre linke Hand gezogen und dann aus Ihrer rechten Hand in den Körper geleitet wird. Halten Sie zu diesem Zeitpunkt Ihre rechte Hand 5 - 15 cm über den Körper. Lassen Sie den Empfänger mit Ihnen Vorstellungen verbildlichen, während die positive Energie durch Sie hindurch kommt. Sehen Sie gemeinsam, wie der betroffene Bereich vollständig mit heilender Energie angefüllt wird. Füllen Sie den Bereich zwei oder dreimal, bis Sie das Gefühl haben, daß er vollkommen geheilt ist.

Indem der betroffene Bereich mit positiver Energie angefüllt wird, können Sie spüren, wie die Energie immer langsamer aus Ihrer rechten Hand strömt und schließlich genauso aufhört wie beim Herausziehen der negativen Energie. Wenn diese Energie nicht mehr fließt, hat die betreffende Person alle Energie aufgenommen, die zu dem gegebenen Zeitpunkt aufzunehmen möglich ist. Reiben Sie Ihre Hände wieder gegeneinander und glätten Sie das Energiefeld wie die Glasur eines Kuchens. Stellen Sie sich vor, wie die Heilenergie im Empfänger verschlossen wird. Heilungen können in extremen Fällen bis zu alle paar Stunden vorgenommen werden. (Anmerkung: Nach ungefähr einer Stunde kann die Person bereit sein, neuerlich Energie aufzunehmen. Bei Menschen mit schweren Problemen sind mehrfache Sitzungen anzuraten.) Für die meisten Menschen jedoch reichen ein oder zwei Sitzungen.

Nehmen Sie anschließend eine Aurareinigung über dem verletzten Bereich vor, um das Energiefeld zu glätten. Bei vielen Verletzungen ist auch des Energiefeld um den Körper beschädigt und traumatisiert. Wenn sich jemand einer Operation unterzogen oder einen Unfall erlitten hat, ist es wichtig, eine Aurareinigung durchzuführen, um das im Energiefeld gefangene Trauma, den Schmerz und die energetische Erinnerung freizusetzen. Indem Sie das Energiefeld glätten, reparieren und bauen Sie wirklich die Risse und Abschürfungen wieder auf. Wenn zum Beispiel jemand eine Schnittverletzung erlitten hat, entfernen die oben beschriebenen Heilprozesse zusammen mit einer Aurareinigung die negative Energie und liefern positive Energie für den physischen Körper ebenso wie für das Energiefeld. Die Vorstellung der Heilenergie, die den Bereich auffüllt und die Verbildlichung der stattfindenden positiven Veränderungen werden den Heilprozeß sicherlich beschleunigen. Konzentrierte Vorstellung ist so wirksam wie die Heilenergie selbst.

Eine gegen zwei Hände

Der Einsatz einer Hand ist in den meisten Fällen eine wirksame Methode. Es kann jedoch Augenblicke geben, in denen Sie zwei Hände benutzen möchten, um positive Energie in einen Menschen zu senden. Um aus beiden Händen positive Energie auszusenden, sollen Sie sich vorstellen und fühlen, wie Sie Ihren Kopf nach oben zu öffnen. Spüren Sie, wie Heilenergie durch Ihren Kopf zum Zentrum der Erde und wieder zurück zu Ihrem Herzen strömt. Dann fühlen Sie die Heilenergie von Ihrem Herzen und gleichzeitig durch beide Hände kommen. Indem Sie beide Hände einsetzen, können Sie Heilenergie gleichzeitig zu beiden Augen, Ohren oder Nieren oder zu einem anderen betroffenen Bereich fließen lassen (siehe Abb. 14).

Abb. 14 – Mit beiden Händen Energie aussenden

Konzentrieren Sie sich darauf, Energie durch Sie selbst und durch den Menschen, mit dem Sie arbeiten, strömen zu lassen. Sehen und fühlen Sie die Energie durch Ihre beiden Hände kommen. Stellen Sie sich vor, wie die negative Energie aufbricht, aus dem betreffenden Menschen hinausgewaschen und in die Erde freigesetzt wird.

Mit beiden Händen ein Dreieck bilden

Eine einfache und wirksame Methode, um mit beiden Händen negative Energie zu entfernen, ist die Dreieck-Technik. Hierbei wird keine negative Energie in Ihre Hände gezogen oder durch Ihren Körper geleitet. Halten Sie Ihre Hände mit den Flächen nach unten, indem sich die Zeigefinger berühren und die Daumennägel übereinandergreifen. Ihre Hände, vor allem der offene Bereich zwischen ihnen, bilden ein Dreieck (siehe Abb.15).

Bilden Sie ein Dreieck unmittelbar auf oder 5–15 cm über dem zu bearbeitenden Bereich. Sehen und spüren Sie, wie Heilenergie und heilende Farben aus Ihren Handflächen und Ihren Fingern kommt und direkt in die zu heilende Zone dringt. Während die positive Energie in diesen Bereich eintritt, verbildlichen Sie das Aufbrechen der negativen Energie. Sehen und fühlen Sie, wie die negative Energie hochgeschoben, aus dem Zentrum des Dreiecks hinausgedrückt und freigesetzt und sofort verwandelt wird (siehe Abb. 16).

Dies war die Technik, welche eingesetzt wurde, um den Tumor aus der Katze zu ziehen. Bitte denken Sie daran, den Empfänger zu veranlassen, den Heilungsprozeß mit Ihnen zu verbildlichen.

Hineingreifen und herausziehen

Hineingreifen und herausziehen ist eine Technik, die eingesetzt wird, um visuell und energetisch Tumore, Blockaden und negative Energie im Kör-

181

Abb. 15 – Mit beiden Händen ein Dreieck bilden

Abb. 16 – Energiebewegung im Dreieck

per zu entfernen. Wenn Sie hineingreifen und herausziehen, halten Sie Ihre rechte Hand mit ausgestreckten Fingern gegen den Bereich, an dem gearbeitet werden soll. Stellen Sie sich mit offenen oder geschlossenen Augen vor, wie Ihre Hand tief in die Person hinein reicht. Sehen und fühlen Sie die Energie Ihrer Hand die negative Energie ergreifen, umschließen und herausziehen (siehe Abb. 17).

Abb. 17 – Hineingreifen und herausziehen

Wenn zum Beispiel jemand Probleme mit dem Hals hat oder wenn Menschen sich nur schwer verbal ausdrücken können, halten Sie Ihre rechte Hand 5–15 cm vom Körper entfernt, die Finger gegen den Hals ausgestreckt. Verbildlichen Sie sich, wie Sie in den Hals hineingreifen, die blockierte negative Energie aufbrechen, freisetzen und dann herausziehen. Die Menschen bestätigen, daß sie tatsächlich sowohl die Hand des Heilers als auch die sich tief in ihnen bewegende Energie spüren können. Sie spüren auch die Verschiebungen, die als ein Ergebnis der Lösung der Energie auftreten. Diese Technik ist ausgezeichnet, um bestimmte, erkennbare Konzentrationen negativer Energie zu entfernen. Vergessen Sie nicht, daß die betreffende Person mit Ihnen den Prozeß verbildlichen und Ihnen laufend Rückmeldung erstatten soll, während Sie arbeiten.

Blockierte Energie bewegen – besondere Techniken

Für die Arbeit mit negativer Energie, welche schwer zu bewegen ist, konzentriert erscheint oder lange braucht, um auszuströmen, gibt es eine Anzahl von schnellen und einfachen Techniken, die eingesetzt werden können, um negative Energiemuster aufzubrechen. Der Energiefluß kann aus verschieden Gründen blockiert oder träge sein. Ansammlungen gesperrter Energie können auftreten bei Menschen, die Angst haben, verletzt, verbrannt oder angespannt sind oder Schmerzen haben. Unabhängig von der Ursache kann blockierte Energie stets schmerzhaft sein.

Power-Stoß – Wenn Sie auf sehr hartnäckige blockierte Energie treffen, können Sie die negative Energie kraftvoll herausstoßen. Halten Sie dazu

Ihre linke Hand über den betroffenen Bereich, um die negative Energie herauszuziehen, und Ihre rechte Hand unterhalb der Stelle des Körpers, an der Sie arbeiten. Benutzen Sie Ihre rechte Hand, um kräftig positive Energie in den betroffenen Bereich hineinzupumpen. Sehen Sie, wie die Heilenergie die negative Energie bricht und sie in Ihre linke Hand stößt. Tatsächlich betreiben Sie die Entfernung der negativen Energie mit Power-Antrieb. Verbildlichen Sie die Energie, die gelöst wird und frei strömt. Sehen Sie, wie die negative Energie sofort in positive Energie verwandelt wird, wenn sie beginnt, sich im Körper zu bewegen.

Diese Methode zwingt die Energie stärker hinaus, als wenn Sie nur Ihre linke Hand benützten. Bevor Sie zu diesem Zwei-Hände-Ansatz greifen, versuchen Sie, bloß die linke Hand zum Herauslösen der Energie zu benutzen. Wenn Sie glauben, einen zusätzlichen Antrieb zu brauchen, wenden Sie die Zwei-Hände-Technik an. Ist die Energie erst einmal gelöst, können Sie wieder auf die Ein-Hand-Methode zurückgreifen, um die negative Energie herauszuziehen.

Die folgenden Ansätze sind erfolgreich, weil der Verstand nicht an zwei Gedanken gleichzeitig festhalten kann. Hier wird der Kopf nur an der stärksten Energie festhalten und die schwächere loslassen. Wenn Sie zum Beispiel Kopfschmerzen haben und dann mit einer kleinen Krise konfrontiert werden, vergessen Sie Ihre Kopfschmerzen.

Anmerkung: Beachten Sie, daß Ihre gesammelte Absicht erforderlich ist, damit das Klatschen das Energiefeld zerschlägt.

Aufgeblasener Ballon – Diese Methode beinhaltet die Verwendung eines Ballons. Die betreffende Person soll sich darauf konzentrieren, das Problem, welches sie heilen möchte, in den Ballon zu versetzen. Lassen Sie sie diese Probleme in den Ballon hineinblasen, ihn so weit wie möglich füllen, und ihn dann zuknoten. Sie soll dann den Ballon an der betroffenen Stelle an

185

ihren Körper halten. Als nächstes lassen Sie diese Person mit geschlossenen Augen die Verbildlichungen all ihrer Empfindungen – Schmerz, Ärger, Verletzung und Frustrationen – in den Ballon legen. Nachdem sie all dies in den Ballon getan hat, sagen Sie ihr, daß sie das Problem und die damit verbundenen Emotionen lösen und heilen kann, indem sie den Ballon zerplatzen läßt. Sie können sie sogar ermutigen, wütend zu werden darüber, was das Problem sie alles gekostet hat und welchen Schmerz es in ihrem Leben geschaffen hat. Fordern Sie sie auf, all diese Wut herauszulassen, indem sie den Ballon zusammenpreßt und zum Platzen bringt. Wenn die betreffende Person beginnt, den Ballon zusammenzudrücken, müssen Sie darauf achten, wann dies mit heftigster Emotion geschieht. Zerstechen Sie dann den Ballon in dem Augenblick, wo die Person es am wenigsten erwartet. Der Knall und die Überraschung darüber wird die Blockade der negativen Energie zerstören. Wenn Sie die Person dazu bewegen können, aktiv mitzuarbeiten, wird die Heilung stets wirkungsvoller sein.

Energieball – Eine Abänderung der oben beschriebenen Technik besteht darin, die betreffende Person anzuleiten, sich mit geschlossenen Augen zu konzentrieren und die Energie ihres Problems oder ihrer Krankheit zu verbildlichen. Bitten Sie sie, die gesamte damit verbundene Energie zu sammeln und sie aus ihrem Körper zu stoßen, bis sich die Energie ungefähr 30 cm vor ihrer Stirn befindet. Dann bitten Sie sie, diese Energie zu einem festen Ball zusammenzupressen. Anschließend fragen Sie noch einmal, ob die mit dem Problem verbundene Energie aus dem Körper heraus ist und sich im Ball befindet. Wenn sie dies bejaht, dann bitten Sie sie, sich voll auf den Ballon zu konzentrieren und ihn noch fester zusammenzupressen. Warten Sie, bis sie vollständig auf den Ballon konzentriert ist und klatschen Sie dann, wenn sie es am wenigsten erwartet so laut Sie können im Bereich des Energieballs in die Hände. Normalerweise wird die Energie vollkommen freigesetzt oder zumindest stark vermindert. Wird die Energie nur herabgesetzt, so wiederholen Sie den Vorgang nach Bedarf ein zweites oder drittes Mal.

In die Hände klatschen – Eine andere Technik besteht darin, die Menschen anzuleiten, die Augen zu schließen und sich auf das Problem, mit dem sie sich auseinandersetzen, zu konzentrieren. Beobachten Sie sie, bis Sie sehen, daß sie intensiv auf das Problem konzentriert sind. Dann klatschen Sie unvermutet und so laut Sie können im Bereich der Blockade in die Hände. Wieder erschüttert dies die negative Energie. Diese Methode wurde bereits viele Male mit großem Erfolg angewandt.

Anmerkung: Klatschen Sie niemals, wenn jemand Heilung verinnerlicht. Ich beobachtete einmal einen sehr erfahrenen und geschickten Chiropraktiker bei der Arbeit an einem Menschen. Der Chiropraktiker richtete das Rückgrat dieses Menschen auf verschiedene Arten ein; es gelang ihm jedoch nicht, die Energie richtig im Rückgrat strömen zu lassen. Er war nahe daran aufzugeben, als ich ihn bat, etwas probieren zu dürfen. Er trat zurück und ohne Vorwarnung klatschte ich so laut ich konnte genau über der betroffenen Stelle in die Hände. Der Arzt überprüfte das Rückgrat und stellte erstaunt fest, daß ohne weiteres Einrichten die Energie vollkommen richtig floß.

Eine Energieverschiebung feststellen

Wenn eine Energiefreisetzung erfolgt, wird dies als Veränderung oder Verschiebung in der Körperenergie empfunden. Diese Energieverschiebungen treten immer dann auf, wenn eine Sperre teilweise oder ganz aufgelöst wird. Sie finden auf vielen Ebenen statt, und manche sind leichter auszunehmen als andere. Wenn eine Verschiebung auf der mentalen, physi-

187

schen oder emotionalen Ebene erfolgt, gibt es bestimmte Hinweise, die einem sensiblen Heiler einen großen Einblick in die nächsten Hilfeschritte ermöglicht. Hinweise auf eine Energieverschiebung umfassen Weinen, Schütteln, Gähnen, Seufzer, Änderungen im Atemrhythmus, tiefes Einatmen, Augenrollen, Weiten der Pupillen, Muskelkrämpfe, Zuckungen, Rülpsen, Winde lassen, gurgelnde Gedärme, Husten oder auch Gelächter. Ein stechender Schmerz kann auf freigesetzte Energie hindeuten oder auch auf einen Bereich, der mehr Aufmerksamkeit erfordert. Feinere Hinweise auf Energieverschiebungen sind Veränderungen der Hautfarbe und der Körpertemperatur. Indem Sie dem Heilungsempfänger Ihre Beobachtungen über positive Verschiebungen mitteilen, liefern Sie diesem eine greifbare Bestätigung dafür, daß Veränderungen in seinem Körper stattgefunden haben und immer noch stattfinden.

Die Fähigkeit, Freisetzungen zu erkennen unabhängig von der Form, die sie annehmen, gestattet Ihnen einen größeren Einblick in den Heilprozeß eines Menschen und in Ihren eigenen. Wenn Sie gelernt haben, wie Sie diese Zeichen lesen müssen, können Sie wertvolle Informationen gewinnen, so etwa darüber, wie bereit und willig ein Mensch ist, zu heilen, oder in welchem Ausmaß er oder sie Angst hat oder feststeckt.

Wenn der Körper vollkommen entspannt ist, kann das darauf hindeuten, daß der Widerstand aufgehört hat, daß die Sperre gelöst wurde und daß eine Heilung stattfindet. Obwohl vorläufig der Vorgang abgeschlossen ist, kann es tiefere Ebenen geben, an denen später gearbeitet werden muß. Wenn Sie nach einem Stoppunkt in der Sitzung suchen, so kann dies die richtige Stelle sein. Sitzungen werden am besten geschlossen, wenn eine Person einen Prozeß abgeschlossen hat oder wenn die Behandelten wünschen, für diesen Tag Schluß zu machen. Vermeiden Sie die Beendigung einer Sitzung, wenn jemand Emotionen verarbeitet oder körperlichen Schmerz verspürt. An diesem Punkt zu schließen, ohne den Vorgang zu beenden, wird den betreffenden Menschen in einer sehr verletzlichen Position lassen; es wäre vergleichbar einem Chirurgen, der mitten in der Operation aufhört und den Einschnitt nicht schließt.

Bei einer Verschiebung auf spiritueller Ebene kann es schwieriger sein, einen bestimmten Zeitpunkt oder eine Art festzulegen, in der eine Veränderung erfolgt ist. Zusätzlich sind diese Veränderungen ähnlich wie Energieverschiebungen auf der mentalen und emotionalen Ebene. Sie können sich in einer Veränderung der Hautfarbe zeigen, durch erhöhte Lebhaftigkeit oder verstärkte Helligkeit des Energiefeldes oder auch in der Reinheit und Klarheit der Augen.

Es ist wichtig für Sie, mit allen Formen und Ausdrücken von Freisetzung vertraut zu sein. Je größer der Grad an Annahme, Unterstützung und unbedingter Liebe ist, die Sie geben können, umso sicherer wird es für die betreffenden Menschen sein, sich zu öffnen, ihren Widerstand aufzugeben und ihren Schmerz zu befreien, ohne Angst vor Verurteilung oder Ablehnung. Die Klarheit und die unbedingte Liebe, die Sie geben, wird als Katalysator dienen, um das Gefühl der Sicherheit zu verstärken und die Menschen zu ermutigen, sich lebenslang versteckt gehaltenen Problemen zu stellen.

Überschüßige und negative Energie freisetzen

Während Sie Heilarbiet durchführen, kann es sein, daß Sie überschüssige Energie ansammeln oder negative Energie aufnehmen, sei es von den Menschen, mit denen Sie arbeiten, sei es von der Umgebung oder von beiden. Es ist wichtig, daß Sie diese Energie nach jeder Heilsitzung so schnell und so vollständig wie möglich freisetzen.

Es gibt eine Reihe von Möglichkeiten, wie Sie alle überschüssige und negative Energie sicher befreien können. Die folgende ist eine Liste der wirksamsten und verbreitetsten Techniken, um Energie zu reinigen, sei es im Laufe einer Heilsitzung oder auch nachdem die Arbeit mit einer bestimmten Person abgeschlossen ist. Diese Energie umfaßt sowohl vom Behandelten und aus der Umgebung entfernte negative Energie als auch überschüssige Energie, die sich im Laufe der Sitzung entwickelt hat.

1. *Waschen Sie im körperlichen Sinne Ihre Hände, indem Sie sich vorstellen, wie Sie alle negative Energie aus Ihrem Körper lösen und entfernen.*
2. *Reiben Sie Ihre Handflächen auf dem Fuß- oder Erdboden und lassen Sie jede überschüssige und negative Energie aus Ihrem Körper strömen. Sehen Sie, wie diese Energie in die Erde entlassen wird, um dort gereinigt und verwandelt zu werden.*
3. *Schütteln Sie die Energie kräftig von Ihren Händen oder schnipsen Sie sie von Ihren Fingern. Leiten Sie die Energie dabei zur Erde, um sie mit dieser zu verbinden, oder gegen den Himmel, um sie zurückzuschicken zu Gott, damit sie verwandelt werde.*
4. *Stellen Sie sich einen Filterschirm im Energiestrom vor, um die Energie zu fangen, zu verbrennen und negative Energie zu verwandeln.*
5. *Verbildlichen Sie ein Abzugrohr, das von der Wurzel des Rückgrates tief in die Erde reicht. Schaffen Sie eines für sich und eines für die Person, mit der Sie arbeiten. Sehen Sie intensives weißes Licht durch Ihren Kopf und Ihren Körper hindurch fließen. Sehen Sie, wie das Licht die negative Energie aufbricht und wegspült, damit sie vom Körper gelöst und zur Verwandlung in die Erde strömen kann. Beenden Sie den Strom erst, wenn reines weißes Licht durch das Rohr strömt.*
6. *Bitten Sie Gott/Geist, daß er Ihnen helfen möge, alle negative und überschüssige Energie, die Sie vielleicht aufgenommen haben, freizusetzen.*
7. *Stellen Sie sich die Energie in Ihrem Arbeitsraum als mit intensivem weißem Licht gesättigt vor. Halten Sie an dieser Vorstellung fest, bis die Energie rein ist.*
8. *Schaffen Sie das Bild einer violetten Flamme im Heilraum, welche jede negative Energie verbrennt und verwandelt.*

9. *Verbildlichen Sie einen Ring aus goldenem Licht, der Ihren Heilbereich umgibt und jede negative Energie davon abhält, sich außerhalb des Ringes zu verbreiten. Sehen Sie Gott, der ständig jede negative Energie aufsaugt und verwandelt.*

10. *Brennen Sie eine Kerze – weiß, gold, rosa, grün, blau oder violett - und stellen Sie sich vor, wie die Kerze alle negative Energie verbrennt und verwandelt.*

11. *Räuchern Sie den Bereich und sich selbst aus, indem Sie Salbei oder Zeder verbrennen. Stellen Sie sich vor, wie der Rauch negative Energie verbrennt und verwandelt. (Man kann auch Weihrauch benutzen).*

12. *Auch Tanzen oder andere Bewegungen sind eine Methode, um überschüssige und negative Energie freizusetzen.*

Wenn Sie zulassen, daß sich negative Energie ansammelt, werden Sie vielleicht beginnen, sich träge und schwer zu fühlen. In diesem Fall können Yoga, Meditation, Tennis spielen oder jede ander Art von körperlicher Betätigung oder spiritueller Übung wirksam sein, um die Energie aus dem Körper zu entfernen, unabhängig davon, ob es sich um Ihre eigene Energie handelt oder ob sie von anderen stammt.

Bedenken Sie – den Schmerz eines anderen auf sich nehmen und dessen Krankheiten in den eigenen Körper ziehen wird nicht nur dem Bedürftigen nicht helfen, sondern wird auch Ihre Fähigkeit, klar zu bleiben, herabsetzen.

Halten Sie stets Ihren Heilbereich frei von negativer Energie, indem Sie ihn nach jeder Heilsitzung reinigen. Es kann passieren, daß Menschen, mit denen Sie arbeiten, negative Energie von vorhergehenden Sitzungen aufnehmen, und sich beim Weggehen schlimmer fühlen als beim Eintreten. Wenn Sie dafür sorgen, daß sie selbst und der Arbeitsbereich während und nach jeder Sitzung rein bleiben, werden Sie und die Behandelten keinerlei Probleme erfahren.

XI

Besondere Heiltechniken

Aurareinigungen

Aurareinigung ist eine gute Technik, um Depressionen, Frust, Schmerz und Trauer aus dem Energiefeld eines Menschen zu entfernen. Sie kann auch eingesetzt werden, um grobe oder unharmonische Energie zu lösen und zu glätten, die wir im geschäftigen Treiben des täglichen Lebens aufgenommen haben. Das Aurafeld kann Löcher, Risse, Prellungen und Einschnitte von mentalen, emotionalen, physischen und spirituellen Traumata erfahren, genauso wie dies dem Körper geschieht. Eine Aurareinigung löst und entfernt blockierte oder träge Energie sowohl aus dem Aurafeld als auch aus dem physischen Körper. Indem das Aurafeld gereinigt wird, bricht jede dichtere Energie im physischen Körper voll oder teilweise auf und bewegt sich in das Aurafeld – wo sie ziemlich leicht gereinigt werden kann. Deshalb ist es wichtig, darauf zu achten, das Energiefeld um den Körper zu glätten, um den Heilprozeß zu vollenden.

Studien weisen darauf hin, daß Leiden sich im Aurafeld manifestieren, lange bevor sie im physischen Körper sichtbar werden (siehe „Negative Gedankenformen"). Die Aurareinigung ist eine wirksame Methode, negative Energie und negative Gedankenformen, die Krankheiten im physischen Körper bewirken könnten, auszuräumen und freizusetzen. Viele Formen unerwünschter Energie, wie Angst, Trauma, Spannung oder sogar Fieber können auf diese Art gelöst oder zumindest stark vermindert werden. Aurareinigungen sind sehr wohltuend für den Körper und können eingesetzt werden, um die Energie klar zu halten und Krankheiten vorzubeugen.

Eine Aurareinigung dauert nur einige Minuten und kann durchgeführt werden bei Personen, die stehen oder sitzen (sogar in einem Rollstuhl) oder auf einem Bett liegen. Die günstigste Stellung ist die stehende. In Extrem-

193

fällen, zum Beispiel mit jemandem, der in einem Krankenbett liegt, können Sie die Aurareinigung an jeder beliebigen Seite vornehmen, die Ihnen gerade zugekehrt ist. Veranlassen Sie die Menschen nur dann, sich zu bewegen, wenn es unbedingt sicher für sie ist. In solchen Fällen werden Sie vielleicht nicht in der Lage sein, das Aurafeld auf allen vier Seiten des Körpers zu reinigen. Sie sollten wissen, daß auch sehr gute Resultate auftreten können, wenn nur eine Seite der Aura gereinigt wurde.

Um eine Aurareinigung durchzuführen, aktivieren Sie zuerst die Heilenergie in Ihren Händen. Dann stellen Sie sich vor, wie aus Ihren Händen lange Bürsten von 5 – 10 cm werden und Borsten aus Ihren Flächen wachsen. Sehen Sie und fühlen Sie Ihre Hände zu Bürsten werden, ähnlich jenen, die man für große Tiere wie zum Beispiel Pferde verwendet. Führen Sie sich vor Augen, daß diese Bürsten alle Probleme, alles Negative und alle dunklen Flecken aus dem Energiefeld entfernen können. Halten Sie bei einer Aurareinigung Ihre Hände stets 5 – 10 cm vom Körper des Behandelten entfernt und berühren Sie nie den Körper. Wenn Sie vor der betreffenden Person stehen, drehen Sie die Handflächen zu ihr hin. Da das Aurafeld sich über den physischen Körper hinaus ausdehnt, beginnen Sie mit Ihren Händen etwa 30 cm über der Kopfhöhe und parallel zum Körper (siehe Abb. 18).

Halten Sie die Hände nicht direkt über den Kopf, damit Sie nicht die Verbindung des betreffenden Menschen zu seinem höheren Ich stören. Führen Sie Ihre Hände gerade nach unten entlang des ganzen Körpers bis zu den Füßen, und lassen Sie Ihre Hände den Boden berühren. Während Sie Ihre Hände bewegen, stellen Sie sich vor wie die Bürsten, die aus Ihren Händen entstanden sind, das Energiefeld rein bürsten und jedes und alles Negative daraus entfernen. In dem Maße, in dem Sie mehr Erfahrung sammeln und vertrauter mit Energiearbeit werden, können Sie die Geschwindigkeit erhöhen, mit der Sie die Hände entlang des Körpers bewegen. Denken Sie stets daran, die Energie vom Kopf nach unten zu den Füßen zu

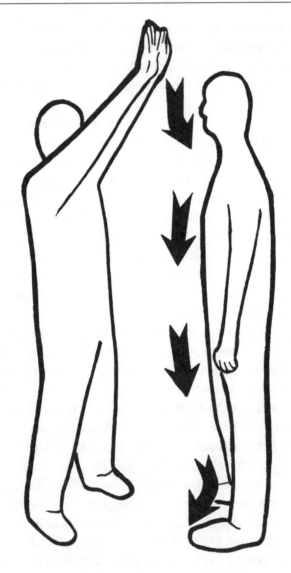

Abb. 18 – Ganzkörper-Aurareinigung

bürsten. Beenden Sie jede Seite und gehen Sie im Uhrzeigersinn um den betreffenden Menschen herum, bis alle vier Seiten gereingt sind.

Achten Sie darauf, was Sie fühlen, während Sie Ihre Hände am Körper dieses Menschen herunterführen. Beachten Sie Unterschiede in der Textur (Glätte oder Rauhigkeiten) und in der Temperatur (Hitze oder Kälte) des Energiefeldes. Werden Sie durch Ihre Körpersinne und durch Intuition empfänglicher für Energie. Unterschiede im Fühlen sind wertvolle Schlüssel zum Verständnis dessen, was in dem betreffenden Menschen vorgeht. Erinnern Sie sich daran, daß es viele Schichten in der Aura gibt. Wenn Sie dem Energiefeld Heilung spenden, verbildlichen und fühlen Sie die Heilung auf allen Ebenen. Nachdem Sie einige Minuten gewartet haben, um ein Ausgleichen der Energie zu ermöglichen, beginnen Sie ein zweites, oder sogar ein drittes Mal - wenn Sie fühlen, daß dies erforderlich ist – und reinigen Sie die Aura noch einmal. Fühlen Sie jedesmal die Energie, um zu sehen, ob Sie dieselben heißen oder kalten Stellen spüren können. Das Fehlen von Unterbrechungen ist normalerweise ein Hinweis, daß die Energie im Gleichgewicht ist und Blockaden entfernt wurden, zumindest zu diesem Zeitpunkt.

Wenn Sie Aurareinigungen vornehmen, kann es sein, daß Teilchen negativer Energie an Ihren Händen kleben. Vergessen Sie nicht, nach der Reinigung jeder Auraseite eines Menschen Ihre Hände kräftig zu schütteln, als ob Sie Wasser von ihnen abstreifen wollten, um jede negative Energie zu lösen. Lassen Sie diese Energie frei, weg von Ihnen selbst und von der Person, mit der Sie arbeiten, indem Sie die Energie zur Erde schnipsen oder hinauf zum Himmel, damit sie verwandelt werde.

Nachdem Sie eine Aurareinigung beendet haben, fragen Sie stets die Behandelten, was er oder sie erfahren haben. Wenn Sie mit anderen in einer Gruppe arbeiten, lassen Sie jede einzelne Person, die eine Aurareinigung durchführt, mitteilen was sie fühlte. Auf diese Weise haben sowohl die Empfänger als die Heiler die Gelegenheit, ihre Erfahrungen zu bestätigen. Achten Sie darauf, was jede Person fühlt und bemerken Sie die Unterschiede in der Art, wie die Menschen Energie empfinden.

Wenn der Empfänger aufrecht steht und zwei Heiler für die Aurareinigung verfügbar sind, lassen Sie einen Heiler vor der betreffenden Person stehen und den anderen Heiler hinter ihr. Beginnen Sie wiederum mit Ihren Händen in einem Abstand von etwa 30 cm über der Kopfhöhe und bewegen Sie Ihre Hände langsam auf den Boden zu. Es funktioniert am besten, wenn die beiden Heiler Ihre Bewegungen synchronisieren, sich gegenseitig spiegeln indem sie ihre Hände von der Kopf- zur Schulterhöhe, von dort zur Höhe der Hüften und den Rest des Weges den Körper entlang nach unten bewegen. Nachdem ein Bürsten von Kopf bis Fuß vollendet ist, dreht jeder Heiler um eine Vierteldrehung nach links. Wiederholen Sie den Vorgang und reinigen Sie jede Auraseite, bis die beiden Heiler alle vier Seiten gereinigt haben.

Wenn Sie vier Heiler haben, steht einer vor der betreffenden Person, einer hinter ihr und einer auf jeder Seite. Jeder Heiler reinigt seine Seite des Energiefeldes und dreht dann um eine Vierteldrehung nach links, bis jeder Heiler alle vier Seiten des Energiefeldes gereinigt hat.

Fast alle Menschen beschreiben die Erfahrung ihrer Aurareinigung als sehr erfrischend. Viele erzählen, daß sie tatsächlich spüren können, wie negative Energie freigesetzt wird und wie ihr Energiespiegel ansteigt und ausgeglichener wird. Die meisten Menschen fühlen sich leichter, gegenwärtiger, lebendig, wach und klar. Interessanterweise berichten auch die ausführenden Heiler selbst, daß sie sich ausgewogener und entspannter, leichter und freier fühlen.

Kinder und Tiere haben das instinktive Bedürfnis, vom Kopf bis hinunter zu den Zehen gestreichelt zu werden. Die meisten Kinder beruhigen sich und liegen sehr zufrieden in Ihrem Schoß, wenn sie das tun. Obwohl Sie das Kind oder das Tier körperlich berühren, reinigen Sie in Wirklichkeit sein Energiefeld.

Sie können Ihr eigenes Enegiefeld reinigen, wenn Sie eine Dusche nehmen. Stellen Sie Sich das Wasser als weißes Licht oder als Heilenergie vor, die Ihr Aurafeld reinigt. Sehen Sie, wie die negative Energie den Abfluß hinunter gespült wird. Das kann man täglich oder auch öfters tun, wenn man es wünscht.

Anmerkung: Um die Energie eines Menschen zu erhöhen oder zu stimulieren oder um seine Energie zu sträuben (anstatt sie zu beruhigen), bewegen Sie Ihre Hände sehr schnell das Energiefeld hinauf – von den Füßen zum Kopf. Dies kann man machen, wenn jemand müde ist und wach bleiben muß. Es schafft keine Heilenergie; es bringt nur große Mengen an jener Art von Energie hervor, die bei körperlicher Tätigkeit eingesetzt wird.

Mit verletzten Armen oder Beinen arbeiten

Wenn jemand einen Arm oder ein Bein verletzt hat, beginnen Sie, die negative Energie herauszuziehen und positive Energie hineinzuversetzen. Nachdem Sie das beendet haben, denken Sie daran, daß die Aura um diese Person ebenfalls beschädigt und traumatisiert wurde. Um die Aura um eine Extremität herum auszuglätten, halten Sie Ihre Hände 5–15 cm von jeder Seite des Armes oder Beines entfernt; beginnen Sie bei der Schulter oder der Hüfte. Halten Sie Ihre Handflächen dem verletzten Bereich zugewandt, die Finger zusammen und die Daumen von der Hand abstehend, und glätten Sie die Energie. Glätten Sie die Energie weg vom Körper, entlang der Extremität, den ganzen Weg entlang der Finger oder

Zehen. Fügen Sie Ihre Hände 8–15 cm oberhalb der Finger oder Zehen zusammen und verschließen Sie das Energiefeld. Stellen Sie sich vor, wie Sie die negative Energie aus dem Aurafeld herausziehen (siehe Abb. 2, S. 24 und Abb. 5, S. 32).

Denken Sie daran, daß Trauma und Schmerz im ganzen Körper empfunden werden, nicht nur im verletzten Bereich. Deshalb ist es wichtig, die Heilung mit dem Reinigen der gesamten Aura zu beenden. Wieder ist die bildliche Vorstellung, die Visualisierung der Heilung so wichtig wie das Glätten des Energiefeldes. Dieser Vorgang kann für jede Verletzung eingesetzt werden, bei der ein Arm oder ein Bein betroffen sind – wie zum Beispiel eine Operation, ein Schnitt, eine Verbrennung, eine angestoßene Zehe, ein verrenkter Knöchel oder ein aufgeschürftes Knie.

Hier sind zwei Beispiele von Fußheilungen: In dem ersten hatte eine Frau sich die Zehe angestoßen. Während ich daran arbeitete, die negative Energie herauszuziehen, konnte sie spüren, wie der Schmerz aus ihrem Körper gezogen wurde. Das Erstaunlichste an der ganzen Heilung war, daß als ich die Aurareinigung vornahm sie tatsächlich spüren konnte, wie die negative Enegie aus ihrem Fuß gezogen wurde; sie sagte mir, es fühle sich an, als ob ich einen Socken an ihrer Zehe ausziehen würde. In der zweiten Situation litt eine Frau namens Shirley an stechenden Fußschmerzen, die sie plagten, seit sie vor Jahren eine Fußoperation durchgemacht hatte. Nach einer der oben beschriebenen Behandlungen verschwand der Schmerz und kehrte nicht wieder.

Energieaufbau – Hitze im Nacken

Bei Menschen, die eine wichtige Veränderung oder eine Heilkrise durchmachen, oder auch eine rasche Zunahme an spirituellem Wachstum erfah-

ren, kann man häufig einen Energieaufbau feststellen, der als Hitzeent-
wicklung im Nacken empfunden wird. Die Hitze und die überschüssige
Energie können durch schnelle Veränderungen in der Körperchemie
und den Energieebenen hervorgerufen werden. Dieser Energieaufbau kann
während einer Änderung in der Beziehung zwischen Verstand, Körper und
Geist erfolgen, wenn diese sich ausbalancieren und zu einem Gleichgewicht finden, und er kann Kopfschmerzen, Spannung, Frustration und
ein Gefühl der Sinnesüberlastung hervorrufen.

Der Nacken ist vergleichbar mit dem Prozessor eines Computers. Alle
Reize, Botschaften und Antworten müssen auf ihrem Weg zum und vom
Gehirn durch diesen Bereich fließen. Dieser Teil des Körpers kann sehr
leicht überladen werden, vor allem wenn eine überwältigende Menge an
neuen Informationen und rasche Veränderungen auftreten.

Enge Freunde von mir haben diese Hitze und diesen Energieaufbau in
einem solchen Ausmaß erlebt, daß sie die Orientierung verloren, ihnen
schlecht wurde und sie nicht mehr gut funktionierten. In einem extremen
Fall brachte ich meine Freundin Ann aus der Stadt in die Berge, wo die
Bäume und die frische Luft ihr wurzeln halfen.

Schwimmen, auch eine Dusche oder ein Bad nehmen, können helfen,
überschüssige Energie abzuwaschen. Wirksam ist auch ein heißes Bad mit
Zusatz von einer Tasse Apfelessig oder von Bittersalz.

Es ist ein guter Gedanke, bei allen Menschen, mit denen Sie arbeiten, nach
überschüssiger Hitze im Nacken zu prüfen, besonders bei jenen Menschen,
die bewußt auf spirituelles Wachstum ausgerichtet sind. Wenn man ihn
erst einmal entdeckt hat, ist ein Energieaufbau leicht zu lösen. Die meisten Menschen spüren innerhalb von Sekunden Erleichterung.

Eine leichte Methode, die Hitze im Nacken zu überprüfen, ist die linke
Handfläche auf oder einige Zentimeter hinter den Nacken der betreffenden Person zu halten. Spüren Sie die entsprechende Temperatur und entscheiden Sie, ob der Nacken heiß ist.

Wenn Sie Hitze entdecken, bitten Sie die Person, mit Ihnen an der Entfernung dieser überschüssigen Energie zu arbeiten. Spüren und sehen Sie gemeinsam, wie die Energie vom Nacken in Ihre linke Hand gezogen wird. Fühlen Sie dabei diese überschüssige Energie aus Ihrer rechten Hand austreten und entweder in den Erdboden oder zur Verwandlung zum Himmel gesandt werden. (siehe Abb. 19).

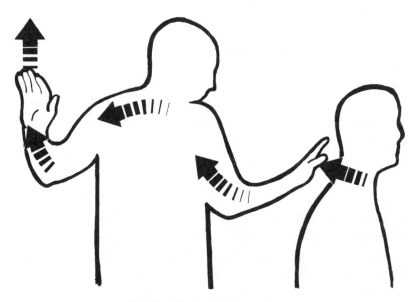

Abb. 19 – Hitze im Nacken entfernen

Ziehen Sie weiter die Energie heraus, bis der Nacken abkühlt. (Anmerkung: Klatschen Sie in Extremfällen in die Hände, um die Energie zu lösen.) Fahren Sie fort mit den üblichen Heilvorgängen.

Kopfschmerzen

Kopfschmerzen sind normalerweise das Ergebnis einer Energiekonzentration in einem Teil des Gehirns. Dieser Energieaufbau, der sehr schmerzhaft sein und Tage andauern kann, wird möglicherweise hervorgerufen durch gesteigertes Nachdenken oder durch Versuche, Gedanken und Gefühle zu kontrollieren und/oder zu unterdrücken. Kopfschmerzen treten normalerweise auf, wenn die Energie im Gehirn nicht glatt fließt oder durch negative Gedanken wie Angst oder Bangigkeit überlastet ist. Sobald diese überschüssige Energie entfernt wurde, oder die betreffende Person ihren Denkprozeß ändert, verschwinden die Kopfschmerzen in der Regel schnell und die Person fühlt sich ruhiger und entspannter. Die meisten, auch sehr schlimme Kopfschmerzen können innerhalb von einigen Minuten erleichtert werden. Wenn diese Menschen sich jedoch nicht entschließen, ihre Denkmuster zu ändern oder sich dagegen sträuben, ihre eigenen Gedanken und Gefühle zu erleben, werden diese die Kopfschmerzen vermutlich innerhalb kurzer Zeit wieder auftreten lassen.

Kopfschmerzen klären und entfernen erfordert die Anwendung einer besonderen Art von Aurareinigung. Lassen Sie die Person mit dem Rücken zu Ihnen vor sich sitzen. Aktivieren Sie die Heilenergie in Ihren Händen. Beginnen Sie mit der weiter oben beschriebenen Technik der Aurareinigung, nur im Bereich des Kopfes. Dann stellen Sie sich vor, der Kopf dieser Person sei eine runde Torte und das Energiefeld der Guß. Ziel ist es, die Torte zu überziehen, indem die Glasur gleichmäßig in einem frei kreisenden Muster verteilt wird. Sehen Sie Ihre Hände als Spachteln und halten Sie sie 5 - 15 cm vom Kopf entfernt. Bewegen Sie Ihre Hände frei von links nach rechts, auf und ab, in kreisförmigen Mustern, und glätten und verteilen Sie die Energie gleichmäßig um den Kopf. Lassen Sie sich durch Ihre Intuition zeigen, was Sie tun müssen, um die überschüssige Energie zu befreien. Es ist wirklich unwichtig, in welcher Abfolge Sie arbeiten. Glätten Sie die Energie über den gesamten Kopf und Nacken aus, von vorne nach hinten, oben nach unten, Seite zu Seite. Das Glätten der Energie hilft, die negative Energie aus dem Kopf und dem Aurafeld der betreffenden Person zu entfernen. Sie werden merken, wenn Sie die Energie gelöst haben, weil die Kopfschmerzen verschwinden werden. Bedenken Sie, daß Sie konzentrierte Energie, die in einem Teil des Gehirns blockiert war, auflösen und neu verteilen. Diese Technik eignet sich auch zur Arbeit mit anders lokalisierten Energiesperren, die durch Narben, Schäden oder Brüche im Energiefeld, durch Operationseingriffe oder Verbrennungen entstanden sind. Ein anderer Ansatz besteht darin, die Person zu fragen, wo der Schmerz sitzt. Dann ziehen Sie den Schmerz heraus, indem Sie Ihre linke Hand als Pumpe einsetzen; ziehen Sie die in dem Bereich konzentrierte negative Energie heraus. Anschließend füllen Sie den Bereich mit positiver Energie auf. Beenden Sie die Heilung durch eine Aurareinigung.

Eine weitere Technik besteht darin, die negative Energie über den Kopf der betreffenden Person zu heben, ähnlich wie Sie es bei einer Arm/Bein Heilung tun würden. Schließen Sie das Energiefeld, nachdem Sie die negative Energie herausgezogen haben.

Ausgleichen der rechten und linken Gehirnhälfte

Das Ausgleichen der rechten und linken Gehirnhälfte ist besonders wohltuend für jene Menschen, die mehr von der einen als von der anderen Seite des Gehirn aus wirken. Künstler und Musiker neigen zu einer Vorherrschaft der rechten Gehirnhälfte; Ingenieure und Mathematiker sind eher links dominiert. Das Ausgleichen hilft, den Energiefluß zwischen den beiden Gehirnhälften zu erhöhen und unterstützt dabei das Gehirn, als ein Ganzes zu arbeiten, anstatt schwer von der einen oder der anderen Seite abhängig zu sein. Ein Ausgleich kann die Entfernung von Kopfschmerzen und Streß unterstützen und einem Menschen helfen, zentriert und verwurzelt zu sein und ein inneres Gleichgewicht zu halten.

Für einen guten Ansatz zur Ausgleichung der rechten und linken Gehirnhälfte lassen Sie die betreffende Person auf einem Stuhl sitzen. Stellen Sie sich hinter sie, schauen Sie auf ihren Rücken. Wenn die Person nicht sitzen kann, soll sie sich vor Sie hinlegen mit dem Kopf zu Ihnen. Reiben Sie Ihre Hände gegeneinander, um die Energie zu aktivieren und halten Sie sie an jede Seite des Kopfes. Halten Sie Ihre Handflächen in einem

Abb. 20 – Ausgleichen der rechten und linken Gehirnhälfte

Abstand von 5–15 cm zur Kopfseite, genau über die Ohren. Nun senden Sie von beiden Händen Heilenergie aus (siehe Abb. 20).

Die Energie wird durch beide Seiten des Gehirns strömen und den Energiespiegel auf jeder Seite vermischen und ausgleichen. Während die Heilenergie zum Zentrum des Gehirns fließt, stellen Sie sich vor, wie die negative Enegie unverzüglich verwandelt wird. Lassen Sie die Energie während 2–5 Minuten durch Ihre Hände strömen, oder bis der Energiefluß gleichmäßig ausgegelichen scheint oder aufhört.

Reinigung des Kronen-Chakras

Wenn Sie die Chakren ausbalancieren, sollten Sie stets mit dem Kronen-Chakra beginnen und entlang des Körpers nach unten der Reihe nach jedes Chakra bearbeiten. Zur Reinigung und Ausbalancierung des Kronen-Chakras werden Heiltechniken eingesetzt, die sich von den übrigen hier beschriebenen sehr unterscheiden. Das Kronen-Chakra verlangt besondere Aufmerksamkeit. Es befindet sich auf dem Kopfscheitel und verbindet einen Menschen mit Gott, seinem Höheren Selbst und der Universellen Energie. Die Reinigung des Kronen- Chakras hilft einem Menschen, diese Verbindung nicht zu trüben. Sie ermöglicht eine größere Einsicht und klarere Führung, setzt die Verwirrung herab und steigert die Klarsicht.

Um das Kronen-Chakra zu reinigen, stellen Sie sich den Kopf eines Menschen als einen Garten vor, aus dem eine Lichtsäule von ungefähr 10 cm aus dem Zentrum nach oben strebt. Sehen Sie, wie Sie diesen Garten säubern, indem Sie Ihre Hände bewegen, um jede negative Energie zu entfernen (das Unkraut). Arbeiten Sie um den Rand der Lichtsäule - nicht direkt auf ihr (siehe Abb. 21).

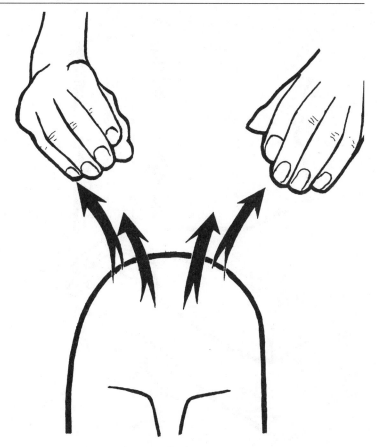

Abb. 21 – Reinigung des Kronen-Chakras (7tes)

Hören Sie auf, wenn Sie spüren, daß die Reinigung (das Unkrautjäten) beendet ist.

Sehen oder fühlen Sie, wie die Säule intensiver weißer oder goldener Energie die betreffende Person mit Gott/dem Heiligen Geist verbindet. Benutzen Sie die Technik der Aurareinigung, um die Energie dieser Säule zu rei-

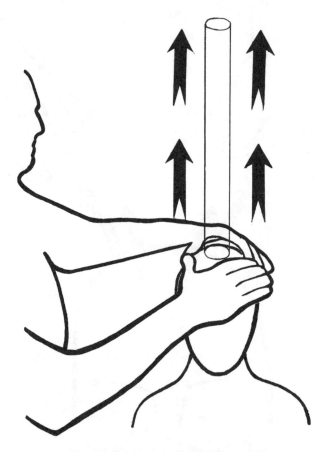

Abb. 22 – Reinigung des Kronen-Chakras (7tes)

nigen, wie Sie die Aura um einen Körper reinigen würden. Stellen Sie Ihre Hände so, als ob Sie die Basis dieser 10 m Säule nahe am Kopf leicht hielten. Beginnen Sie an der Basis der Säule und bewegen Sie Ihre Hände die Säule hinauf, bis Sie eine Höhe von etwa 1 m über dem Kopf der Person erreichen (siehe Abb. 22).

Sehen oder spüren Sie, wie die negative Energie entfernt wird. Wiederholen Sie dies dreimal, oder solange bis die Energie rein ist. Fahren Sie fort, die anderen Chakren zu reinigen und machen Sie zum Schluß eine Aurareinigung.

Ein Chakra ausbalancieren

Es gibt drei Grundtechniken, um die übrigen Chakren auszugleichen. Sie sind zur Ausbalancierung aller Chakren geeignet, ausgenommen das Kronen-Chakra (siehe vorhergehenden Abschnitt). Arbeiten Sie bei der Reinigung oder Ausbalancierung der Chakren von oben nach unten; beenden Sie die Sitzung immer mit einer Aurareinigung.

Lassen Sie die betreffende Person entweder auf einen Hocker oder seitlich auf einen Stuhl sitzen. Diese Position ermöglicht einen klaren Zugang zu der Vorder- und Rückseite der Chakren. Jede der folgenden Techniken (außer wenn Sie nahe der Brust einer Frau oder nahe am Wurzel-Chakra arbeiten) kann ausgeführt werden, indem die Hände den Körper leicht berühren oder sich in einem Abstand von 5 – 15 cm befinden. Halten Sie einen Abstand von mindestens 15 cm von den Geschlechtszonen, wenn Sie nahe an der Brust einer Frau arbeiten oder das Wurzel-Chakra ausgleichen. Darüber hinaus ist es wichtig zu bedenken, welche Wirkung die Stellung Ihrer Hand auf einen Menschen hat, der emotional und / oder körperlich mißbraucht wurde.

Erste Technik – Halten Sie für jedes Chakra die rechte Handfläche auf die Mitte des Rückgrates hinter dem Bereich, an dem Sie gerade arbeiten, und senden Sie positive heilende Energie in den Bereich. Halten Sie gleichzeitig Ihre linke Hand vor den Körper, um Schmerz oder negative Energie herauszuziehen. Spüren Sie, wie die positive Heilenergie von Ihrer rechten Handfläche durch die betreffende Person strömt und wieder und wieder zurückkreist, Blockaden aufbricht und negative Energiemuster ausräumt. Sehen Sie einen Filterschirm im Energiestrom außerhalb des Körpers. Dieser Schirm fängt alle freiwerdende negative Energie auf, verbrennt und verwandelt sie sofort. Fahren Sie damit fort, bis die Energie rein ist; beenden Sie die Sitzung stets mit einer Aurareinigung.

Zweite Technik – Stellen Sie sich vor, daß die Heilenergie gleichzeitig aus Ihren beiden Händen strömt und sich in der Mitte des Chakras verbindet. Sehen und fühlen Sie, wie die Farben im Zentrum des Chakras dieses segnen und reinigen. Schauen und spüren Sie das Dahinschmelzen und die unmittelbare Verwandlung der negativen Energie.

Dritte Technik – je nach Bedarf: (1) Benutzen Sie die linke Hand, um die negative Energie herauszuziehen, anschließend die rechte Hand, um den Bereich mit positiver Energie aufzufüllen, (2) greifen Sie hinein und ziehen Sie heraus, (3) klatschen Sie in die Hände, (4) verwenden Sie die Ballon-Methode. Beenden Sie immer mit einer Aurareinigung.

Es wurde berichtet, daß die Menschen eine Schwingung in ihren Chakren, eine Verschiebung in ihrer Energie, eine prickelnde oder gurgelnde Empfindung oder ein Wärmegefühl spüren. Viele erleben eine Erlösung, wenn die Heilenergie durchströmt und die Chakren erfüllt. Die meisten Menschen tragen emotionale Schmerzen aus vergangenen Erfahrungen, Beziehungen oder Enttäuschungen. Indem Sie diese einfachen Techniken anwenden, können Sie einem Menschen helfen, den Schmerz der vergangenen Erfahrungen freizulassen und zu heilen. Es kann den Menschen helfen, während des Vorganges offen zu weinen oder die Tränen hervorquellen zu lassen.

Chakra	Handstellung	Abb.
6tes	Rechte – unteres Drittel des Hinterkopfes Linke – Stirnfront	23
5tes	Rechte – Nacken Linke – Hals vorne	24
4tes	Rechte – hinter dem Herzen Linke – vor dem Herzen	25
3tes	Rechte – Rückseite Basis des Brustbeines Linke – Vorderseite Basis des Sternums	26
2tes	Rechte – Rückseite des Nabels / der Milz Linke – Vorderseite des Nabels / der Milz	27
1tes	Rechte – hinter der Basis des Rückgrates Linke – vor den Geschlechtsorganen	28

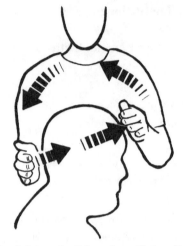

Abb. 23 – Reinigen des Dritten-Auge Chakras (6tes)
Rechte Hand: unteres Drittel des Hinterkopfes **Linke Hand:** Stirnfront

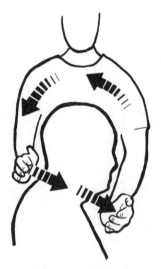

Abb. 24 – Reinigen des Hals-Chakras (5tes)
Rechte Hand: Nacken **Linke Hand:** Hals vorne

211

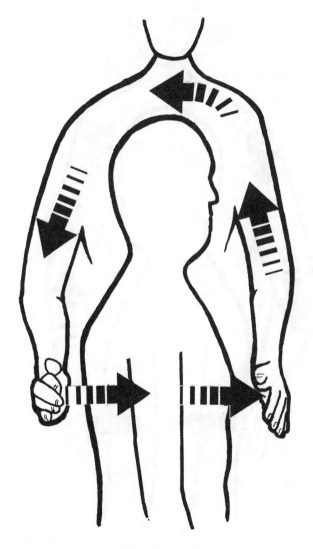

Abb. 25 – Reinigen des Herz-Chakras (4tes)
Rechte Hand: hinter dem Herzen **Linke Hand:** vor dem Herzen

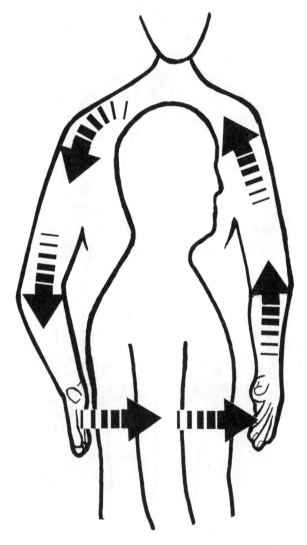

Abb. 26 – Reinigen des Sonnengeflecht-Chakras (3tes)
Rechte Hand: Rückseite Basis des Brustbeines **Linke Hand:** Vorderseite Basis des Brustbeines

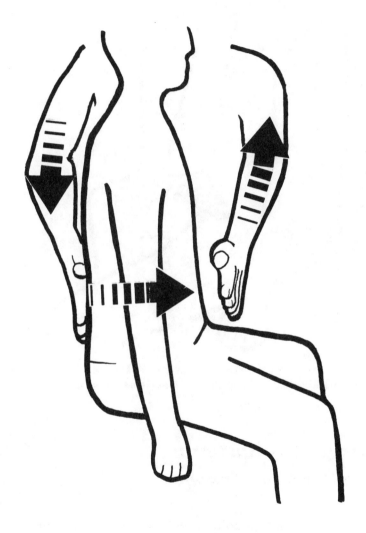

Abb. 27 – Reinigen des Milz-Chakras (2tes)
Rechte Hand: Rückseite des Nabels / der Milz **Linke Hand:** Vorderseite des Nabels / der Milz

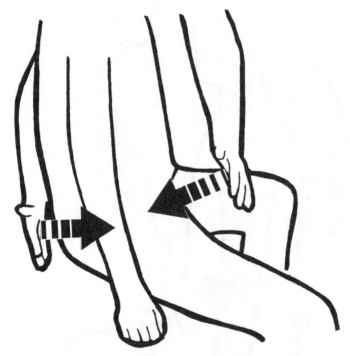

Abb. 28 – Reinigen des Wurzel-Chakras (1tes)
Rechte Hand: hinter der Basis des Rückgrates **Linke Hand:** vor den Geschlechtsorganen

Energie das Rückgrat hinaufströmen lassen

Energie das Rückgrat hinaufströmen lassen ist eine der einfachsten, jedoch wirksamsten Techniken, um mit Menschen zu arbeiten, die einer allgemeinen Heilung bedürfen. Sie funktioniert gut, wenn nicht ein bestimmter Bereich Aufmerksamkeit erfordert, bei jenen Menschen, die sich nicht viel bewegen können und bei jenen, die bettlägerig sind. Unabhängig von anderen Techniken, die Sie benutzen können, kann diese auch gut kurz vor der abschließenden Aurareinigung eingesetzt werden, weil sie hilft, alle Chakren auszugleichen und auszurichten.

Lassen Sie die betreffende Person auf einem Hocker oder seitlich auf einem Stuhl Platz nehmen oder Gesicht nach unten hinlegen. Nachdem Sie Ihre Hände aktiviert haben, legen Sie die rechte Handfläche auf die Basis des Rückgrates und halten Sie Ihre linke Handfläche nach unten etwa 5-15 cm über dem Kopf der Person (siehe Abb. 29).

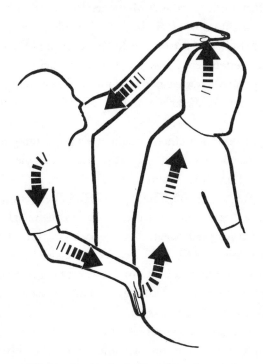

Abb. 29 – Energie das Rückgrat hinaufströmen lassen

Bitten Sie die Person, daß sie mit Ihnen die Energie fühlen oder verbildlichen möge, welche aus Ihrer rechten Hand in die Basis des Rückgrates
strömt und dann von der Basis des Rückgrates nach oben und aus ihrem
Kopf in Ihre linke Hand fließt. Stellen Sie sich vor, wie die Energie von
ihrem Kopf zurück zur Basis des Rückgrates kreist und dabei eine unun-
terbrochene Schleife durch und im Körper zieht. Sehen Sie einen Filterschirm im Energiefluß außerhalb des Körpers, während sie zurückströmt
zur Basis des Rückgrates. Dieser Schirm fängt die negative Energie im Fluß
auf und verbrennt sie oder verwandelt sie unmittelbar. Lassen Sie diese
Energie weiter kreisen. Während sie kreist, schauen und fühlen Sie, wie
sie alle Blockaden im Körper dieses Menschen löst und reinigt, alle negative Energie aufbricht und wegwäscht und alle Leiden heilt.

Lassen Sie die betreffende Person mit Ihnen sehen und fühlen, wie die
Energie alle blockierten Bereiche segnet, reinigt und heilt. Man kann sich
den Energiefluß vorstellen wie einen Hochdruck-Wasserstrahl, oder sogar
wie eine Art rotierendes Werkzeug, welches die Taschen negativer Energie aufbricht.

Wenn die Energie beginnt zu fließen, spüren Sie ob sie ruhig strömt oder
ob sie sich eingeschränkt anfühlt. Wenn Sie spüren, daß die Energie und
die Wärme kräftig aus Ihrer rechten Hand in die Basis des Rückgrates
strömt und ebenso kräftig von Ihrer linken Hand über dem Kopf aufgenommen wird, ist dies ein gutes Zeichen dafür, daß die Energie sich ungehindert durch den Körper bewegt. Wenn jedoch eine Ihrer Hände oder
beide kalt sind, wenn Sie die Energie sich nicht mit gleicher Stärke in beiden Händen bewegen fühlen, oder wenn Sie wenig Energie zu Ihrer Hand
über dem Kopf strömen fühlen, ist dies ein Hinweis darauf, daß in der
betreffenden Person Energieblockaden bestehen.

Ob die Herausforderungen, denen dieser Mesnch sich zu stellen hat, nun
auf mentaler, physischer, emotionaler oder spiritueller Ebene liegen,
diese Methode wird ihm helfen, sich zu beruhigen, seine Gesamtenergie

auszubalancieren und und seine Energie wirksamer fließen zu lassen. Typischerweise wird hier berichtet von einem Gefühl prickelnder Wärme, die sich das Rückgrat hinauf bewegt, oder daß sich Energie durch bestimmte Bereiche im Körper hindurch bewegt. Diese Technik ermöglicht es der Energie dorthin zu gehen, wo sie am meisten gebraucht wird. Wenn Blockaden oder Bereiche bestehen, in denen die Energie nicht ruhig durch den Körper strömt, wird diese Technik helfen, die Energie zu lösen und zu entblocken und sie anschließend aus dem Körper zu bringen. Diese Technik kann angewandt werden, wenn jemand einen niedrigen Energiespiegel hat und sie ist wirksam bei allen Arten von Krankheiten, unabhängig von Ursache oder Schweregrad – sogar bei Krebs und AIDS. Da diese Technik einfach und wohltuend ist, stellt sie eine gute Übungstechnik dar. Fühlen Sie die Energie, und machen Sie sich Ihre Empfindungen bewußt. Vergessen Sie nicht, die Menschen, mit denen Sie arbeiten, zu fragen, was sie fühlen, so daß Sie Rückmeldungen über deren Erfahrungen erhalten können.

Das Aurafeld verschließen

Nachdem das Aurafeld gereinigt wurde, wird es verschlossen. Das Abdichtverfahren schafft einen Schutzschild, der dicht um das Energiefeld anliegt und es vor negativer Enrgie schützt. Dies ist sehr wichtig für Menschen, die sehr anfällig sind oder keine Zeit haben, nach einer Heilsitzung zu entspannen oder besonders dann, wenn diese Menschen zurückkehren in eine hochbelastete oder hektische Umgebung. Obwohl eine Heilsitzung und Aurareinigung negative Energie ausräumen, können Menschen empfindlich, offen oder anfällig sein gegenüber anderen oder gegenüber einer belastenden Umgebung, vor allem, wenn eine wichtige Loslösung erfolgte.

Um das Aurafeld zu verschließen, lassen Sie die betreffende Person vor sich stehen. Da Sie in deren Energiefeld arbeiten, halten Sie Ihre Hände in einem Abstand von 5 – 30 cm vom Körper. Heben Sie Ihre Hände in einem Winkel von 45 Grad nach oben, mindestens 30 cm über den Körper hinaus (siehe Abb. 30).

Abb. 30 – Das Aurafeld verschließen

Bewegen Sie Ihre Hände in einer fließenden Bewegung in einem Winkel von 30–45 Grad nach unten gegen das Zentrum des Körpers; kreuzen Sie das Zentrum und fahren Sie auf der gegenüberliegenden Seite in einem Winkel von 30–45 Grad fort. Wenn Ihre Hände die andere Seite erreichen, bewegen Sie sie diagonal zurück zur Ausgangsseite des Körpers, indem Sie wiederum das Zentrum kreuzen. Wiederholen Sie diese Bewegung, bis Sie den Boden erreichen. Ihre Handbewegungen werden dem Umriß von 8ter Figuren ähneln, welche senkrecht aufeinander gestapelt sind.

Während Sie Ihre Hände bewegen, stellen Sie sich vor, wie das Energiefeld kondensiert und immer dichter und abgeschlossener wird, und schließlich einen hautdichten Energieschirm um die betreffende Person bildet. Verschließen Sie das Aurafeld von Kopf bis Fuß auf jeder der vier Seiten des Körpers, genauso wie Sie das Aurafeld auf allen vier Seiten gereinigt haben. Bewegen Sie sich nacheinander von einer Seite zur anderen im Uhrzeigersinn. Menschen, deren Aurafeld verschlossen wurde, beschrieben, daß sie sich leichter fühlten oder als ob sie in einem festen Anzug steckten. In fast allen Fällen fühlten sie sich sehr geschützt und sicher.

Heilung durch Gedankenübertragung

Die Heilung durch Gedankenübertragung erfolgt durch Verbildlichung und Ausrichtung der Gedanken und benutzt die gleichen Techniken und Methoden wie Heilen durch Handauflegung, nur ohne den Einsatz der Hände. Mit der Heilung von Geist zu Geist ist kein körperlicher Kontakt oder körperliche Nähe erforderlich, wodurch Sie Menschen beistehen können, denen Sie sonst wegen sozialer Gegebenheiten oder körperlicher Entfernung nicht hätten helfen können.

Diese Technik funktioniert sehr gut bei der Unterstützung von Menschen auf Intensivstationen im Krankenhaus oder in anderen öffentlichen Einrichtungen, wo eine Heilung durch Handauflegen nicht angemessen erscheinen würde. Sie ist auch hilfreich, wenn man an jemand nicht körperlich herantreten oder ihn oder sie nicht berühren kann.

Eine Heilung durch Gedankenübertragung kann durchgeführt werden, ob der Empfänger körperlich anwesend ist oder nicht. Wenn die betreffende Person zugegen ist, können Sie sich mit offenen oder geschlossenen Augen vorstellen, wie Sie die Heiltechniken ausführen, ohne sich köperlich zu bewegen oder die Person zu berühren. Normalerweise ist es besser, die Heilung mit geschlossenen Augen vorzunehmen, da man Ablenkungen ausschaltet und sich der Geist besser konzentrieren kann. Diese Technik ist ebenso wirksam, wenn der Empfänger sich körperlich nicht in demselben Raum befindet wie der Heiler. Die Heilung wird unabhängig davon erfolgen, ob Sie den Menschen sehen oder körperlichen Kontakt haben können oder nicht.

Ethik der Heilung in Abwesenheit

Wenn Menschen um eine Heilung oder um Hilfe für sich selbst bitten, ist es offensichtlich, daß sie dies persönlich tun. Ich bezeichne das als eine direkte, persönliche Bitte. Wenn ein klarer Wunsch an mich herangetragen wird, frage ich die Menschen, was ich für sie tun kann. Oft jedoch tritt ein Freund oder ein Familienmitglied an mich heran und bittet um Hilfe für eine andere Person. Hier erreichte mich keine klare Bitte von dem Menschen, mit dem ich arbeiten soll.

Niemals sende ich eine Heilung in Abwesenheit, ohne vorher herauszufinden, ob die betreffende Person Beistand wünscht. Unzählige Male haben mir meine Führer oder Lehrer gesagt, ich müsse zurücktreten und den Menschen ihren Schmerz belassen, bis sie um Hilfe bitten. Erst wenn sie danach fragen, verbal oder durch ihre Aktionen, bin ich frei ihnen beizustehen.

Zu oft wurde den Menschen Gewalt angetan durch jene voll guter Absichten, jedoch mit wenig Respekt für den Weg eines anderen. Wenn Sie jemandem Ihren Willen aufzwängen, um gegen dessen Willen eine Heilung vorzunehmen handeln Sie nicht anders als eine Gruppe, die einen Glaubenskrieg führt, um andere zu bekehren. Wenn Sie Heilenergie in jemanden hineinpressen, der nicht bereit oder willig ist, wird dieser Mensch erfahrungsgemäß die Energie zurückweisen und es wird wenig oder gar nichts bewirkt.

Bevor ich eine Heilung an einem Abwesenden beginne, der mich nicht persönlich um Hilfe gebeten hat, versuche ich Ruhe in mir zu schaffen und gehe in mich, um zu fragen, ob es angemessen für mich ist, mit diesem Menschen zu arbeiten. Üblicherweise erhalte ich in mir selbst eine klare „Ja" oder „Nein" Antwort. Eine andere Methode ist, die betreffende Person oder deren Energie vor meinem inneren Auge zu verbildlichen oder zu fühlen und zu fragen, ob sie mir erlaubt, ihr beizustehen. Wiederum erhalte ich normalerweise eine „Ja" oder „Nein" Antwort, oder zumindest auf die eine oder andere Weise ein Gefühl.

In allen Fällen, bei denen ich mir bei einer Person hinsichtlich der Öffnung gegenüber oder des Wunsches nach Beistand unsicher bin, oder in denen ich keine klare Antwort bekomme, werde ich keine Heilenergie in deren Körper oder Energiefeld aussenden. Was ich jedoch tun werde, ist einen großen Ball intensiver Heilenergie innerhalb der Reichweite dieser Person fühlen und verbildlichen. Dieser große Ball wirbelnder, heilender Energie enthält eine sehr hohe Energiemasse mit allen Heilfarben: gold, violett, weiß, rosa und smaragdgrün. Damit ermögliche ich diesem Menschen zu entscheiden, ob er oder sie die Heilenergie annehmen möchte, und ich zwinge ihnen in keiner Weise meinen Willen oder die heilende Energie auf. Als Beispiel: Sie fahren an einer Autounfall-Stelle vorbei , an der medizinische Hilfe bereits eingetroffen ist. Sie möchten vielleicht helfen, können jedoch nicht anhalten oder Sie fühlen, daß es nicht passend wäre, anzuhalten. Die Heilung durch Gedankenübertragung kann eingesetzt werden, um beruhigende Energie (rosa oder weißes Licht) oder Heilenergie (smaragdgrünes Licht) zu den Betroffenene zu senden.

Eine andere Methode, die getrennt oder zusammen mit dem Aussenden des Balles heilender Energie eingesetzt werden kann, ist Gott, den Heiligen Geist oder die geeignetsten Heilengel zu bitten, mit den betreffenden Menschen zu arbeiten, um ihnen in deren Heilung beizustehen. Somit bleibe ich vollkommen aus dem Geschehen herausgenommen und ich tue dem Raum, dem Glauben oder dem Energiefeld dieses Menschen keinerlei Gewalt an.

Fernheilung

Die Fernheilung ist identisch mit der Heilung durch Gedankenübertragung, außer daß die Vorstellung und der Heilprozeß über weite Entfernungen erfolgen. Bei Fernheilungen können die Empfänger Hunderte oder Tausende von Kilometern entfernt sein und dennoch den vollen Nutzen der Heilung erfahren. Der tatsächliche physische Abstand stellt hierbei keinen Faktor dar.

Das Erstaunlichste ist für mich bei Fernheilungen, daß eine Heilung auch erfolgt, wenn man weder den vollen Namen des Empfängers noch den genauen Aufenthaltsort, das Alter oder das spezifische Leiden kennt. Alles was Sie brauchen, um jemandem zu helfen, ist die Fähigkeit, sich auf irgendeine Weise mit dessen Energie zu verbinden – über ein Foto, einen

Vor- oder Nachnamen, ein kleines Detail oder ein Stück Information oder über eine Kombination von diesen Dingen.

Wenn ich in direkter Verbindung stehe zu der Person, mit der ich arbeite, vereinbaren wir eine Zeit, an der wir beide uns entspannen und auf die Heilung ausrichten können. Während der Heilung setze ich mich, entspanne mich, schließe meine Augen und richte meine Energie aus. Ich fühle und sehe die Person, sowohl ihren physischen Körper als auch ihr Energiefeld, dann arbeite ich mit ihr in meinem Kopf, wie ich es tun würde, wenn sie körperlich vor mir stände.

Wenn keine direkte Verbindung zu der betreffenden Person besteht, versuche ich mein Möglichstes, um einen Zeitpunkt zu wählen, an der sie vermutlich schläft oder ausruht. Je entspannter ein Mensch ist, umso leichter fällt es ihnen, die Heilenergie anzunehmen. Dabei können sich die Menschen der Heilenergie, die ihnen geschickt wurde, bewußt sein oder auch nicht.

In vielen Fällen bemerken die Empfänger der Heilenergie zu dem Zeitpunkt, an dem die Energie ausgesendet wird, eine Veränderung in ihrem Befinden. Leute haben mich angerufen und präzise die Zeiten angegeben, an denen ich mit ihnen gearbeitet hatte. Sie konnten sogar fühlen, was gemacht wurde, und berichteten, wie sehr es ihnen nachher besser ging. Dies bestätigt neuerlich die Kraft Ihres Geistes und Ihrer Gedanken. Wenn diese konzentriert sind, können Sie unglaubliche Ergebnisse erzielen.

Nahrung segnen

Sie können Energie in die Nahrung senden, um diese zu segnen, ihr Energie zu verleihen und um Unreinheiten zu entfernen. Indem Sie Ihre Nahrung segnen und mit Energie aufladen, erhöhen Sie die Lebenskraft derselben. Diese zusätzliche Energie steht dann zur Verfügung, um Ihren Körper zu ernähren und zu pflegen. Das Entfernen von schädlichen Chemikalien, Pestiziden und anderen Giften vor der Aufnahme in den Körper macht diesen gesünder und läßt ihn wirkungsvoller arbeiten.

Um die Nahrungsmittel zu segnen und Verunreinigungen zu entfernen, stellen Sie sie vor sich hin. Sprechen Sie zuerst ein Gebet und reiben Sie Ihre Hände gegeneinander, um Energie zu aktivieren. Dann halten Sie Ihre Hände an jede Seite oder leicht über die Nahrung, in einem Winkel von ungefähr 45 Grad. Sehen und spüren Sie, wie die Energie aus den Handflächen und in die Nahrung strömt und diese segnet und reinigt. Verbildlichen Sie zusätzlich zur Energie die lebhaften Farben heilender Energie, die in die Nahrung gesendet werden. Sehen Sie, wie jegliche Unreinheiten verwandelt und gelöst werden, durch den Raum zwischen Ihren Händen nach oben oder durch Ihren Körper nach unten in die Erde schweben.

Während ich dies tue, kann ich tatsächlich fühlen und sehen, wie die Verunreinigungen freigesetzt werden. Es ist erstaunlich festzustellen, welche Mengen an Unreinheiten in fast jeder Nahrung sind, die wir aufnehmen. Das Segnen und Aufladen der Nahrung ist unserem Körper bei der Selbstheilung von großer Hilfe.

Selbstsegnung

Etwas, das jedem guttut und für das Ich getan werden kann, ist sich selbst zu segnen. Ich habe festgestellt, daß diese Technik außerordentlich hilfreich, schnell und wirksam ist.

Sprechen Sie ein Eröffnungsgebet und reiben Sie anschließend Ihre Hände. Halten Sie Ihre linke Handfläche nach oben, um Energie aus dem

Universum zu erhalten und halten Sie Ihre rechte Hand nach unten gerichtet 5 – 15 cm über Ihren eigenen Kopf. Sehen und fühlen Sie, wie positive Energie – weiß oder golden – in Ihre linke Hand gesaugt wird und dann aus Ihrer rechten Hand ausgesendet wird, nach unten durch Ihren Kopf und durch Ihren Körper fließt, durch die Basis des Rückgrates und durch Ihre Fußsohlen, den ganzen Weg entlang bis zum Zentrum der Erde (Abb. 31)

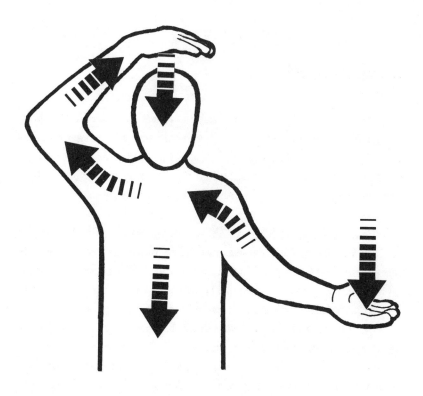

Abb. 31 – Selbstsegnung

Sehen und fühlen Sie die positive Energie, die alles Negative aufbricht und auswäscht, das in Ihrem Kopf und in Ihrem Körper vorhanden ist. Erfahren Sie, wie die positive Energie Ihren gesamten Körper reinigt und segnet. Spüren Sie diese Energie, die über Sie und in Ihnen wie ein Wasserfall hinwegspült, Sie vollkommen reinigt und mit positivem weißen Licht, goldener Energie und unbedingter Liebe auffüllt. Diese Visualisierung können Sie auch durchführen, während Sie duschen. Es ist eine ausgezeichnete Technik, um sich selbst zu zentrieren und ins Gleichgewicht zu bringen.

Gebetslisten

Viele Kirchen und Organisationen haben Gebetslisten, Gebet-/Heilrunden und Nachtwachen im Gebet, an denen die Menschen teilnehmen oder anrufen können, um darum zu bitten, daß Gebete für sie selbst oder für jemanden, den sie kennen, gesprochen werden mögen. Die „Church of Religious Science," die „Unity Church" oder andere religiöse Gruppen bieten diese Leistung an.

Ich habe festgestellt, daß die Teilnahme an einer solchen Runde oder die Bitte, auf diese Gebetslisten gesetzt zu werden, eine außerordentlich kraftvolle Quelle der Heilung und Stärkung darstellt. Ich empfehle wärmstens, daß all jene, die Hilfe und Beistand benötigen, vor allem jene, die sich in einer Krise befinden, diese ausgezeichneten Heilquellen nutzen sollen. Es ist nicht wichtig, ob Sie Mitglied dieser Kirchen oder Organisationen sind, oder ob Sie den Mitgliedern, die für Sie beten, bekannt sind. Ich habe oft mehrere dieser Kirchen im Lande angerufen, um in Krisenzeiten Beistand für mich selbst oder für einen geliebten Menschen zu erhalten. Die Ergebnisse waren stets ausgezeichnet.

Planetarische Heilung

Indem man eine Kombination von bildlicher Vorstellung, kreativem Wollen und Fernheilung einsetzt, können Heilenergie und Heilfarben überall hin ins Universum geschickt werden. Diese Energie kann an das gesamte Universum gerichtet sein oder an eine besondere Person oder einen speziellen Ort.

Allgemeine Bereiche, die der Heilung bedürfen, können zum Beispiel die Einstellungen der Weltführer betreffen, Mitglieder eines Friedensverhandlungsteams, die Kinder der Erde, das Pflanzenreich oder die Ozonschicht. Das Ende aller Kriege und die Verbildlichung des Weltfriedens ist eine unserer größten Dringlichkeiten. Besondere Bereiche können etwa ein Führer mit gesundheitlichen Problemen sein, eine von einem Erdbeben zerstörte Stadt oder ein Vulkan, der vor dem Ausbruch steht.

Wenn Sie Planetarenergie aussenden, konzentrieren Sie sich darauf, das positive Endresultat zu verbildlichen und überlassen Sie der „Universellen Intelligenz" die Handhabung der Details, um das Ergebnis zu erreichen. Sie können auch Heilenergie und Heilfarben aussenden, ohne ein bestimmtes Ergebnis vorzustellen. Vertrauen Sie bei beiden Methoden auf das „kreative Wollen", um die Heilenergie dorthin zu leiten, wo sie am meisten benötigt wird. Bitte vergesssen Sie nicht darum zu bitten, daß alle ausgesandte Energie „zum höchsten Besten aller Beteiligten sei".

Auf der ganzen Welt haben sich Gruppen gebildet, um heilende Energie und Farben für eine planetare Heilung auszusenden. Diese Gruppen, seien sie klein (2 – 5 Leute) oder groß (zehn oder mehr Menschen), haben eine wichtige positive Auswirkung auf unser Universum. Offensichtlich ist das potentielle Energiefeld umso bedeutender, je größer und konzentrierter die Gruppe ist. Seien Sie sich bewußt, daß jedes einzelne Individuum, das Heilenergie zum Planeten aussendet, eine viel größere Wirkung ausüben kann als dieser Mensch sich vorzustellen vermag.

Viele der positiven Veränderungen, die wir zur Zeit auf dem Planeten erleben, sind das direkte Ergebnis von ausgesandter Heilenergie. So haben zum Beispiel einige Städte von einer viel niedrigeren Verbrechensrate berichtet, wenn Gruppen meditierten und Heilenergie aussandten.

Eine der Methoden, um dem Planeten heilende Energie zu senden, ist genau die gleiche wie jene zur Segnung der Nahrung. Stellen Sie sich anstelle der Nahrungsmittel vor Ihnen eine Miniaturerde vor. Schließen Sie Ihre Augen und halten Sie Ihre Handflächen der Erde zugewandt und senden Sie Heilenergie zu ihr. Sehen Sie, wie das Negative dahinschmilzt.

Eine andere Methode um Heilung zu senden besteht darin, auf einem Stuhl zu entspannen und die Technik der Fernheilung einzusetzen, um dem Planeten Heilenergie zu senden.

Bitte verbringen Sie jeden Tag als ein Tribut an das Universum 15 Minuten damit, Heilenergie auszusenden und über den Weltfrieden zu meditieren. Das ist ein großartiger Weg, um Ihre Heilfähigkeiten zu entwickeln und gleichzeitig dem Planeten zu nutzen.

XII

Die Heilsitzung

Vorbereitungen für eine Heilsitzung

Wenn Sie einen Raum für eine Heilsitzung vorbereiten, stellen Sie sicher, daß stets ein Handtuch, ein Abfallkorb, Papiertaschentücher, ein Kissen und eine Decke zur Verfügung stehen. Diese Dinge sind selten in spontanen Situationen bei Hand, wenn Sie mit jemandem arbeiten.

Es gibt viele Möglichkeiten, um starke Emotionen sicher auszudrücken und freizusetzen. Ich tue mein Möglichstes, um Handtuch oder Kissen bereitzuhalten, für den Fall, daß eine Person schreien muß. Mit einem Handtuch oder einem Kissen vor dem Mund kann man sich die Lungen herausschreien, ohne daß es einem peinlich wird oder man Angst haben muß, jemand könnte die Polizei rufen. Oft brechen diese Schreie unkontrolliert heraus, ohne Vorwarnung, und es bleibt nicht einmal Zeit, nach dem Handtuch zu greifen. Auf jeden Fall versuche ich mein Möglichstes.

Das Kissen kann man benutzen, um es wie einen Teddybär zu halten, zum Trost, um hinein zu weinen, zu brüllen oder darauf einzuhauen. Noch einmal, lassen Sie die Menschen ihre Emotionen lieber auf einen äußeren Gegenstand ausrichten als auf Sie, auf sich selbst oder auf ein ungeeignetes Objekt, das sie verletzen oder durch welches sie verletzt werden könnten. Papiertaschentücher werden bereitgehalten, um Tränen wegzuwischen oder die Nase zu putzen. Am besten reicht man die Taschentücher nicht während, sondern nach der Heilung, außer wenn jemand ausdrücklich danach verlangt. Dies deshalb, weil Sie die Menschen aus ihrem Prozeß herausreißen könnten, bevor er abgeschlossen ist, wenn Sie ihnen während des Heilprozesses Taschentücher geben. (Siehe „Den Heilungsprozeß unterstützen“).

Die Decke ist zur Hand für den Fall, daß jemandem kalt wird oder im Laufe einer Energieloslösung abkühlt. Der Abfalleimer ist nur eine Vorsichtsmaßnahme, falls jemand sich übergeben muß.

Eine sichere Umgebung schaffen

Zu wissen, wie man eine sichere Umgebung schafft ist ebenso wichtig wie zu wissen, wie man mit Heilenergie arbeitet. Keiner von uns oder wenige wuchsen in einer Umgebung unbedingter Liebe und Sicherheit auf. Daher haben wir alle gelernt, wie wir uns schützen und isolieren. Während wir älter wurden, dienten diese Isolierschichten dazu, uns am Leben zu erhalten und uns davon abzuhalten, unseren Schmerz zu fühlen. Mit der Zeit haben wir Schutzschicht um Schutzschicht aufgebaut. Die Schaffung einer sicheren Umgebung trägt dazu bei, diese Schichten schneller zu entfernen. Damit Menschen heilen, müssen sie sich sicher genug fühlen, um ihre Vorsicht fallen zu lassen, um sich ihren Problemen zu stellen, ihre Gefühle zu spüren und um die Energie freizusetzen, die mit ihrem Schmerz, ihren Ängsten und ihrem Trauma verbunden ist. Je weniger die Menschen sich durch andere beurteilt, kritisiert oder verurteilt fühlen, umso leichter können sie ihre eigene Selbstkritk, ihre eigene Selbstbe- und verurteilung lockern und beginnen, sich selbst zu akzeptieren. Damit wird der Heilprozeß leichter.

Am besten habe ich wenn es möglich war mit Leuten in einer privaten, ruhigen Umgebung gearbeitet; das ist jedoch manchmal nicht möglich. Einmal arbeitete ich mit jemandem in der Haupthalle eines Kankenhauses. Die Umgebung ist wichtig, doch wichtiger ist das Ausmaß unbedingter Liebe, Vertrauen und Akzeptierung, das Sie als Heiler der Umgebung entgegenbringen.

Alle in diesem Buch angewendeten Techniken werden bei voll angekleideten Menschen durchgeführt. Manchmal trug jemand einen Mantel oder
einen schweren Pullover zusätzlich zu einem Hemd und ich fragte, ob es
ihm oder ihr angenehm sei, die schwere äußere Kleidung abzulegen. Das
ist angemessen. Zu verlangen, daß jemand sich vollkommen entkleidet ist
weder erforderlich noch angemessen.

Verschwiegenheit ist ebenfalls sehr wichtig. Was immer jemand im Laufe
einer Heilsitzung tut oder sagt, ist strikt vertraulich und jede Diskussion
mit anderen über den Namen oder die Probleme einer bestimmten Person stellen einen Vetrauensbruch dar. Dies wird nicht nur Auswirkungen
auf das Vertrauen und die Heilung der Betroffenen haben, sondern auch
den Ruf des Heilers oder der Heilerin seiner/ihrer Gemeinschaft zerstören.
In der Tat ist Verschwiegenheit ausgesprochen wichtig.

Heilung – Die Energie einstellen

Es ist außerordentlich wichtig, daß Sie alle Ihre persönlichen Probleme,
Fragen und Herausforderungen loslassen oder zumindest beiseite schieben, bevor Sie irgendeine Art von Heilarbeit an jemandem vornehmen.
Es ist auch unbedingt erforderlich, daß Sie jede Beurteilung des Menschen,
mit dem Sie arbeiten, oder von dessen Problemen, loslassen.

Ihre persönlichen Erlebnisse dürfen nur sparsam mitgeteilt werden, und
nur wenn dies angebracht scheint. Vergessen Sie nicht – als Heiler sind Sie
da, um der betreffenden Person Beistand zu bieten; diese brauchen
weder Ihren Problemen zuzuhören noch Sie zu heilen.

Während Sie mit anderen arbeiten, rühren Sie automatisch auch Ihre eigenen ungelösten Fragen auf. Diese müssen zu einem anderen Zeitpunkt
gelöst werden als während der Heilsitzung eines anderen Menschen.

Seien Sie so ruhig, entspannt und ungetrieben wie möglich. Menschen, die mißbraucht wurden, sind außerordentlich verletzlich und sensibel. Die Heilung besteht zu einem Großteil darin, den Menschen zu helfen, sich zu öffnen und ihre Verletzbarkeit bloßzulegen. Wenn sie sich in irgendeiner Weise getrieben oder gedrängt fühlen, kann sie das nur erschrecken, und sie werden sich noch mehr zurückziehen und verschließen.

Gehen Sie mit einem Tempo vor, das der betreffenden Person angenehm ist. Wenn Sie im Zweifel sind, ist es stets besser, ein wenig langsamer vorzugehen, als sie vertragen würde, als Gefahr zu laufen, sie zu überwältigen. Wenn jemand überlastet ist oder beginnt, sich überlastet zu fühlen, kann dies als Ausrede genutzt werden, um aufzugeben, sich zu verschließen und davonzulaufen.

Vor einiger Zeit führte ich bei einer Frau lediglich während 10 Minuten Energiearbeit durch und verbrachte ungefähr eine Stunde damit, nur mit ihr zu sprechen. Sie bedrängte mich, noch mehr Energiearbeit vorzunehmen. Doch etwas in mir sagte mir „Nein". Zuerst war sie sehr verärgert über mich, doch nach einigen Tagen erzählte sie mir, daß die Arbeit, die wir durchgeführt hatten, so kraftvoll war, daß sie kaum richtig arbeiten konnte. Zehn Minuten waren fast zu viel gewesen!

Wenn Sie eine sichere Umgebung schaffen, befreien Sie sich an erster Stelle von jeder Beurteilung, Kritik oder von Vorurteilen. Ich habe Mörder und Vergewaltiger ebenso beraten wie die Opfer ähnlicher Verbrechen. Ich habe mit Leuten gearbeitet, die einen geliebten Menschen verloren hatten und mit Frauen und Männern, die emotional und sexuell mißbraucht wurden. Alle benötigen und verdienen Heilung! Alle brauchen und verdienen Vergebung und eine Chance, ihren Schmerz zu heilen. Wir können niemandem helfen, wenn wir zu Gericht sitzen! Bedenken Sie, Gott beurteilt und verurteilt nicht – nur die Menschen verfolgen einander! Bleiben Sie vollständig zugegen; richten Sie Ihren Geist und Ihre ganze Aufmerksamkeit voll auf den Menschen, mit dem Sie arbeiten. Schauen

Sie ihm oder ihr in die Augen, während sie ihre Geschichte erzählen. Seien Sie für sie da und lassen Sie sie wissen, daß Sie sie hören – sie wirklich hören – und sie bedingungslos lieben und unterstützen.

Wenn Gedanken von außen zu Ihnen dringen, lassen Sie sie durch sich hindurchgehen. Eine gute Methode, zugegen zu bleiben, ist sich darin zu üben, die letzten fünf Worte zu wiederholen, welche die betreffende Person gesprochen hat.

Zuhören, zuhören, zuhören. Ich habe gelernt, daß in den meisten Fällen die Menschen Ihnen sowohl über die Natur ihrer Probleme als auch über den Weg, auf welchem sie Heilung akzeptieren werden, viel erzählen oder zumindest starke Hinweise liefern werden. Aktives Zuhören – hören, was nicht gesagt wird und hören, was gesagt wird – ist ein außerordentlich hilfreiches Werkzeug.

Akzeptieren Sie die Menschen dort, wo sie sich befinden. Es ist den Leuten fast unmöglich, sich zu verändern, bevor sie sich nicht so akzeptieren können, wie sie sind. Während Jahrhunderten hat man uns die Schuld gegeben an tausend Dingen unter der Sonne. Leider haben wir uns daran gewöhnt, ins Unrecht gesetzt zu werden. Manchmal warten wir geradezu darauf. Und manchmal schaffen wir wirklich ein Unrecht, um negative Aufmerksamkeit zu erringen.

Was aber geschieht wenn wir Recht bekommen? Was passiert, wenn uns jemand sagt: „Ja, ich kann verstehen, wie Du dorthin gelangt bist. Es ergibt einen Sinn, daß Du hier stehst." Und wenn man uns dann fragt: „Würdest Du es gerne ändern?" „Was würdest Du anders machen?" „Wann würdest Du gerne diese Veränderung erleben?" „Hättest Du gerne Hilfe?" Nachdem solche Fragen beantwortet wurden, ist eine Person normalerweise in der Lage und willig, voranzuschreiten, nicht ausgehend von einem Standort der Scham sondern von einem der persönlichen Kraft.

Stellen Sie Fragen, bieten Sie Vorschläge an und vermeiden Sie das „Sie sollten". Fragestellungen ermöglichen es der Person, mit der Sie arbeiten, mit ihrem eigenen inneren Wissen in Berührung zu kommen. Wenn Sie sanft Fragen stellen, öffnen Sie Türen, von denen die betreffende Person nicht einmal wußte, daß sie existieren. Stellen Sie eine Frage und schweigen Sie, bleiben Sie ruhig damit die Person in sich gehen und ihre eigenen Antworten finden kann.

In vielen Kulturen lehren die spirituellen Führer nicht, indem sie Antworten geben, sondern indem sie Fragen stellen. Leitfragen – wie „Glauben Sie daß mehr Bewegung Ihnen helfen wird, sich besser zu fühlen? Oder mehr Ruhe? Oder dieses oder jenes in Ihrem Leben zu ändern?" – können sehr hilfreich sein, um einem Menschen zu helfen, seine eigenen Antworten zu finden.

Vermeiden Sie unter allen Umständen, den Menschen zu sagen, was sie tun „sollten". „Sollten" heißt lediglich, einem anderen Ihre eigenen Ideen, Werte und Urteile aufzuzwingen. In der Regel haben die Probleme dieser Menschen damit begonnen, daß sie auf das „Sollte" anderer hörten. Das Ihre wird die Situation nur komplizieren.

Die Menschen nehmen durch ihr Unterbewußtsein oder durch andere Sinne alles auf, was der Heiler denkt und fühlt. Selbst wenn eine Person nicht in der Lage ist, klar in Worten auszudrücken, was sie aufnehmen oder genau bestimmen können, woher ihre Empfindungen herrühren, so werden sie diese dennoch fühlen. Deshalb ist es außerordentlich wichtig, so anwesend und so klar wie möglich zu sein mit jedem Menschen, mit dem Sie arbeiten.

Bei der Arbeit mit manchen Menschen kommt es vor, daß laute Geräusche ihnen Angst machen oder sie erschrecken. Bewegen Sie sich also langsam und bewußt, besonders bei jemandem, der geschlagen oder mißbraucht wurde. Erinnern Sie sich, Sicherheit schaffen ist ein unerläßlicher Schlüssel zu erfolgreichen Heilungen.

Den Heilungsprozeß unterstützen

Oft – wenn eine Person Ihnen erzählt, was sie fühlt oder wenn sie weint – möchten Sie sie vielleicht umarmen, berühren oder Taschentücher reichen. Wenn Sie sich darauf stürzen, jemanden zu trösten, der weint oder auf irgendeine andere Art Emotionen freisetzt, unterbrechen Sie womöglich den Heilungsprozeß oder stoppen ihn. Ist dies erst einmal geschehen, wird es sehr schwierig für die betreffende Person, wieder an ihre Gefühle anzuknüpfen und sie verlieren dadurch eine goldene Gelegenheit, zu heilen.

Ich habe oft gesehen, wie man jemandem, der tief im Prozeß steckte und fast hysterisch weinte, Taschentücher anbot. Schier ungläubig habe ich beobachtet, wie die betreffenden Personen dadurch aus ihren Gefühlen und ihrem Prozeß herausgerissen wurden, aufhörten zu weinen und dann - mit einer sehr ruhigen und ausgewogenen Stimme – für die Taschentücher dankten. Dies ist nur ein Beispiel dafür, wie jemandes Prozeß unterbrochen und gestoppt werden kann. Indem man den Menschen gestattet, voll in ihre Gefühle einzutauchen und ihren Schmerz und ihr Trauma zu erleben, ermöglicht man ihnen, ihre Energieblockaden freizusetzen. All seine Gefühle zu spüren ist einer der schnellsten Wege zur Heilung. Erlauben Sie den Menschen in ihrem Prozeß zu verbleiben!

Wenn ich Menschen sehe, die sich anschicken, andere während deren Prozeß zu trösten, frage ich sie, ob diese Handlung der anderen Person helfen soll oder ob es für sie selbst zu unangenehm ist, in der Gegenwart eines leidenden Menschen zu sein. Meiner Erfahrung nach hat die Mehrzahl von denen, die den Prozeß anderer unterbrechen, sich mit ihren eigenen Gefühlen und Problemen nicht auseinander gesetzt und ihr unterdrückter Schmerz wird dadurch ausgelöst, daß sie sich in Gegenwart von jemandem befinden, der starke Emotionen erlebt. Weil eine Auseinandersetzung mit ihrem eigenen Schmerz zu erschreckend ist, bewegt ihr natürlicher Instinkt sie dazu, die andere Person vom Empfinden intensiver Emotionen abzuhalten und sich dabei vor dem Fühlen ihres eigenen eingefangenen Traumas zu schützen.

Natürlich ist es wunderbar, jemanden zu umarmen und Unterstützung zu zeigen. Das Timing ist jedoch äußerst wichtig. Wenn Sie dies tun, während eine Person sich im Prozeß befindet, kann es eine sehr negative Wirkung haben. Wenn Sie es tun, nachdem diese Person ihren Durchbruch vollbracht und ihren Prozeß abgeschlossen hat, kann diese gleiche Handlung die in der Heilung erzielten positiven Resultate außerordentlich festigen. (Siehe „Verankerung")

Eine Heilsitzung beenden

Die Art, wie eine Heilsitzung endet, ist äußerst wichtig. In der Tat kann dies manchmal der wichtigste Teil der Sitzung sein. Wenn die Beendigung sanft und hegend ist, wird sie den in der Sitzung erreichten Grad der Heilung stärken und festigen, und ein Weitergehen der Heilung für Stunden und Tagen nach der Sitzung fördern. Ein abruptes oder heftiges Ende kann jedoch alle guten erzielten Ergebnisse zerstören. In extremen Fällen kann die betreffende Person dadurch reagieren, daß sie sich noch stärker verschließt. Und dann kann sie Angst bekommen, sich ihren Problemen zu stellen oder eine andere Heilsitzung zu wagen.

Wenn eine Heilsitzung abrupt endet und die Frage, an der gearbeitet wurde, nicht gelöst werden konnte, kann der Betroffene sich verlassen, betrogen, verlegen oder gedemütigt fühlen, Scham empfinden oder das

Gefühl haben, ihm sei Gewalt angetan worden. Ein solches Trauma könnte diesem Menschen noch größere Schwierigkeiten bereiten, sich selbst gegenüberzutreten und sich zu akzeptieren. Dies gilt vor allem dann, wenn Sie über die reine Energiearbeit hinausgehen und in eine Diskussion eintreten über die den Energieblockaden zugrundeliegenden Ursachen. Eine Heilsitzung beenden, bevor ein natürlicher Haltepunkt erreicht wurde und verabsäumen, mit der Person einen Schluß zu schaffen ist wie eine Operation beenden, ohne den Patienten zuzunähen.

Vertrauen, der Schlüssel zu einer Beziehung, ist wesentlich beim Erbringen von Heilarbeit. Dies gilt vor allem dort, wo ein hohes Maß an Mißbrauch oder Gewalt geschehen ist. Oft und besonders in Verbindung mit Energiearbeit kann die Person, die Hilfe erfährt, einen hohen Grad an Verletzbarkeit aufweisen die, wenn die Energie zu schnell verschoben wird, die alten Gefühle der Vergewaltigung und des Verlassenseins stimulieren. Eine Heilsitzung schafft in der Regel eine Verbindung, eine Nähe, ein hohes Ausmaß an Vertrauen, die geehrt und respektiert werden müssen.

Abfolge einer Heilsitzung

1. Besprechen Sie den Anlaß für die Sitzung, bestimmen Sie den körperlichen/emotionellen Bereich, an dem gearbeitet werden soll.

2. Sprechen Sie ein Eröffnungsgebet.

3. Richten Sie sich auf die Mitte aus und wurzeln Sie; aktivieren Sie Ihre Hände.

4. Fühlen Sie das Energiefeld/überprüfen Sie Hitze am Nacken.

5. Vereinbaren Sie gegenseitig die Bereiche, an denen gearbeitet werden soll/beziehen Sie die betreffende Person mit ein.

6. Ziehen Sie negative Energie heraus.
   In schweren Fällen:
   A. Schnelle Aurareinigung.
   B. Pressen Sie die Energie mit Hochleistung hinaus.
   C. Klatschen Sie in die Hände.
   D. Verwenden Sie den Ballon.

7. Füllen Sie positive Energie hinein.

8. Gleichen Sie die Körperenergie so aus, wie es nötig ist.

9. Lassen Sie Energie das Rückgrat hinauf strömen.

10. Führen Sie eine Aurareinigung durch; falls erforderlich, verschließen Sie das Aurafeld.

11. Beenden Sie die Sitzung mit Diskussion und einem Glas Wasser.

12. Waschen Sie Ihre Hände und reinigen Sie den Heilbereich.

Allgemeines Energieausbalancieren
Kein bestimmter Bereich zu Bearbeiten

1. Sprechen Sie ein Eröffnungsgebet.

2. Richten Sie sich auf die Mitte aus und wurzeln Sie; aktivieren Sie Ihre Hände.

3. Fühlen Sie das Energiefeld/überprüfen Sie Hitze im Nacken.

4. Führen Sie eine grobe Aurareinigung durch.

5. Reinigen Sie das Kronen-Chakra.

6. Gleichen Sie die rechte/linke Gehirnhälfte aus.

7. Gleichen Sie das Stirn-Chakra aus.

8. Gleichen Sie das Hals-Chakra aus.

9. Gleichen Sie das Herz-Chakra aus.

10. Gleichen Sie das Sonnengeflecht-Chakra aus.

11. Gleichen Sie das Milz/Nabel-Chakra aus.

12. Gleichen Sie das Wurzel-Chakra aus.

13. Lassen Sie Energie das Rückgrat hinaufströmen.

14. Beenden Sie mit einer Aurareinigung; falls erforderlich, verschließen Sie das Aurafeld.

15. Beenden Sie die Sitzung mit einer Diskussion und einem Glas Wasser.

16. Waschen Sie Ihre Hände und reinigen Sie den Heilbereich.

Am Ende einer Heilsitzung und bevor Sie besprechen, was geschehen ist, reichen Sie der Person ein großes Glas Wasser (Raumtemperatur) und fordern Sie sie auf, alles zu trinken, bevor sie weggeht. Dies wird ihr helfen, körperlich anwesender zu sein und wird die Freisetzung von Giftstoffen aus ihrem Körper beginnen.

Ich habe festgestellt, daß es am besten ist, sich mindesten 15 Minuten nach einer Heilsitzung Zeit zu nehmen, um die Menschen zu fragen, wie sie sich fühlen, welche Veränderungen sie gespürt haben und welche Bilder oder Verwirklichungen vor ihnen auftauchten. Ich frage auch, ob es etwas anderes gibt, worüber sie gerne sprechen möchten. Dieser Vorgang des Fragens und des aktiven Zuhörens hilft den Menschen, vollständiger mit ihrer eigenen Wahrnehmung der Erfahrung in Berührung zu kommen. Indem sie ihre Gefühle bestimmen und ihnen Ausdruck verleihen, bringen sie ihre Erfahrung stärker auf die Bewußtseinsebene. Die Menschen erlangen oft durch die Verbalisierung ihrer Erfahrung – indem sie sie in Worte kleiden – eine größere Einsicht. Beachten Sie, daß sie vielleicht im Augenblick nicht sprechen möchten oder nicht dazu fähig sind. Nutzen Sie Ihre eigene Intuition, um herauszufinden, ob jemand verwirrt oder nur ruhig ist und die Erfahrung auf einer tiefen Ebene verinnerlicht. Stehen Sie den Menschen zu, daß sie ihre Gefühle nicht mitteilen wollen, besonders wenn sie nicht bereit dafür sind oder wenn es ihnen unangenehm ist.

Nachdem die Menschen erzählt haben, was sie empfinden, geben Sie ihnen so viel positive Bestärkung und Rückmeldung wie möglich. Beachten Sie, auf welche Art sie auf Ermutigung reagieren. Wenn sie ihnen unangenehm ist, ziehen Sie sich zurück und unterstützen Sie die Menschen nur indem Sie zuhören und Leitfragen stellen. Seien Sie so ehrlich wie möglich mit den Menschen und speziell auf sie bezogen. Aussagen wie: „Das haben Sie wirklich gut gemacht", „Man braucht sehr viel Mut, um zu tun was Sie gerade getan haben", „Man braucht sehr viel Mut, um sich diesem Problem zu stellen", „Ich muß wirklich Ihre Bereitschaft anerkennen, Ihren Schmerz zu fühlen", können einem Menschen das Selbstvertrauen und den Mut geben, weiterzugehen und buchstäblich das Leben der Leute verändern. Aussagen wie diese sind sehr machtvoll, weil sie die Heilerfahrung eines Menschen bestätigen und sie ermutigen, in ihrem Heilprozeß fortzufahren. Bedenken Sie, daß die meisten Menschen selten jemanden hatten, der ihnen beistand. Dies gilt vor allem in der Auseinandersetzung mit der negativen Energie ihrer Peiniger. Bitte beachten Sie, daß das Verhältnis mit dem Heiler an sich therapeutisch ist. Das Vertrauen und die Unterstützung, die Sie herstellen, kann neue Wege zu einer weiterführenden Heilung öffnen.

Klären Sie die Menschen darüber auf, daß sie sich während einiger Stunden oder Tage verwirrt und anders fühlen können, während sie die Heilenergie und die Veränderungen, die sich in ihren Beziehungsmustern zu anderen ergeben, verinnerlichen. Ich sage den Menschen, mit denen ich arbeite immer, daß sie mich anrufen sollen, wenn sie das Bedürfnis haben zu sprechen oder wenn etwas geschieht, das sie beunruhigt. Ich sage ihnen daß sie mich im Notfall jederzeit anrufen können, auch mitten in der Nacht. Während all der Jahre Heilarbeit hat niemand mich je in der Nacht angerufen. Meistens ermöglicht das Wissen: „Ja! Jemand sorgt sich um mich und ist wirklich für mich da," den Menschen, ihren Heilungsprozeß selbst zu vollenden.

Fürsorge nach einer Heilsitzung

Was ein Mensch während der ersten bis dritten Stunde nach einer Heilsitzung tut, kann die geleistete Arbeit in hohem Maße unterstützen und stärken. Üblicherweise ist es am besten, wenn diese Zeit genutzt wird um zu entspannen, zu rasten und still zu sein, sowie über die im Laufe der Heilsitzung erhaltenen Einsichten nachzudenken. Dies ermöglicht es der Heilenergie, ungestört in den Körper einzudringen und vollständig in diesen aufgenommen zu werden. Stille, sanfte Musik, Tagebuch schreiben, ein Spaziergang in der Natur oder ein Schläfchen oder ein heißes Bad können die Heilung sehr verstärken. Laute Musik, Menschenmengen, Versammlungen, intensive oder anstrengende Tätigkeit und Menschen, die einen nicht unterstützen, werden nach einer Heilsitzung, wenn sich ein Mensch offen und verletzbar fühlt, am besten gemieden.

Es ist auch sehr wichtig, während 24 bis 48 Stunden nach einer Heilung möglichst viel Wasser zu trinken. Diese zusätzliche Flüssigkeitsaufnahme fördert das Ausspülen der Giftstoffe, die im Laufe des Heilungsprozesses in den Körper freigesetzt wurden. Wenn die Giftstoffe nicht aus dem Körpersystem ausgeschwemmt werden, nimmt man sie neuerlich auf und sie werden den Körper wiederum verunreinigen. Ein heißes Bad mit Zusatz von einer Tasse Apfelessig oder einer Tasse Bittersalz hilft ebenfalls dem Körper, Giftstoffe durch die Hautporen freizusetzen. Ein weiterer Nutzen des Bades besteht darin, daß es auch die Aura reinigt. Apfelessig und Bittersalz können jederzeit verwendet werden, um eine Reinigung des Körpers und seines Energiefeldes zu fördern. Ich empfehle sehr, diese heißen Bäder öfters zu nehmen, besonders wenn man sich gestreßt, frustriert oder negativ fühlt.

Anmerkung: Es kommt vor, daß den Menschen nach einer Heilsitzung schlecht wird oder daß sie eine Erkältung bekommen. In seltenen Fällen kann dieses Freisetzen sehr schwer sein und ist als Heilkrise bekannt. Diese Reaktion wird hervorgerufen durch eine Verschiebung in der Wahrnehmung der Betroffenen, in ihrem Körper, ihrem Energiefeld und durch die rasche Freisetzung von Giftstoffen aus ihrem Körper.

Vielleicht möchten Sie diese Menschen fragen, ob sie Angst vor der Veränderung haben oder ob sie dem Verlust der alten Zeit nachtrauern. Fragen Sie, ob sie sich ihrer eigenen Heilung verschrieben haben und wenn ja, ermutigen Sie sie, zu entspannen und nachzugeben und die alten Muster loszulassen. Am besten läßt man sie hierzu ruhen und große Wassermengen trinken. Innerhalb von Tagen wird es ihnen viel besser gehen.

Reinigung des Arbeitsplatzes und Selbstreinigung

Es gibt eine Reihe von wirksamen Techniken, die verwendet werden können, um sich selbst und seinen Arbeitsplatz regelmäßig zu reinigen. Eine Technik besteht darin, einen Energiering von goldenem Licht über dem Bereich, in dem die Heilung erfolgt zu visualisieren oder zu spüren, so daß die negative Energie auf einen kleinen Raum begrenzt bleibt und sich nicht ausdehnen kann. Stellen Sie sich einen riesigen Staubsauger vor, der von Gott herabkommt und unablässig Sie und Ihre Arbeitsstelle reinigt. Sehen und fühlen Sie, wie die Saugwirkung jegliche negative Energie entfernt, so daß sie andere Menschen nicht in einen Raum bringen, der mit Negativität und Krankheit aufgeladen ist.

Eine weit verbreitete Art, negative Energie zu lösen, besteht darin sich nach absolut jeder Heilsitzung die Hände mit Seife und Wasser zu waschen. Während Sie dies tun, beten Sie und bitten Sie darum, daß Sie alle negative Energie und alle Emotionen freilassen, die Sie möglicherweise aufgenommen haben. Erleben Sie, wie diese negative Energie aus Ihrem Körper und in das Wasser strömt. Bitten Sie, daß alle fremden Energien von Ihnen gelöst und Sie gereinigt werden mögen, bevor Sie mit der nächsten Person arbeiten. (Siehe „Überschüssige und negative Energie freisetzen", S. 189)

Bitte vergessen Sie nicht, jedes während der Sitzung benutzte Handtuch zu waschen. Seien Sie sich bewußt, daß die verwendeten Hand- und Taschentücher negative Energie tragen. Waschen Sie alle Taschentücher aus oder legen Sie sie direkt in einen Abfallkorb, ohne sie zu berühren.

Hilfssysteme

Hilfssysteme sind der Schlüssel zu einem persönlichen und anhaltenden Langzeitwachstum. Dauernde Hilfe kann viele Formen annehmen, darunter individuelle Aktivitäten, Gruppenteilnahme und persönliche Gesundheitsfürsorge.

Persönliche Arbeit, wie Bücher lesen, motivierende Kassetten hören, gesunde Ernährung, Bewegung, Beten, Meditieren, Tagebuch führen, Bejahungen und Verbildlichungen einsetzen können eine wesentliche Auswirkung auf das persönliche Wachstum haben. Wenn dies gewünscht wird, kann ein großer Teil dieser Arbiet allein und / oder im Privaten getan werden. Gruppenbeteiligung kann wohltuende Freunde umfassen, Hilfegruppen, Workshops und Seminare. Ein solches Zusammenspiel wird viel dazu beitragen, einen Heilprozeß und spirituelles Wachstum weiterzutreiben. Einer der Vorteile der Teilnahme an Gruppen ist, daß man etwas lernen kann, indem man anderen zuhört und beobachtet, wie sie miteinander und mit bestimmten Situationen umgehen, und indem man Rückmeldungen über sich selbst erhält. Persönliche Gesundheitsfürsorge - das umfaßt gesunde Ernährung, körperliche Tätigkeit, Massage, Akupunktur, chiropraktische Pflege, homöopathische Medikamente, Naturheilpflege, Darmspülungen, Kräuter und die Verwendung von Blumenheilmitteln – ist eine Methode, um den Körper ins Gleichgewicht zu bringen. Der Einsatz solcher Mittel wird Ihnen helfen und Sie in Ihrem Heilprozeß unterstützen.

Folgen Sie ihrem Herzen

Ich habe in diesem Buch die Heiltechniken beschrieben, die für mich am wirksamsten waren. Doch mit jedem Tag, an dem ich mehr über Heilenergie lerne und ich die Menschen besser verstehe, ändere und verändere ich bereitwillig meine Heilmethoden.

Die Techniken, die ich Ihnen in diesem Buch vermittelt habe, sind nicht als absolute Regeln oder Gesetze zu verstehen, sondern werden lediglich angeboten als einen Beginn für jeden von Euch auf seinem eigenen Weg. Wenn das, was ich Ihnen mitgeteilt habe, für Sie funktioniert, dann nehmen Sie es bitte als Geschenk an und nutzen Sie es. Wenn aber für Sie genau das Gegenteil wirkt, dann ist es auch in Ordnung.

Wenn jedoch Ihre Intuition oder Ihr inneres Wissen Sie veranlassen, etwas anderes zu tun, zu sagen oder zu versuchen, dann folgen Sie auf jeden Fall behutsam dieser Führung. Erforschen Sie immer nur einen Schritt, und beobachten Sie, wie der Empfänger darauf reagiert. Alles Lernen ist ein Vorgang, kein Endergebnis. Bitte schreiben Sie mir an c/o Findhorn Press und lassen Sie mich wissen, wie Sie vorankommen und was Sie beim Einsatz dieser oder Ihrer eigenen Techniken erlebt haben.

Danke.

Anhang
Den Körper verstehen

Wie der Körper sich mitteilt

Es gibt drei Hauptmodelle, auf die ich mich verlasse, um Einsicht zu gewinnen in die Probleme, mit denen ein Mensch sich auseinandersetzt. Bei jeder Heilung beobachte ich zuerst die Lokalisierung der negativen Energie und vergleiche sie dann mit den Bezugspunkten, die in diesen Modellen angegeben sind. Doch bedenken Sie, daß diese drei Modelle nur Hinweise sind, die dazu beitragen, Einsicht zu erlangen und daß sie niemals als ein Absolutes verwendet werden. In jedem einzelnen Fall überprüfe ich stets mit den betroffenen Menschen, ob die durch diese Bezugspunkte gelieferten Informationen genau sind und ob sie für sie zutreffen.

Anmerkung: In vielen Fällen können die Menschen sich in einem Zustand der Leugnung befinden oder aber sich der wirklichen Ursache ihres Schmerzes nicht bewußt sein. Behalten Sie in diesen Fällen die Bezugspunkte als ein Leitfaden für sich selbst und versuchen Sie nicht, die Betroffenen zur Übereinstimmung mit Ihnen zu drängen, wenn sie die Verbindung nicht selbst sehen können.

Das erste Modell ist eine Beobachtung der oberen und unteren Chakren; das zweite besteht in einer Beobachtung der rechten und linken Körperhälften; bei der dritten wird beobachtet, welcher besondere Teil des Körpers betroffen ist. Diese Modelle funktionieren gleich gut bei jedem Geschlecht, jedem Alter, jeder Rasse und Religion. Wenn Sie über männliche oder weibliche Energien sprechen, bedenken Sie stets daß bei jedem Mensch – ob weiblich oder männlich – beide Bewußtseinsarten gegeben sind. Wenn diese sich im Gleichgewicht befinden und harmonisch miteinander arbeiten, ist die betreffende Person in der Lage, sowohl die

rechte als auch die linke Gehirnhälfte wirksamer zu nutzen, und wird ausgeglichener und glücklicher sein.

Das erste Modell gewährt Einblick darüber, ob das Problem einer bestimmten Person in Verbindung steht zur niedrigeren oder zur höheren Natur
des Menschen. Wenn Sie die unteren und die oberen Chakren beobachten, sehen Sie das Herz-Chakra als Grenze an, welche die oberen drei von
den unteren drei Chakren trennt. Die oberen Chakren betreffen eher die
höhere Natur, einschließlich die Liebe, die Kommunikation, die Fähigkeit, klar zu sehen und die Verbindung zum höheren Ich. Der Gleichge-
wichtspunkt ist das Herz-Chakra. Wenn die oberen und unteren Chakren
ausbalanciert sind, ist das Herz offen und drückt vollkommen unbedingte
Liebe aus.

Manche Menschen sehen in den oberen Chakren die weiblichen und in
den unteren die männlichen Qualitäten vertreten. Hier gleicht das Herz-
Zentrum perfekt das Männliche und Weibliche aus.

Das zweite Modell besteht darin, einen Menschen senkrecht zu teilen und
die rechte und linke Körperseite zu beobachten. In diesem Szenario zeigt
die linke Seite die weiblichen, empfänglichen Qualitäten und die rechte
Seite die männlichen, demonstrativen Qualitäten. Wenn auf der linken
Seite Energieblockaden bestehen, versuchen Sie herauszufinden, ob sie mit
weiblichen Energiefragen zusammenhängen wie Sensibilität, Spiritualität,
Emotion, Intuitivität, empfangen, nähren, Unterstützung, Kreativität,
Liebesbekundungen oder andere Qualitäten der rechten Gehirnhälfte.

Wenn Energiesperren auf der rechten Körperseite vorhanden sind, erforschen Sie ob sie in Zusammenhang stehen mit männlichen Fragestellungen
wie Schutz, Überleben, Geltung, Bekundung, geben, Logik, Intellekt,
Macht oder andere Qualitäten der linken Gehirnhälfte.

Im dritten Modell geht es darum zu beobachten, welcher Teil des Körpers
betroffen ist und zu sehen, wie dies mit den betreffenden Problemen
zusammnhängen kann.

Bitte sehen Sie zusätzlich zu den im folgenden Abschnitt angeführten Ein-
blicken noch einmal den Teil über Chakren (S. 52) durch.

Der folgende Abschnitt ist wie ein Führer zu benutzen, so daß Sie die folgenden Fragen stellen können:

1. Behutsam forschende Fragen während der Arbeit mit Energie.
   Beispiel: die Augen - „Gibt es in Ihrem Leben etwas, das Sie lieber
   nicht
   sehen oder anschauen würden?"

2. Direkte Fragen.
   Beispiel: die Augen - „Was ist es, was Sie in Ihrem Leben nicht
   anschauen wollen oder vor dem Sie Angst haben, es zu sehen?"
   Beispiel: die Leber - „Mit wem oder über was sind Sie böse?"

3. Fragen mit offenem Ausgang, die dem Körperteil Stimme verleihen.
   Beispiel: „Wenn mein (Körperteil) sprechen könnte, würde er Ihnen
   sagen ..." Lassen Sie die betreffende Person die offene Frage wiederholen und sie anschließend beantworten. Schweigen Sie, während die
   Person nach einer Antwort sucht. Wenn sie den Satz nicht sofort been
   den kann, lassen Sie sie tief atmen und entspannen, bevor sie die Frage
   noch einmal wiederholen. Beispiel: „Wenn mein (Herz) sprechen
   könnte, würde es Ihnen sagen, (daß es den Schmerz nicht mehr aushalten kann)."

4. Fragen mit offenem Ausgang hinsichtlich des Nutzens, den die
   betreffende Person aus ihrer Krankheit zieht.
   Beispiel: „Der Vorteil, den ich daraus ziehe (Name der Krankheit) zu
   haben, ist ..."

Diese Fragen können den Menschen helfen, die Grundwurzel ihres Schmerzes zu berühren. In vielen Fällen brechen sie bei der Beantwortung in Tränen aus.

Liste möglicher Grundprobleme

Zweck des folgenden Abschnittes ist es, Einblick zu gewinnen in die möglichen tieferliegenden Probleme hinter der Ursache einer besonderen Krankheit. Bitte beachten Sie, daß diese nicht zur Diagnose verwendet werden oder medizinische Beachtung ersetzen sollen. Keine der folgenden Beschreibungen ist in einem absoluten Sinn zu verstehen und Sensibilität muß eingesetzt werden, um mögliche Verbindungen zu erforschen. Alle Beschreibungen sind allgemeiner Natur und müssen an dem jeweils Betroffenen überprüft werden.

Unfälle
Probleme mit Unfällen werden durch Ärger gegenüber anderen oder sich selbst verursacht, durch Gefühle der Hilfs- und Hoffnungslosigkeit und durch den Wunsch nach Beachtung. Unfälle, welche anderen Schmerzen zufügen, stammen vom Bedürfnis, Macht und Kontrolle über andere auszuüben, von der Wut auf andere oder dem Drang, jemanden zu bestrafen. Unfälle, die lediglich das betroffene Individuum verletzen, werden verursacht durch Wut gegenüber sich selbst und durch den Wunsch, das Ich zu bestrafen und zu zerstören.

Süchte
Suchtprobleme werden verursacht durch ein schlechtes Selbstbild und

niedrige Selbstachtung, Gefühle des Mangels, Unsicherheit, Selbst-
mißbrauch oder das Fehlen von Liebe in unserem Leben. Süchte beinhalten ein Suchen nach etwas außerhalb von uns selbst, um ein inneres
„Verlangen" zu erfüllen oder um innere Unsicherheiten zu heilen. Süchte können von den Eltern auf die Kinder übergehen oder sogar durch eine
Übertragung aus früheren Leben.

AIDS

Probleme mit AIDS werden ausgelöst durch Wut gegen das eigene Ich,
durch sexuelle Schuld, Scham, ein schlechtes Selbstbild und niedrige
Selbstachtung, durch die Empfindung, isoliert und allein zu sein und
durch Gefühle der Sinnlosigkeit. (Siehe auch Männliche/Weibliche sexuelle Probleme.)

Allergien

Allergien werden hervorgerufen durch Gereiztheit gegenüber dem Ich,
gegenüber anderen Menschen oder dem Leben. Die meisten Allergien
stammen von einem früheren Trauma, welche unseren Widerstand oder
unsere Toleranz gegenüber dem „Irritierenden" herabsetzte. Wenn dieses
Trauma geheilt wird, nimmt die allergische Reaktion ab oder verschwindet.

Amnesie

Probleme mit Gedächtnisschwund gehen darauf zurück, daß man Dinge
aus der Vergangenheit nicht wissen oder sich nicht daran erinnern will, und
darauf, daß man die Lebensverantwortung nicht übernehmen will. Hier
ist es leichter, Erinnerungen wegzuschalten als eine Auseinandersetzung
mit ihnen zu riskieren.

Angst

Angstprobleme werden durch die Befürchtung verursacht, gegenwärtig oder sichtbar zu sein und sich nicht sicher zu fühlen. „Vor was/wem haben Sie Angst?" Erfolg oder Versagen können ebenso wie das Außer-Kontrolle-Geraten Angst auslösen.

Apathie

Probleme mit Teilnahmslosigkeit werden dadurch hervorgerufen, daß man sich fürchtet oder unwillig ist, vollkommen lebendig und dem Leben verschrieben zu sein. Apathie kann von einem Kindheitstrauma oder -verlust stammen. Jemand der an Teilnahmslosigkeit leidet besitzt keine oder wenig Schwung oder Ausrichtung im Leben, hat wenig starke Gefühle oder Überzeugungen, empfindet selten Ärger oder Zorn und lebt aus einer Position der Sinnlosigkeit heraus.

(**Anmerkung:** Für mich stellt dieser Typus die Menschen dar, bei denen eine Hilfe am schwierigsten ist, denn sie verschreiben sich nicht vollkommen dem Leben und ihre Emotionen/Gefühle werden tief unterdrückt.)

Arthritis

Probleme mit Arthritis werden bedingt durch starres Denken und starre Überzeugungen, und aus der Angst oder dem Unwillen, flexibel zu sein. Die Lokalisierung der Arthritis liefert Hinweise auf die Bereiche von Unflexibilität im Denken eines Menschen.

Rücken

Der Rücken stellt unser Stützsystem dar. Rückenprobleme werden verursacht durch Ängste oder das Gefühl, von den anderen nicht unterstützt zu werden. Uns selbst nicht unterstützen oder Angst davor haben, uns selbst beizustehen kann ebenfalls Rückenprobleme auslösen. Rückenschmerzen hinter dem Bereich des Herzens sind ein Hinweis auf einen Mangel an Liebe und emotioneller Unterstützung, während Schmerzen im unteren Rücken zusammenhängen mit den Fragestellungen der unteren Chakren wie Überleben und mögliches Fehlen an finanzieller Unterstützung.

Blase

Blasenprobleme sind dadurch bedingt, daß man „die Schnauze voll hat" von jemandem oder von etwas. Hier beeinträchtigen Wut und Groll die Fähigkeit des Körpers, Giftstoffe zu eliminieren.

Blutdruck

Der Blutdruck stellt die Bereitschaft dar, im Strom des Lebens zu stehen. Hoher Blutdruck wird durch Starrheit verursacht, durch den Versuch das Leben zu kontrollieren und durch ungelösten/unterdrückten emotionellen Schmerz. Niedriger Blutdruck wird hervorgerufen durch Apathie, Aufgeben und den Unwillen, voll am Leben teilzunehmen.

Brustprobleme

Probleme mit der Brust gehen darauf zurück, daß man erschöpft ist davon, andere zu ernähren und zu umsorgen, während nichts oder wenig für einen selbst übrigbleibt. Brustprobleme sind ein Schrei das Körpers, das eigene Ich zu nähren und zu hegen.

Krebs

Probleme mit Krebs sind bedingt durch unterdrückte Wut gegenüber dem eigenen Ich oder gegenüber anderen, durch Hilflosigkeit, Gereiztsein, durch Aufgeben des Lebens, Gefühle der Sinnlosigkeit und durch den Wunsch, zu sterben. Normalerweise sehen die betroffenen Menschen keine andere Möglichkeit, mit einer Situation umzugehen, als zu sterben. In unserer Gesellschaft wird Selbstmord mißbilligt, während an Krebs sterben annehmbar ist.

Augenstar

Probleme mit Augenstar gehen darauf zurück, daß man Angst hat oder nicht bereit ist, zu sehen, was passiert. Wie bei Amnesie versucht die betreffende Person, sich lieber vor einer Situation zu verstecken als sie klar zu erkennen und sich mit ihr auseinanderzusetzen.

Chronische Müdigkeit

Probleme mit Müdigkeit werden verursacht durch Austreten von Energie aus dem Aurafeld, durch Gefühle der Hilfs- und Hoffnungslosigkeit, und durch den starken Glauben, keine Kontrolle oder Macht über sein eigenes Leben zu besitzen. Oft erlitten Menschen mit chronischer Müdigkeit Rückfälle oder Verluste, die sie für kurze Zeit traumatisierten. Unglücklicherweise waren diese Menschen nicht in der Lage, ihre frühere Stärke und Kraft nach dem anfänglichen Rückfall vollständig zurück zu erlangen (**Anmerkung:** Wenn Sie mit jemandem arbeiten, der an chronischer Müdigkeit leidet, vergessen Sie nicht, sich mit intensivem weißen Licht zu umgeben und zuerst sich selbst zu schützen. Beginnen Sie das Ausbalancieren der Energie mit einer groben Aurareinigung, dann einer allgemeinen Energiebalancierung. Enden Sie mit einer sorgfältigen Aurareinigung und mit dem Verschließen der Aura).

Erkältungen

Probleme mit Erkältungen werden dadurch verursacht, daß man dem Körper nicht die Pflege und Ruhe gibt, nach denen er verlangt, im fälschlichen Glauben daß eben jeder sich einmal erkältet, und durch das Verlangen nach Liebe und Aufmerksamkeit. Manche Leute gönnen sich erst Ruhe und Zurückstecken, wenn sie krank werden. Erkältungen sind auch eine Methode, loszulassen und zu heilen.

Depression

Depressionsprobleme treten auf, wenn man Angst davor hat oder nicht bereit ist, das Leben voll zu leben, und wenn Gefühle der Hilflosigkeit und der irrige Glauben bestehen, daß es nicht in unserer Macht steht, unser Leben zu verändern. Depression wird auch durch Wut hervorgerufen, die nach innen gegen das eigene, im Körper gefangene Ich gerichtet ist. (Siehe auch Chronische Müdigkeit).

Diabetes

Probleme mit Diabetes gehen zurück auf einen Mangel an Süße im Leben. Die Bauchspeicheldrüse, die Diabetes steuert, ist auch das Organ, welches mit der seelisch-geistigen Energie verbunden ist. Überprüfen Sie Einstellungen und Glauben hinsichtlich Liebe, Freude, Glück und psychischer Energie.

Ohren

Die Ohren verkörpern die Bereitschaft zu hören. Probleme mit den Ohren werden verursacht durch die Angst, zu hören oder zuzuhören – oder durch das Ringen nach Hören.

Augen

Die Augen stellen die Bereitschaft dar, klar zu sehen. Probleme mit den Augen stammen daher, daß man Angst hat oder nicht bereit ist, die Tatsachen zu sehen und zu betrachten. Eine kurzsichtige Person ist eher bereit zu sehen, was unmittelbar vor ihr passiert und weniger bereit, entferntere Dinge zu sehen (wie zum Beispiel die Zukunft). Diese Art Menschen können auch auf sich selbst fixiert sein. Eine weitsichtige Person ist bereit, die Dinge in der Entfernung zu sehen, doch weniger das, was direkt vor ihnen liegt. Dieser Typus ist eher zukunftsorientiert und weniger bereit, sich selbst zu betrachten.

Müdigkeit
Siehe Chronische Müdigkeit

Füße
Füße verkörpern die Bereitschaft, auf sich selbst zu vertrauen, fest zu stehen und verwurzelt zu sein. Probleme mit den Füßen sind hervorgerufen durch Angst oder Unwillen, unterstützt zu werden oder sich selbst zu stützen. Sie können auch aus der Furcht stammen, sich unterkriegen zu lassen oder über sich hinauszugehen. Die Füße sind auch Symbole des „Unter-stehens". Flachfüße zeigen, daß man sich vom Universum nicht unterstützt fühlt.

Weibliche Sexualprobleme
Weibliche sexuelle Probleme können dadurch verursacht werden, daß man Angst hat oder nicht bereit ist, in Liebe zu akzeptieren, eine Frau zu sein. Das kann bewirkt werden durch Wut oder Groll gegen den weiblichen Körper, gegen die Tatsache, eine Frau zu sein, gegen andere Frauen oder gegen ein Leben in einer männerdominierten Gesellschaft. Gefühle der Nicht-Entsprechung, der Scham, von sexueller Schuld oder Ablehnung können die weibliche Sexualität beeinflussen. Probleme können auch entstehen, wenn die weibliche Energie aus dem Gleichgewicht gebracht wurde, wenn man seine eigene Kraft leugnet oder sie fürchtet oder wenn man am anderen Extrem – seine eigene Sanftheit und seine Fähigkeit zu lieben leugnet oder fürchtet. Probleme bilden sich auch aus dem Glauben, daß Frauen von den Männern kontrolliert werden und deshalb keine wirkliche Macht im Leben besitzen. Weibliche Probleme sind manchmal ein Akt der Rebellion gegen das eigene Ich, gegen ein Elternteil oder gegen den Geschlechtspartner.

Frigidität

Frigiditätsprobleme werden hervorgerufen durch Gleichgewichtsstörungen der Hormone Östrogen und Progesteron, oder Wut gegen sich selbst oder den Geschlechtspartner. Oft kann auch Wut gegen den Elternteil des anderen Geschlechtes auslösend sein. (Siehe auch Weibliche und Männliche Probleme).

Hände

Hände verkörpern die Bereitschaft, nach dem Leben zu greifen, es zu berühren und zu ergreifen. Probleme mit den Händen entstehen durch Angst oder fehlende Bereitschaft, zu empfangen (linke Hand) oder zu geben (rechte Hand).

Kopfschmerzen

Probleme mit Kopfschmerzen entstehen, wenn man Angst hat oder nicht bereit ist, dem Lebensprozeß zu vertrauen; sie entstehen auch durch Über-Denken, Über-Analysieren oder durch den Versuch, das Leben zu kontrollieren, indem man es ausrechnet. Der Versuch, zu verstehen was geschieht und warum es geschieht ist nicht so wichtig wie unsere Reaktionen auf das Leben.

Herz

Das Herz verkörpert die Bereitschaft zu lieben. Herzprobleme werden verursacht durch Angst oder fehlende Bereitschaft, offen der Liebe zu vertrauen. Das kann zurückgehen auf Schmerz oder Mißbrauch in der Kindheit oder auf die Angst, verletzt zu werden.

Hüften

Die Hüften stehen für die Bereitschaft, vorwärts zu schreiten. Hüftprobleme entstehen aus der Angst oder dem Unwillen, im Leben weiterzugehen.

Schlaflosigkeit

Probleme mit Schlaflosigkeit beruhen auf der Angst oder auf fehlender Bereitschaft, loszulassen und dem Lebensprozeß zu vertrauen. Schlaflosigkeit entsteht aus dem Versuch, am Leben festzuhalten und es zu kontrollieren, und aus dem Gefühl, ohne Unterstützung zu sein. Schlaflosigkeit kann auch verursacht werden durch wiederkehrende Alpträume oder Erinnerungen an Mißbrauch in der Kindheit, normalerweise an sexuellen Mißbrauch, die auftauchen wollen. (**Anmerkung**: Die betreffende Person ist sich dessen vielleicht gar nicht bewußt, bis Sie beginnen, forschende Fragen zu stellen. Lesen Sie noch einmal sorgfältig den Abschnitt über „Die Hierarchie von Schmerz und Schutz" und „Verschließen" bevor Sie mit Schlaflosigkeit arbeiten.)

Kiefer

Kieferprobleme entstehen durch unterdrückte, nicht ausgesprochene Wut und Groll. Die Ausdrücke „die Zähne zusammenbeißen" oder „die Kiefer zusammenpressen" zeigen klar, welche Handlungen mit dem Kiefer verbunden sind.

Nieren

Nierenprobleme entstehen durch Angst. Wenn der Angstspiegel im Körper steigt, werden die Nieren betroffen. Die Nieren können an der Angst festhalten oder sie speichern – wie Angst vor Selbstausdruck, Angst vor anderen oder vor dem Leben.

Knie

Die Knie verkörpern die Bereitschaft, sich einem höheren Zweck unterzuordnen. Probleme mit den Knien werden verursacht durch die Angst oder fehlende Bereitschaft, das Ego und die Persönlichkeit zurückzustellen.

Beine

Die Beine verkörpern die Bereitschaft, auszuschreiten und sich vorwärts zu bewegen. Probleme mit den Beinen werden hervorgerufen durch die Angst oder den Unwillen, dies zu tun. Sie können auch entstehen durch das Gefühl, auf seinem Wege von sich selbst oder von anderen keine Unterstützung zu erfahren. (Siehe auch Füße)

Leber

Leberprobleme entstehen durch Wut. Wenn der Wutspiegel im Körper steigt, wird die Leber betroffen. Die Leber kann auch an der Wut festhalten oder sie speichern. Das kann Wut sein gegen sich selbst, gegen andere oder gegen das Leben.

Lungen

Lungen stehen für die Bereitschaft, den Atem des Lebens aufzunehmen. Probleme mit der Lunge oder der Atmung entstehen, wenn man Angst hat oder nicht bereit ist, das Leben voll zu erleben oder alles aufzunehmen, was das Leben bietet.

Männliche sexuelle Probleme

Männliche Probleme entstehen, wenn man Angst hat oder nicht bereit ist, in Liebe zu akzeptieren, daß man ein Mann ist. Dies kann durch Wut und Groll gegenüber dem männlichen Körper bedingt sein, gegenüber der Tatsache, ein Mann zu sein, gegenüber anderen Männern oder dagegen, in einer männerdominierten Gesellschaft zu leben. Gefühle der Nicht-Entsprechung, der Scham, der sexuellen Schuld und der Ablehnung können die männliche Sexualität beeinflussen. Probleme können auch entstehen, wenn die männliche Energie sich nicht im Gleichgewicht befindet, wenn man seine eigene Kraft leugnet oder sie füchtet oder wenn man – am anderen Extrem – seine eigene Sanftheit und seine Fähigkeit zu lieben leugnet oder sie fürchtet. Männliche Probleme können auch ein Akt der Rebellion gegen das eigene Ich sein, gegen ein Elternteil oder gegen den Geschlechtspartner.

Mund

Der Mund verkörpert die Beritschaft, Nahrung aufzunehmen und die Wahrheit zu sprechen. Probleme mit dem Mund entstehen, wenn man Angst hat oder nicht bereit ist, Nahrung aufzunehmen oder unsere Bedürfnisse, Gefühle und Wünsche mitzuteilen. (Siehe auch Hals)

Nacken

Probleme mit dem Nacken werden verursacht durch die Angst oder die fehlende Bereitschaft, flexibel zu sein. Der Ausdruck „halsstarrig" beschreibt treffend diese Starre und dieses Festhalten an unseren Ideen und Gedanken. Das Festklammern an unserem Kopf bedingt Starre und Unflexibilität.

Nase

Die Nase verkörpert die Bereitschaft, den Duft des Lebens aufzunehmen. Probleme mit der Nase werden hervorgerufen durch die Angst oder die fehlende Bereitschaft, bestimmte Gerüche aufzunehmen. Das kann bedingt sein durch ungelöste Traumata, bei denen Gerüche im Spiel sind oder ein Gereiztsein gegenüber dem Geruch des Lebens oder unserer Umgebung. Probleme können entstehen durch Gerüche, die bestanden, als das frühe Kindheits- oder Geburtstrauma erlebt wurde.

Geschlechtskrankheit

Probleme mit Geschlechtskrankheiten entstehen durch sexuelle Schuld, Scham, Selbstbestrafung und Wut gegenüber anderen, besonders dem Elternteil des anderen Geschlechts oder gegenüber dem Geschlechtspartner.

Schultern

Probleme mit den Schultern beruhen auf der fehlenden Bereitschaft, dem Lebensprozeß zu vertrauen. Die Schultern tragen die Last des Lebens. Wenn die Last zu schwer wird oder nicht losgelassen werden kann, empfinden wir Wut, fühlen wir uns in die Enge getrieben, frustriert oder voller Groll. Gefühle der Sinnlosigkeit, Hoffnungslosigkeit und Hilflosigkeit können auch aus anhaltender Frustration entstehen.

Magen

Der Magen verkörpert die Bereitschaft, Nahrung und neue Ideen zu verdauen. Probleme mit dem Magen entstehen, wenn man Angst hat oder nicht bereit ist, Nahrung zu empfangen oder neue Ideen zu verdauen.

Zähne

Zahnprobleme beruhen auf der Angst oder dem Unwillen, unsere Zähne ins Leben zu schlagen oder darauf, daß wir die Zähne zusammenbeißen und nichts aussprechen. Die Angst davor, das Leben voll zu leben und einen Bissen vom Leben abzubeißen (oder ein Projekt) läßt uns vor der Tür des Lebens stehen. Die Furcht, unserer Wut, unserem Groll, unseren Wünschen oder Bedürfnissen Ausdruck zu verleihen isolieren uns ebenfalls.

Hals

Der Hals verkörpert die Bereitschaft, zu kommunizieren. Probleme mit dem Hals entstehen, wenn man Angst hat oder nicht bereit ist, zu kommunizieren oder unsere Bedürfnisse, Wünsche und Ängste auszusprechen. Es bilden sich Halsprobleme, wenn wir unsere Worte hinunterschluken und ersticken. (Siehe auch Mund)

Zunge

Probleme mit der Zunge werden verursacht durch die Angst oder fehlende Bereitschaft, das Leben voll auszukosten und unsere Wahrheit auszusprechen. Die Zunge ist dazu bestimmt, den Geschmack des Lebens zu schmecken und Gefühle, Bedürfnisse und Wünsche mitzuteilen.

Gewichtsprobleme

Das Gewicht steht für die Bereitschaft, im Leben und im Gleichgewicht zu stehen. Gewichtsprobleme entstehen durch ungelöste emotionelle Traumata, durch sexuellen Mißbrauch, wenn man außer Kontrolle gerät und ein schlechtes Selbstbild und geringes Selbstvertrauen hat. Übergewicht kann aus Angst vor Verhungern entstehen oder aus Angst, nicht ausreichend Nahrung zu haben, als Schutz gegen sexuelle Annäherungsversuche, indem man den Körper weniger attraktiv macht, oder als Abschottung gegenüber emotionellem Schmerz. Untergewicht kann bewirkt werden durch die Angst, vollkommen lebendig zu sein, durch Angst vor Kritik wegen Übergewichtes, Angst davor, das Ich zu pflegen und zu ernähren und durch das Bedürfns, Kraft zu haben und etwas unter Kontrolle zu halten.

Bücher

„Soul Empowerment" beschreibt den Entwicklungsweg der menschlichen Seele in ihrem Bestreben, dazu zu lernen. Es bietet detaillierte fortgeschrittene Heiltechniken.

„Healing grief" – die Geschichte einer Mutter und ihrer Reise durch die Heilung nach dem Unfalltod ihres jugendlichen Sohnes.

Videos

„Hands-On Spiritual Healing" Videoproduktion, welche die in diesem Buch beschriebenen Empfindungs- und Heiltechniken zeigt.

Audiokassetten

„Masculine/Feminine Integration" Die innere Vereinigung schaffen durch Heilung der Trennung Ihrer eigenen männlichen und weiblichen Energien. Diese Aufnahme hilft, beide Energien auszubalancieren und sie harmonisch zu mischen.

„Forgiveness" Öffnet Ihr Herz, um sich selbst und anderen zu verzeihen, so daß Sie jegliche Trennung heilen können. Dieses Band hilft, den Schmerz der Vergangenheit zu lösen, damit Sie weiterschreiten und sich öffnen können, um wieder zu lieben.

„Faith/Trust" Ohne Glauben und Vertrauen in die Liebe und in das Leben ist es sehr schwer, dem Ungewissen entgegen zu reisen. Diese Aufnahme hilft, an Ihre eigene innere Führung anzuschließen und unterstützt Sie dabei, mehr Selbstvertrauen zu gewinnen, um in neue Bereiche einzutreten.

„Healing" Schafft das Engagement und den Mut, in Ihrem eigenen Heilungsprozeß weiter zu schreiten. Hilft bei der Lösung von im Körper blockierter Energie und bei der positiven Neuprogrammierung des Geistes mit Bejahungen.

„Energy Cleansing & Chakra Balancing" Dazu bestimmt, Ihr Energiefeld zu reinigen, die Chakren auszubalancieren und mehr Licht in Ihren Körper zu bringen. Kann täglich benutzt werden, damit Sie klar und zentriert bleiben. Dies ist ein gutes Band für allgemeine Zwecke.

„Igniting Your Intuition" Ihre Intuition ist Ihr Geburtsrecht. Durch geleitete Meditation wird diese Aufnahme Ihnen helfen, Sich mit Ihrem Wesens-Ich und Ihren Geist-Führern zu verbinden.

„Affirmations" Positive Bejahungen um Ihre Lebensqualität zu verbessern und Ihr Gesamtwesen zu stärken.

(Alle Bücher, Videos und Audiokassetten sind nur in englischer Sprache erhältlich.)

*

Michael Bradford reist zur Zeit mit seiner Lebensgefährtin Rosalie Deer Heart um die Welt und arbeitet zusammen mit Heilern und Heilzentren. Sie finanzieren ihre Reise mit dem Abhalten von Workshops über Heilung und durch private Heilsitzungen. Sie setzen sich dafür ein, die „Heiler zu heilen" und möglichst vielen Menschen zu helfen, deren Heilfähigkeiten zu kultivieren.
Michael und Rosalie würden gerne mit anderen begabten Heilern und Heilzentren ein weltweites Netz aufbauen. Ihr Ziel ist es, irgendwann 1995 ihr eigenes Heilzentrum aufzubauen. Bis jetzt hat der Geist sie noch nicht geführt in bezug auf einen Ort oder ein Land für dieses Heilzentrum. Michael hat auch Interesse daran, seinen ausgeprägten wirtschaftlichen Hintergrund zu nutzen, um Einzelpersonen, Organisationen oder Gesellschaften, die über eine spirituelle Basis verfügen, Beistand zu leisten, um

ihre Energie und ihre Talente besser auszurichten. Er ist besonders daran interessiert, mit Unternehmen und Personen zusammen zu arbeiten, die neue, die Lebensqualität verbessernde Technologien einsetzen.

Wenn Sie Michael Bradford und Rosalie Deer Heart gerne fördern möchten, einen ihrer Workshops besuchen oder Näheres zu ihren geplanten Büchern, Video – und Audiokassetten erfahren möchten, schreiben Sie bitte an:

Michael Bradford
c/o Findhorn Press
The Park, Findhorn,
Forres IV36 0TZ, Scotland.

Martha Christy

Selbstheilung mit Urin

Unsere eigene
perfekte Medizin

238 Seiten, br.
Format 16,5 x 24 cm
ISBN 3-85068-499-7

Ist Urintherapie, der Schlüssel zur Verbesserung oder sogar Heilung vieler als unheilbar geltenden Krankheiten? Martha Christy hat ihr Wissen um diese Therapie hart erkämpft. Seit Ihrer Jugend kämpfte sie mit schwerer Krankheit und wurde von der Schulmedizin als unheilbar krank erklärt und auch diverse alternative Therapien zeigten angesichts der Schwere der Krankheit keine dauerhafte Wirkung. Schließlich stieß sie auf die Urintherapie. Von ihrem Leiden befreit geht sie in diesem Buch den Geheimnissen der Urintherapie auf den Grund und beleuchtet, warum diese „wundersame" Methode von der Schulmedizin sprichwörtlich „links liegengelassen" wird. In 44 Berichten erörtert sie medizinische Forschungen mit dieser Therapie zu verschiedenen Krankheitsbereichen und erklärt warum die Ärzteschaft gleichfalls so wenig über die Heilkraft des Urins weiß. Der zweite Teil des Buches beschäftigt sich ausführlich mit verschiedenen Anwendungsbereichen und Methoden der Urintherapie und leitet an wie diese Therapie zu Hause durchgeführt werden kann.

 **V E R L A G**

Pam Grout

Atme dich schlank

und bring deinen
Stoffwechsel auf Trab

132 Seiten, br.
Format 16,5 x 24 cm
ISBN 3-85068-497-0

- *Schlankwerden und Schlankbleiben durch richtige und bewußte Atmung!*
- *Möglichkeiten zur Verbesserung der Atmung und dadurch des Stoffwechsels!*
- *Zeigt nicht etwa eine neue Diät auf, sondern den Weg zu einem völlig neuen Körper- und Lebensgefühl zu kommen!*
- *Mit 10 Atemübungen!*

„Wenn wir das Atmen üben, vergrößern wir unsere Fähigkeit, das Leben zu genießen! Die meisten von uns haben das Thermostat der Lebenslust sehr niedrig eingestellt."
Im ersten Teil beschreibt Pam Grout in heiterer und leicht verständlicher Weise alles, was Sie über Ihren Atem, Ihren Körper und in diesem Zusammenhang über das Abnehmen wissen sollten. Im zweiten Teil führt Sie den Leser mit zehn sogenannten „Energiecocktails" (=praktische Atemübungen) in die hohe Kunst des „richtigen Atmens" ein.

„Indem Sie eine tiefe, langsame Atmung üben, werden Sie Ihren Körper kennenlernen. Sie werden lernen, in das Wissen einzustimmen, das er anzubieten hat. Diese Änderung wird Ihr Leben revolutionieren. Achten Sie auf Ihren Körper, hören Sie auf seinen Eispruch und lassen Sie los. – Atmen wird Sie befreien. Für immer!" (Pam Grout)

Ennsthaler VERLAG

Bruno Herr

Liebe bis in den späten Herbst

Partnerschaft und Sexualität im Alter

99 Seiten, br.
Format 16,5 x 24 cm
ISBN 3-85068-500-4

Einfühlsam und humorvoll zugleich macht Bruno Herr Mut zur „Liebe bis in den späten Herbst". Sein Titel richtet sich in erster Linie an die ältere Generation. Der Autor, selbst schon ein älterer Herr, räumt auf mit falscher Moral und Vorurteilen: „Die zärtliche Begegnung ist ein Schlüssel zum Paradies. Nichts verbindet zwei Menschen stärker als eine in Liebe vollzogene körperliche Vereinigung. Scham vor Sexualität ist nicht angebracht, schon gar nicht im Alter". Was das Buch besonders auszeichnet: Es widmet sich ausführlich den Sexualproblemen, die krankheitsbedingt verursacht werden. Selbst schmerzhafte Arthritis, Lähmung oder Herzinfarkt, um einige Beispiele zu nennen, stehen einem erfüllten Liebesleben nicht im Wege. Herausfordernd ehrlich, wie der Autor vermeintliche Tabus anspricht, sind auch die vielen Ratschläge. Er beschreibt Übungen, die bei Potenzproblemen, Orgasmusschwierigkeiten und Lustlosigkeit hilfreich sind. Er verweist auf Möglichkeiten, trotz altersbedingter Hindernisse zu einer beglückenden Vereinigung zu kommen. Und er erzählt abrundend aus der an Kuriositäten reichen Geschichte der Sexualität.

Ennsthaler VERLAG

Helga Fiala

Selbsterfahrung mit Mandala

Geschichtliche Entwicklung
Selbsterfahrung
durch Ausmalen der Mandalas
Mandalas für Kinder

200 Seiten, br.
Format A 4
ISBN 3-85068-478-4

Die Ringelblume, das Indianische Medizinrad, die Pfalzkapelle zu Aachen, der buddhistische Wallfahrtsort Boro Budur auf Java – sie haben eines gemeinsam: die Grundstruktur ist ein Mandala. Die Theologin und Therapeutin Helga Fiala unternimmt eine weite Reise durch die Welt des Mandalas. Ihr Pfad führt durch Kontinente und Religionen, von Proportionslehre zur Zahlenmystik, in die Schule des Schauens und auf den Platz aller Plätze – die Mitte. Im zweiten Teil des Buches finden sich zahlreiche Malvorlagen, die einladen, selbst Mandalas zu gestalten und sich einzulassen auf den Weg nach innen. Ein eigener Teil beschäftigt sich mit Mandalas für Kinder, gibt Anleitung zum Arbeiten mit Mandalas für Kinder und viele Malvorlagen.

Helga Fiala ist es vor allem um die Praxis gelegen. In der Schule erweist sich das Gestalten von Mandalas in verschiedenen Unterrichtsgegenständen als äußerst beliebt. Es beruhigt unruhige Kinder, baut Aggressionen ab, fördert die Konzentration und Ausdauer und gibt künstlerisch Begabten die Möglichkeit eines Erfolgserlebnisses.

Ennsthaler VERLAG

Helga Fiala

NLP – von Anfang an

Wie schöpferische Ressourcen optimal entfaltet werden können.

200 Seiten, br.
Format A 4
ISBN 3-85068-477-6

Wissenschaftliche Literatur über NLP gibt es bereits reichlich, leicht verständliche noch kaum. Helga Fiala gelingt es, anschaulich und daher für Nicht-Ausgebildete nachvollziehbar ausgewählte Übungen und Spiele vorzustellen und einen umfassenden Überblick zu geben über die verschiedensten Modelle. „Als ich NLP vor etwa zehn Jahren kennenlernte, arbeitete ich noch als Lehrerin. Schon damals und nach einer fundierten Ausbildung, jetzt in der freien Praxis konnte ich sehr gute NLP-Erfahrungen machen. Als mehrfache Mutter und Großmutter lernte ich NLP auch innerhalb der Familie anzuwenden", sagt Fiala. Ihre reiche Erfahrung gibt sie mit diesem Buch an alle erziehenden Personen weiter. Gleichzeitig trägt sie einem NLP-Anliegen Rechnung: In einem Mastersprojekt führte sie Erhebungen über NLP-Arbeiten mit Kindern durch. Im deutschsprachigen Raum gibt es dazu noch sehr wenig Forschung. Die Ergebnisse der Studie lassen aufhorchen. NLP, so die Autorin, schult das Wahrnehmungsvermögen und wirkt sich positiv in der Hörerziehung und der Schulung motorischer Fähigkeiten aus.

Ennsthaler V E R L A G